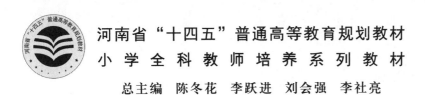

河南省"十四五"普通高等教育规划教材

小学全科教师培养系列教材

总主编 陈冬花 李跃进 刘会强 李社亮

师范生生命教育概论

（慕课版）

主　编　赵丹妮

副主编　曾育松　刘哲玲

参　编　丁敬伟　王清芬　王媛媛

　　　　严　莹　韩晓琴　杨　倩

　　　　张丽颖　李　洋

南京大学出版社

图书在版编目(CIP)数据

师范生生命教育概论：慕课版 / 赵丹妮主编. ——
南京：南京大学出版社，2023.3
ISBN 978－7－305－26801－4

Ⅰ．①师… Ⅱ．①赵… Ⅲ．①生命哲学－高等学校－
教材 Ⅳ．①B083

中国国家版本馆 CIP 数据核字(2023)第 040952 号

出版发行 南京大学出版社
社　　址　南京市汉口路 22 号　　　　　邮　编　210093
出 版 人　金鑫荣

书　　名　**师范生生命教育概论(慕课版)**
主　　编　赵丹妮
责任编辑　曹　森　　　　　　　　编辑热线　025－83686756

照　　排　南京南琳图文制作有限公司
印　　刷　江苏凤凰通达印刷有限公司
开　　本　787×1092　1/16　印张 16.25　字数 363 千
版　　次　2023 年 3 月第 1 版　2023 年 3 月第 1 次印刷
ISBN 978－7－305－26801－4
定　　价　48.00 元

网址：http://www.njupco.com
官方微博：http://weibo.com/njupco
微信服务号：NJUyuexue
销售咨询热线：(025) 83594756

编 委 会

教材使用说明

　　本教材践行现代课程资源建设的理念，采用文本教材、二维码网络资源、MOOC 平台课程思路构建立体化教材，在编写大纲指导下，进行整体化的设计，使数字资源与纸质教材有机整合，以文本、视频等多种形式立体化地呈现在读者面前。

　　本教材依托于"南大悦学"微信服务号提供二维码资源与服务，配套中国大学 MOOC 的生命教育课程，教材内容与课程内容相呼应。在每一专题均设计"慕课资源"二维码，微信扫一扫即可观看相关视频，查阅配套"课件资源""影视资源"等，进行在线课程学习；参加"讨论分享"进行互动交流与答疑；参与"单元测试""单元作业"进行学习效果评测。通过线上学习获得知识与学习乐趣的同时，还能够在线下利用教材进行系统性的梳理，得到事半功倍的学习效果。

　　中国大学 MOOC 课程下载步骤：

　　第一步：微信扫描右侧二维码；

　　第二步：客户端下载安装 中国大学 MOOC App；

　　第三步：打开中国大学 MOOC App 搜索：《生命教育与生命成长》；

　　第四步：登录账号随时随地学习课程；

　　中国大学慕课中心网址：http://www.icourses.cn/imooc

前　言

　　习近平总书记强调,立德树人是中国特色社会主义教育事业的根本任务。生命教育从立德树人的原则出发,站在高质量、全方位发展教育的角度,实现对教育价值的全面追求。《国家中长期教育改革和发展规划纲要(2010—2020 年)》首次在战略主题部分明确提出开展生命教育;《义务教育质量评价指南》将"树立珍爱生命、安全第一意识"纳入学生发展质量评价考察要点;《中国儿童发展纲要(2021—2030 年)》指出:"积极开展生命教育和挫折教育,培养儿童珍爱生命意识和自我情绪调适能力。"2021 年教育部明确指出:"进一步深化师范教育教学改革,创新师范生培养方式,加大相关学科教师培养力度,将生命教育作为师范生培养的重要内容。"师范生是当前的"受教育者"和未来的"教育者",其生命意识、生命素养将极大地影响中小学和幼儿园生命教育的实效。

　　2023 年,生命教育开启新的篇章。为了加快生命教育应用研究与实践的步伐,为了向教育传递更多更好的生命气息,我们在 16 年生命教育教学实践的基础上面向师范生推出了这本生命教育教材,旨在唤醒师范生生命的意识、启发生命的思考、欣赏生命的美好、感悟生命的艰辛、探索生命的意义、建构生命的信仰、实现生命的和谐、保护生命的健康,为师范生的终身职业幸福感奠基。让我们在学习知识的过程中更好地感悟生命的意义,进而珍惜生命、尊重生命,提升生命价值;内化"教真育爱"的教育职业理念,促使其自觉规划职业生涯,形成健康向上的人生价值观和职业观,成为一名"有理想信念、有道德情操、有扎实学识、有仁爱之心"的好教师。

　　作为河南省"十四五"普通高等教育规划教材,全书基于洛阳师范学院对生命教育理论与实践的探索,在海峡两岸一流生命教育专家的关怀指导下,始终贴近学生的生命需要、陪伴学生的生命成长,始终坚持学生是解决自己问题的主人与专家的教育理念,包含丰富有趣的活动、案例、故事,理论与实践并行,注重知行合一,具有可读性与实用性,既可为广大师范类专业师生使用,也可为从事生命教育的实践者作参考。该教材关联的课程《生命教育与生命成长》于 2019 年获批河南省精品在线课程、2021年获批河南省首批课程思政样板课程并认定为河南省一流本科课程,在中国大学MOOC 和学堂在线实时更新。

　　本教材将"生命学"作为学科基础。"生命学"是一切关于生命的学问,包括教育学、生命科学、心理学、伦理学、生命哲学等庞大而复杂的学科群中的相关知识。依照自身的"逻辑"将这些知识融会贯通、整合起来,按照生命教育特有的学科体系加以建构。使用"生命的起源—生命的诞生—生命的成长—生命的境遇—生命的死亡—生命的意义"这一理论逻辑,按照生命的自然周期分成"春、夏、秋、冬"四个篇章,结合各阶段人生发展议题中的生命困顿进行学习与讨论。从夏季篇切入,经秋季篇、冬季篇,再回到春季篇。最终完成由浅入深、由表及里的入脑入耳入心的内化过程,犹如生命的遗传密码 DNA 螺旋上升,生生不息。这一理论架构既具有历史逻辑,又符合生命自身内在规律,将作为我们生命教育的学科基础。要让生命教育成为引领"新师范""新人文"课程的"源头活水",实现生命教育与师范生人文素质教育、思想政治教育、职业生涯教育、心理健康教育的紧密结合,并融入学校文化,渗透到师范教育的各个环节中去,成为师范生人文素质教育的出发点与归宿。以"行知精神"为教师职业精神的象征,在每个教师和准教师心中树起这样一面旗帜,并身体力行地去"以生命的名义践行师道",去"教真育爱铸就师魂",去实现"入灵无痕,唤醒生命意识;润物无声,培植生命情怀;真水无香,滋养生命本源;大爱无言,成就幸福人生"的教育理想。

本教材由赵丹妮主编,曾育松、刘哲玲为副主编。编者编写分工:专题一 赵丹妮、王媛媛;专题二 严莹、王媛媛;专题三 严莹、王媛媛;专题四 严莹;专题五 严莹、李洋;专题六 丁敬伟、严莹;专题七 丁敬伟、韩晓琴;专题八 张丽颖、曾育松;专题九 丁敬伟、韩晓琴;专题十 王清芬、韩晓琴;专题十一 王媛媛、曾育松;专题十二、专题十三、专题十四 赵丹妮;专题十五 王媛媛、杨倩;专题十六 赵丹妮、曾育松;专题十七 赵丹妮、杨倩;专题十八 王媛媛、杨倩。全书由主编、副主编设计编写体例、拟订编写提纲,最终统稿修改,孙劭珍、李洋校对全稿。

本教材的出版参考并借鉴了诸多研究者的论著资料及科研成果,选用了一些优秀案例,无法一一列出,在此谨向有关作者致以诚挚的谢意。谨向给予本教材大力指导和帮助的南京大学出版社的编审人员致以诚挚的谢意。鉴于生命教育正处于发展阶段,需要深入研究和探索的问题还有很多,加之编者水平有限,本教材难免存在粗疏、不当之处,敬请广大同仁批评指正。

编　者
2023 年 1 月于洛阳

目 录

専題一

走进生命教育

扫码查看
相关资料

> 我们得到生命的时候，带有一个不可少的条件：我们应当勇敢地保护它一直到最后一分钟。
>
> ——查尔斯·狄更斯①

 专题导语

　　大学作为人生命成长的新阶段，需要储备的不仅仅是知识，更需要的是面对未来挑战的良好素质；需要成长的不仅仅是年龄与经历，更重要的是智慧与生命。探讨生命与生命教育的内涵，认识生命与生命教育的意义和作用，生命教育的理念、教材教学内容的介绍和生命教育的独特教学方法，旨在唤醒生命的意识、启发生命的思考、欣赏生命的美好、感悟生命的艰辛、探索生命的意义、建构生命的信仰、实现生命的和谐、保护生命的健康、为师范生的终身职业幸福感奠基。

---

　　① 查尔斯·狄更斯(Charles John Huffam Dickens 1812—1870)是 19 世纪英国批判现实主义小说家之一。他的作品深刻反映了当时英国复杂的社会现实，为英国批判现实主义文学的开拓和发展做出了卓越的贡献，主要作品为《匹克威克外传》《雾都孤儿》《老古玩店》《艰难时世》《我们共同的朋友》。

知识地图

走进生命教育
- 生命与生命教育
  - 生命
  - 生命教育
- 生命教育的"三全"理念
  - 身、心、灵统和的"全人"生命结构
  - 持续健康发展的人生"全过程"
  - 天人物我和谐发展的"全方位"生命
- 生命教育的教学内容与方法
  - 生命教育的教学目标
  - 生命教育的教学内容
  - 生命教育的教学方法

体 验 活 动

简绘你眼中的生命

提及生命,首先在你脑海中浮现的画面是怎样的? 如果把它描绘出来,会是怎样? 用你最喜欢的三个词来解读它会是什么?

讨论分享:

1. 描绘的关于生命的画面对你有着怎样的意义?

2. 你是如何看待生命的呢?

理论学习

一、生命与生命教育

学习与探究生命教育,不能不触碰宇宙间最大的问题——生命。生命是一个既"深奥"又"现实"的问题,说它深奥,是因为古往今来,人类探索生命的活动从未停止,今后也会不断持续下去;说它现实,是因为所有活着的人,每一分、每一秒,都能真切地感受到生命带给我们的一切。①

(一) 生命

在宇宙间一切奇迹之中,最令人惊异的也许就是生命。那么,生命到底是什

---

① 冉乃彦:《生命教育课——探索生命的根本之道》,同心出版社,2008年版,第5页。

么呢？

《现代汉语词典》中对生命的解释是：生命体所具有的活动能力，生命是蛋白质存在的一种形式。

有教科书对生命的解读是：生命是由高分子的核酸蛋白体和其他物质组成的生物体所具有的特有现象。能利用外界的物质形成自己的身体和繁殖后代，按照遗传的特点生长、发育、运动，在环境变化中时常表现出适应环境的能力。

生物学意义上的生命只是蛋白质的一种存在，人类生命与动物生命无异，然而生命的意涵仅仅用生理生命一个层次来解读就可以了呢？一位科学家曾对我们的身体做了有趣的计算：

以一位中等身材的男子为例，身体里所含的脂肪够做 7 块肥皂，铁够做一根铁钉，钙够清洗一个鸡笼，糖够放入 7 杯咖啡中味道刚好，碳够做 900 支铅笔，磷够做 2 200 个火柴头……人体的价值为 98 美分。

那么我们人体价值是否仅仅是 98 美分吗？非也！

江西师范大学的郑晓江教授曾用"二维四重性"的观点来诠释生命。[①]

人的生命具有二维四重性。所谓二维，其一是"实体性生命"，即生理生命；其二是"关系性生命"，即人文生命。"实体性生命"或称"自然性生理生命"，是指生命体是生物体、有机体存在的一种方式。也就是说，生命体是一类存在着的物质性实体，与其他物质性实体不同之处在于：其是蛋白质存在的方式，可以吸收、消化、排泄外界的物质，适应外在的环境，并能够按一定的节奏和规律生长、发育及最后死亡。当然，这种理解是对所有的生物体生命的理解，具体到"人"而言，作为实体性的自然生命的人，表现为生理性的生命存在，经历数百万年的进化，有了对自然界变化的适应性，可以有选择地取之自然物以为己用。"关系性生命"也称"人文生命"，是说人类生命在实体性层面，表现为一个一个的个体，主要由自然变化的演变而生，也依靠自然之物而孕育、成长，直至死亡；而人类生命在关系性层面，则指任何人的生命都在也只能在社会文化与文明中造就、存在与发展，与亲人、他人和社会性精神产品密不可分，形成紧密的联系，是无法割裂开来而单独生存与发展。所以，人类"关系性生命"可以从"人文生命"的角度来认识，以与生命的实体性层面（生理生命）相区别与对应。

所谓"四重性"，是指除了"实体性生命"之外相对应的"关系性生命"又由相互联系着的三个方面组成：一是"血缘性亲缘生命"，二是"人际性社会生命"，三是"超越性精神生命"。具体而言就是，第一，"血缘性亲缘生命"。任何一个人都不是凭空诞生，一定是父精母血孕育而就，人由此传承了父母的血脉，同时也要繁衍子孙后代。这就使人的生命与前辈建构了关系，也与后辈密不可分。关键在于人在获得生理性血缘生命的同时，也就传承了亲缘性，而父母遗传的"亲缘"，不是纯生理与纯自然的，而是千百年来人类文化与文明凝聚而成的。换句话说，人类在实体生命的层面也与动物的生命截然不同，因为其血缘中就包含亲缘性在内。人类这种血脉相承的血缘关系

---

①　郑晓江、张名源：《生命教育公民读本》，人民出版社，2010 年版，第 78 页。

铸就了人的生命在生物复制与社会复制两方面的延续性。正如苏轼在赞颂滕县时氏家族时言："岂独蕃草木，子孙已成林。拱把不知数，会当出千寻。"所以，具体的个人即使死去，子孙后代也延续了他的生命，从这个意义上看，人的血缘亲缘生命以基因的方式得以"不朽"。第二，"人际性社会生命"。人生活在社会之中，必然会与社会其他的人和组织结成复杂的关系，其生命必然具有社会的烙印，离开了与社会和他人的关系，单独的个体难以活下去。而且，这种人与他人、社会的关系可以延续到其生理生命终结之后，也就是说，一个人虽然离开了世界，但如果有很多活着的人想着他、提到他，则其人际社会生命还存在着。用诗人臧克家的话来说："有的人活着，他已经死了；有的人死了，他还活着。"这一辩证的理念正是说明生命意义的延续是和社会记忆、群体记忆、他人记忆相联系的。第三，"超越性精神生命"。人类与动物区别最大的地方也许就在于超越性精神生命，包括人之精神、意识、思维、心理等。人之精神生命最大的特征即在其"超越性"，人在思想中既可上溯无穷之前，亦可思维亿兆年之后；既能思考实体性物质，也可以创造出自然所没有的无穷无尽的精神世界。王阳明认为："无善无恶心之体，有善有恶意之动，知善知恶是良知，为善去恶是格物。"所以，人们如果在生前能够创造出丰富的精神产品，在其逝后仍然让无数人受益，造福社会，推动历史的发展，那么，其生命将以精神创造出的价值方式永远延续着。

一般而言，人类实体性生命与关系性生命是相互融为一体、密不可分的：前者是后者产生的基础，后者是前者在家庭与社会中的孕育与发展；无实体性生命焉有所谓关系性生命？若无关系性生命，则人之生命也不称其为"人的生命"。但是，在现实人生展开过程之中，尤其是青少年的生命历程中，由于种种的原因，人们往往意识不到"人类生命的二维性"，常常只是执持生命的一端，忘记了自我生命的立体性和丰富的内涵，于是便产生了许许多多生活的茫然、生命的困顿和人生的无奈，以至陷入了网瘾、斗殴、吸毒、自残、自杀、凶杀等对生命极不负责、极不尊重的行为之中，断绝了自我宝贵的生命，从而丧失了一切。因此需要我们进一步深刻地体认人类生命的二维四重性原理，并用于解决现代人诸多生活、生命与人生的问题。

何福田博士提出生命的层次观：将生命分为"生"与"命"两者，其一是"争生"，其二是"立命"。争生是指要争取出生的机会并生存下来，进而生活良好并活出生命的意义来，这就是生机、生存、生活、生义，由低向高不断进取的生命层次观；立命是指自己知道自己的人生方向，学会人生智慧，把命运掌握在自己手中。①

（二）生命教育

1. 生命教育的概念界定

当今的时代，知识与经济迅猛发展，社会进步理应与之并驾齐驱，加之正生活在社会转型时期的人们，对人生意义探索的迫切需要，特别是在教育领域中从事与人的生命密切相关的事业时，更能感受到生命教育是当前最重要的事情。

---

① 何福田：《生命教育》，心理出版社，2005年版，第3页。

什么是生命教育,不同专家学者给出了不同的界定。

台湾大学孙效智教授认为:"所谓生命教育,是以人生三问亦即人生三个最根本的问题为概念框架展开的:我为什么活着? 我该怎么活着? 我又如何能活出该活的生命? 这三个问题涉及人生终极目标的确立、通往目标之道路选择,以及知行合一的生命修养。探索、体验、反思这三个问题及其间关系,并将所得内化为生命智慧,启发良知良能,从而提升生命境界,即为生命教育之内涵与目标。"①

江西师范大学的郑晓江教授提出生命教育的意涵有广义和狭义之分:"广义的生命教育是指培育人们生存、生活、生命以及生死品质的社会性的教化活动,其目的在于使人们学会积极地应对人生过程及生死的挑战,学会尊重生命并理解生命的意义,进而培育人们对待自己、他人乃至一切生命体的责任感;而狭义的生命教育,则指大中小(幼)学中的培育学生优秀生命品质的教化活动,其目的是让学生们从小就知晓生命的可贵,懂得如何去创造生活的意义与价值,从而获得身心的健康成长。生命教育的本质就是'使人成为人',在'成人'的过程中,不仅让受教育者有知识与技能的增长,也包括如何使之适应生活、改善生活的质量,更要让受教育者学会拓展生命的宽度,丰富生命的色彩,实现生命幸福与人生不朽的终极目标。"②

浙江传媒大学的何仁富教授认为:"生命教育是帮助学生认识生命、尊重生命、珍爱生命,促进学生主动、积极、健康地发展生命,提升生命质量,实现生命的意义和价值的教育。"③

北京师范大学的肖川教授认为:"生命教育旨在帮助学生理解生命的意义,提高生命的质量和增强生命尊严的意识,使学生拥有一个美好人生。生命教育不仅仅是一个教育实践,它还是教育的价值追求。"

首都师范大学的刘慧教授认为:"生命教育是以生命为基点,借助生命资源,唤醒、培养人们的生命意识与生命智慧,引导人们追求生命价值,活出生命意义的活动。"

河南大学的刘济良教授认为:"生命教育是在学生物质性生命的前提下,在个体生命的基础上,通过有目的、有计划的教育活动,对个体生命从出生到死亡的整个过程,进行完整性、人文性的生命意识的培养,引导学生认识生命的意义,追求生命的价值,活出生命的意蕴,绽放生命的光彩,实现生命的辉煌。"

我们认为:生命教育,顾名思义,是一种生命意义观的教育;是一种争生立命之根本的教育;是一种人生价值观的知与行合一的教育;是全面提升生命力量的全人教育。

生命教育是在体验、探索生命重要议题的过程中,唤醒生命的意识;在探索人与

———————

① 台湾大学生命教育研发育成中心,三个生命问题:http://www.lec.ntu.edu.tw/about.php? sn=3。

② 郑晓江:《生命教育》,开明出版社,2012年版,第1页。

③ 何仁富:《生命教育引论》,中国广播电视出版社,2010年版,第10页。

人、人与社会、人与自然的关系过程中,引发生命的思考;在探究生命的诞生、成长、学习、喜悦、无常、平等、关怀、终结的历程中发现生命的意义。所以说生命教育是一种生命意义观的教育。

生命教育不仅让我们学习生存技能,更主张学习一种生活智慧,达到一种生命境界。由生机、生存,到生活、生义,从低向高不断探索与追求,从中感受喜怒哀乐的情绪;感悟生命的大义;省思生命的价值;避免生命的随意伤害;保护生命安全,逐步把命运掌握在自己手中。因此,生命教育又是争生立命之根本的教育。

生命教育针对我们知易行难的特点,设置相关的训练课程,按照大学生生命成长、发展的规律和人生发展任务的需求实施教育。由于社会的变迁,环境的影响,会撼动人们固有的价值与道德。成长中的学子在自我认同和概念发展的过程中,一旦触碰多元社会价值与道德时,往往不知如何进行选择与判断,生命教育,正可弥补心灵的缺口,促发人们思考生命的本质,培养对生命正向与积极的态度,使之有能力面对、解决生命中遭遇到的各种问题。还能在过程中体验生命的活力、生命的成长;发现生命的伦理和生命的意义,为提高生命质量和终身幸福奠基。从这一角度上看,生命教育也是价值观的知与行合一的教育。

与此同时,我们也深深懂得,生命教育是一种"慢的艺术",是人一辈子的功课。生命教育有广义和狭义之分。广义的生命教育是指上述"三全"目标实现的全部内容,包括人与自己、人与他人、人与环境、人与宇宙之间的所有生命观的教育,也就是宇宙观的教育;狭义的生命教育主要是指在人的从生向死的生命过程中,了解生存、生活、生命的意义,发展个人面对生死的适当态度,进而探讨和追问人类生命和其他生命存在的意义,最终树立积极、正确的人生观与价值观的教育。我们所进行的生命教育主要是从后者切入。因为,我们关注的不仅仅是出生或死亡某一点上的静态教育,而是由生向死动态的生命过程的教育。当然,我们并不排除死亡教育是其中的重要内容。因为这些对于师范生来说也是不可或缺的。

总之,唤醒生命的意识、启发生命的思考、欣赏生命的美好、感悟生命的艰辛、探索生命的意义、建构生命的信仰、实现生命的和谐、保护生命的健康,为师范生的终身职业幸福感奠基,是生命教育的出发点和归宿。

2. 生命教育的发展历程

1968年,美国知名作家、演说家、作曲家和摄影家杰·唐纳·华特士(J. Donald Walters)在美国加州北部的华达山岭脚下建立了"阿南村"学校,努力践行生命教育的思想。他认为现代的教育与生活脱节,虽然学生的头脑被填鸭式地塞进了许多书本知识,经过了多年的教育,但对一般事物与人生的了解和真实的经验完全脱节,对自我的了解尤为匮乏。因而,他认为教育不只是追求知识和寻找职业,更要引导人们去体悟人生的意义。在这个拥有800多名成员的崭新的小区里,人们的生活就是学习,生命则是一种体验,人人都致力于探索蕴涵生命教育的原则,并遵循这些原则去生活。"在这里孩子们学习的是如何生活在这个世界上,而不只是找到一份工作、一种职业;他们必须懂得如何明智、快乐而成功地生活且不违背自己内在深层的需求;

当然，更不会执着于金钱和权力。"①华特士的生命教育理念一经创立，就受到了人们的高度重视。几十年来，生命教育的实践在全球得到迅速发展，日本、澳大利亚等国家纷纷推动生命教育。

20世纪末我国台湾、香港因大地震、学生集体自杀等原因也开展了生命教育。台湾的生命教育委员会建立了从小学、中学到大学的生命教育课程规划体系，于1991年开始在小学、中学、大学分阶段全面开展生命教育，并将2001年定为"生命教育年"。台湾实施生命教育的目标是：使每个学生有一颗柔软的心，不做伤害生命的事；有积极的人生观，终身学习，让自己活得更有价值；有一颗爱人的心，珍惜自己、尊重别人并关怀弱势群体；珍惜家人、重视友谊并热爱所属的团体；尊重大自然并养成惜福简朴的生活态度；会思考生死问题，探讨人生终极关怀问题；能立志做个文化人、道德人，择善固执，追求生命的理想；具有成为世界公民的修养。

不久以后，我国大陆也相继开展了生命教育。在21世纪初由上海市率先发起，之后逐渐扩展。首先是在中小学普遍开展，多为侧重生命安全的通识教育，之后，部分师范类大学针对大学生自杀开展了专题讲座等。然而大学的生命教育仍在探索阶段，目前尚无完整、系统的教学规划和统一的课程体系。

《国家中长期教育改革和发展规划纲要（2010—2020年）》的战略主题中明确提出了要"重视安全教育、生命教育、国防教育、可持续发展教育"，"生命教育"第一次被明确写入其中。《"健康中国2030"规划纲要》中明确指出要坚持国家课程学习与疫情防控知识学习相结合，注重加强爱国主义教育、生命教育和心理健康教育。

2021年11月教育部印发《生命安全与健康教育进中小学课程教材指南》的通知，贯彻落实习近平总书记关于教育、卫生与健康的重要论述，落实《"健康中国2030"规划纲要》，充分发挥中小学课程教材在生命安全与健康教育中的重要作用。将生命安全与健康教育全面融入中小学课程教材，逐步实现生命安全与健康教育系列化、常态化、长效化。

然而，要更好地学习和践行生命教育，首先要树立的是"三全"理念。

二、生命教育的"三全"理念

生命教育要朝着实现三重目标而努力：一是在人的生命结构中，实现着身、心、灵的统和；二是在人的生命时空中，实现着天、人、物、我关系的和谐；三是在人的生命过程中，实现持续、健康的毕生的人格发展，进而全面提升生命的力量，包括生命的长度、质量、宽度、人性和色彩。从这个意义上来说，生命教育本就是一种全人教育。

（一）身、心、灵统和的"全人"生命结构

谈及完整的生命，不能忽略身、心、灵三个主要部分。生命教育的根本目标是帮助大学生树立身心灵全人生命健康的观念，并努力实现身心灵全人健康。1990年世

---

① 杰·唐纳·华特士著，林莺译：《生命教育——与孩子们一同迎向人生挑战》，四川大学出版社，2006年版，第5页。

界卫生组织提出了四维健康观,如果将"社会适应的良好"对应为"心理健康","道德健康"对应为"灵性健康"。那么可以说一个人的健康应该是包括身体健康、心理健康、灵性健康以及由此而形成的人格健康在内的身心灵全人生命健康。

人的生命作为一种实际存在,是身、心、灵的统一体。身、心、灵是我们生命存在的三个同时呈现的层次或者状态。用一句话来概括便是:身体健康是必要的;心智成长是需要的;灵性修养是重要的。①

"身"(Body),即躯体或生理,是我们可以肉眼直接看到的自然实体的生命存在。它是每一个人直接感受到的当下生命存在。身体既是我们了解和理解自我的起点,又是我们作为个体生命与社会、自然沟通、交往的存在支点甚至价值支点。它是生命的重要载体。

"心"(Mind),即内心或心理,是我们可以意识并体验到的个性心理的生命存在。它是我们生命存在的活动中枢。我们用心去觉知、用心去体验。心,作为我们的"个性心理生命"具有自己的特色,既不是完全生理性的,也不是完全非生理性的,它与作为自然实体生命的"身"既相关联,又有超越。它具有知、情、意三种功能:"知"是对世界、自我以及两者关系的认知和理解,其侧重点在于对已经存在的、过去的资源的知识性整理。"情"是对自己内在身心存在的各个方面以及自己生命与外在他人和世界关系的当下协调,侧重于对当下感受的调整。"意"是对自己生命所面对的未来处境以及自己将要采取生命活动的抉择与决心,其侧重于还没有发生和将要发生的事情的一种把握与选择。"心"在现实的活动中,往往通过知、情、意进行自我的协调来指向不同的生命存在。

"灵"(Spirit),即灵性或精神,是我们可以直接领悟到的灵性精神的生命存在。它是生命力的核心,是我们生命存在的最高、最重要的部分。"灵"为我们的生命活动界定意义、指引方向,它是我们生命活动的一种"自我觉悟"。

生命教育视野下的身心灵健康的目标有三。"身"层面的目标:健康地活着、快乐地活着、有希望地活着。"心"层面的目标:实现自我同一、实现自我价值、实现人我和谐。"灵"层面的目标:知识灵性、体验灵性、意愿灵性、领悟灵性。

(二)持续健康发展的人生"全过程"

1. 四季隐喻,关照生命历程

本教材设计结合师范教育的特质与生命教育的自身特点,基于师范生身、心、灵的全人发展和天人物我关系的和谐加以建构。生命教育从个体生命的周期发展切入,用其特有的生命化教育方法来贴近学生,贴近学生亲历的人生经验和生命困顿,探讨人生不同阶段面临的生、老、病、死等重大议题,在人性、人格、人道等方面引发思考,促进学生的健康人格和生命品质的自动生成。

教材内容从个体生命历程切入,隐喻为生命四季,从出生、成长成熟到衰老死亡,

---

① 傅佩荣:《傅佩荣谈人生:心灵的旅程》,东方出版社,2012年版,第1页。

分春夏秋冬四个篇章,结合各阶段人生发展议题中的生命困顿进行学习和讨论。通常从夏季篇切入,经秋季篇、冬季篇,然后回到春季篇。完成由浅入深、由表及里的入脑入耳入心的内化过程,犹如生命的遗传密码 DNA 螺旋上升、生生不息。

2. 阶段授课,关注入学与实习教育

认识生命应从认识自己开始,认识自己进而认识他人以及社会的生命,应从走入大学的第一天开始。让师生有机会在首次相识之际,就能以生命的名义去认识生命。在共同探索生命奥秘的过程中,唤醒生命之意识、欣赏生命之美好、感悟生命之意义。

在大学一年级开设生命教育课程后,还会在三、四年级开设生命教育相关课程,通常安排在学生教育实习之前,主要进行职业精神、生命责任、职业幸福等较深层次的专业性生命教育课程,其目的在于引领学生在人生的终极问题上思考生命、感悟生命、敬畏生命,从而树立生命神圣可贵的价值理念和对人生意义的崇高追求,进一步强化职业意识、理解职业责任、内化职业价值观和职业道德感。

(三) 天人物我和谐发展的"全方位"生命

如前所述,要认识生命的奥秘与神奇,人生的真义,则必须要从全人的思考才能领悟明白。人之所以为人,要常常询问自己"我是谁?"为加深理解,请参看图 1 - 1 "和谐关系中的全人整合图"。

图 1 - 1　和谐关系中的全人整合图

从图中我们不难看出,原来人是活在各种不同的关系中,人生的意义与价值存在于以人为中心的基础上而发展的四种关系之中:

我与物质世界、生物世界;我与人文世界、精神世界;我与社会关系、文化历史;我与哲学信仰、终极追求。如图"完满圆融的人生整合示意图"。具体分述如下:

1. 人与己的关系

面对茫茫的宇宙与大自然,人是有限的,也是脆弱的,我们常常立下宏图壮志,无奈却力不从心,心生痛苦;对于难以改变的事实或缺陷,往往不能接受、怨天尤人。认识生命,从认识自己开始。我们将会学习一些心理学和哲学中关于自我认知的理论,展开自我世界的探索之旅,从中发现真实的自我,发现自我限制与发展空间,健全人格,统整知、情、意、行,不断实现自我认识、自我悦纳、自我延伸和自我超越。学会认识自我的独特性、认识生命的价值与意义。

2. 人与人的关系

人生在世就不可能孑然独存,不与他人取得联系。也就是说,人之所为人就是因为与他人发生了不可避免的联系。人之形成是父母两性的结合,这种关系是任何人无法拒绝和选择的。人出生之后更是生活在整个人类文化遗产中,不仅与当代的人密切相关,也与自己的家族世代相连。人与人的交往不能仅靠一己好恶,这就是社会组织形成的主因,人必须将个人的本能冲动与生物习性适当协调,才能与他人相处,才能成为一个真正意义的社会人。如何发展人与人的关系便成了成就美满人生的主要条件。

3. 人与物的关系

中国人认为,天生万物为我用,所以人与物的关系应是一种使用关系,人应该知道如何利用各种物质技术、善用物质以改善生活环境、促进人类的幸福与进步。而随着思辨的深入,古人对万物有着进一步的认识。庄子指出"天地与我并生,而万物与我为一",这是典型的"物我齐一"的观点。今后的物质技术的发展必须在人的主体性,追求生命的终极、圆融、美满的基础上进行。我们必须竭尽全力去发展物质科技、关心、尊重并保护自然资源,加强环保伦理,用以维系个人的生命,且进而利用厚生,以促进人类社会的圆满发展。①

4. 人与天的关系

敬天法祖是中国人敬畏规则和缅怀先人的传统,通过对自然法与习惯法的传承和认知探索天人关系。在信仰与哲学的态度中去体验,以求得人生的满足。在信仰精神的体验中,一方面求得个体心灵的安适,恬然无忧地面对自己,激发自身之潜能,而成为一个成功的人;一方面推动整个社会在安定中稳健前进。

综上所述,人活在多维多重的关系之中,这四个层次必须得到均衡的发展,犹如圆之半径,均等同长,才能画出一幅完美的圆。人活在天、人、物、我四层关系之中,必须均衡发展,方会获得美满、圆融的人生。

三、生命教育的教学内容与方法

(一)生命教育的教学目标

本书融合哲学、伦理学、心理学、医学、法学、社会学等学科知识为一体,基于生命个体自主成长与毕生发展,以贴近每个学生个体亲历的生命实践为起点,以引导学生自觉领悟生活的意义、生命的价值,活出幸福的人生为目标。

---

① 林治平、潘正德、林继伟等:《生命教育的理论与实践》,心理出版社股份有限公司,2007年版,第29页。

　　让学生在学习知识的过程中更好地感悟生命的意义,进而珍惜生命、尊重生命、提升生命价值;内化"教真育爱"的教育职业理念,促使其自觉规划职业生涯,形成健康向上的良好人生价值观和职业观,成为一名"有理想信念、有道德情操、有扎实学识、有仁爱之心"的四有好教师。

　　生命教育成为引领"新师范""新人文"课程的"源头活水",实现着生命教育与师范生人文素质教育、思想政治教育、职业生涯教育、心理健康教育的紧密结合,同时融入学校文化,将其渗透师范教育的各个环节中去,成为师范生人文素质教育的出发点与归宿。

　　第一,通过体验与学习让学生自己体悟生命的起源—生命的诞生—生命的成长—生命的境遇—生命的死亡—生命的意义。

　　第二,逐渐发掘生命的自然本性和生命潜能,成就自己完整的人格。

　　第三,学会"感恩",感恩父母、感念祖先、感恩天地、感恩生命。

　　第四,学会承担生命中不可回避的境遇,更加深刻地理解生命的特征与意义。

　　第五,培养师范生坚定的职业信仰,高雅的生命文化修养,高尚的职业操守,高度的责任担当。凝练出丰厚的,有发展、有特色的学校文化,并弘扬坚守,薪火相传。

(二)生命教育的教学内容

　　本教材从个体生命的历程切入:生命的诞生—生命的成长—生命的境遇—生命的老化—生命的死亡,隐喻自然四季设计四个篇章十八个专题的内容(详见表1-1),每个专题皆关照身、心、灵的统整,通过认知、实践、情意三个层次全方位开展,在探讨人之生命时空中实现着天、人、物、我的和谐与圆融。

表1-1　生命教育课程内容

篇　章	课程主题	
春之生发	专题一	走进生命教育
夏之繁茂	专题二　生生不息	敬畏生命
	专题三　认识自我	觉知生命
	专题四　有志一同	融通生命
	专题五　生涯彩虹	延展生命
秋之收获	专题六　谈情说爱	绽放生命
	专题七　逆风飞翔	直面困境
	专题八　保健自强	珍爱生命
	专题九　责任担当	厚重生命
冬之守望	专题十　生命安全	守护成长
	专题十一　生存权利	捍卫生命
	专题十二　先行到老	成全生命
	专题十三　以死观生	通达生命
	专题十四　生死尊严	超越死亡
春之生发	专题十五　体味幸福	乐享生命
	专题十六　行知精神	铸造师魂
	专题十七　术业专攻	尚德笃行
	专题十八　追寻价值	叩问意义

"走进生命教育"从属于春季篇章,与最后一个专题首尾相连。它旨在探讨什么是生命?什么是生命教育?以及介绍生命教育的独特魅力、教学目标、内容与方法,激发学习兴趣与欲望,发掘生命本身的正能量,统和身心灵,实现全人发展,成就幸福人生。

夏之繁茂——生命成长:因大学生正处"夏花般绚烂"的年龄,多姿多彩、灵动鲜靓,故生命教育课程从夏季篇切入,主要包括了四个专题的内容。

"生生不息 敬畏生命"旨在探索生命的起源。特别是人类生命的产生、发展过程,体悟生命的有限性与崇高性,从而思考个体生命的存在价值,并在人生实践中实现其生命价值,真正做到欣赏生命、珍惜生命,丰富、发展生命的内蕴。

"认识自我 觉知生命"旨在探索人与己的关系。探索生命的奥秘,应从认识自己开始,学会与自己相处,学会悦纳自我;实事求是地评价自己,积极挖掘自身潜能;发挥所长、体验成功,进而延伸自我、超越自我。

"有志一同 融通生命"旨在探索生命个体与天人物我的关系。理解"生命共同体原理"中将"竞争的人生"置换为"人生的竞争"的智慧,领悟有效沟通、团队为赢的道理,以及中国传统儒家文化的"和和相生,和而不同"的真义。

"生涯彩虹 延展生命"旨在探索生命与生涯的关系。引导学生领悟生命中应承担的责任与义务,学会处理生命与生活的紧张,找到个人与工作世界的最佳结合点,体验生命与使命结伴同行时的惬意与幸福,进而更好地规划自己的人生。

秋之收获——生命成熟:夏季过后,秋意渐浓,逐渐深入,生命在不同的境遇中,逐渐走向成长与成熟。该篇主要包括四个专题的内容。

"谈情说爱 绽放生命"从恋爱的感觉开始,学习爱情三角理论,探讨友情与爱情的关系、性与爱情、爱情与婚姻等问题,旨在引导大学生处理好情感与恋爱的关系,处理好从生活感觉之"性爱"到生命安顿之"情爱"的过渡,形成健康积极的爱情观。

"逆风飞翔 直面困境"旨在帮助学生理解何为挫折。认识到挫折是一种生活常态,既然来之,就应面对。正确认识挫折对人生的意义,懂得挫折也是人生的必修课程。勇敢面对挫折,并在逆境中完成羽化和成长,增强生命韧性,促进生命品质的自动生成。

"保健自强 珍爱生命"旨在培育学生正确看待生命及健康,培育四维健康思维与生命健康观。通过汲取中国传统的养生文化与智慧,引导学生反身而诚,与身体对话,在爱惜自己身体的基础上,更好地帮助周围的人们养成健康生活的行为方式,积极抵御疾病的侵袭,为生命带来无限生机。

"责任担当 厚重生命"旨在培养学生勇于承担责任的精神。接纳生命中应承担的角色与责任,理解责任担当是生命成熟与圆满的试金石。学会归因,提高责任的内控点;直面生活,感悟生命责任的价值;积极实践,培养信守承诺的习惯;勇于担当,不为自己的过失找借口。

冬之守望——生命归乡:时光荏苒,四季更迭,生命的季节也走向了休眠与终止。我们讨论的话题亦如冬天一样,庄严、肃穆,使人倍感寒意。主要包括五个专题的内容。

"生命安全 守护成长"旨在培养学生生命安全意识,掌握防灾减灾、避险逃生、自救互救和预防暴力伤害的相关知识和技能,从根本上提高师范生应对灾害和突发事件的能力和水平。在一定程度上,既可以减少意外伤害的发生,降低灾难所造成的危害和损失,又能使学生在突发事件发生时,保持清醒的头脑,及时采取正确、果断措施,保护自己和他人的生命安全。

"生存权利 捍卫生命"旨在探讨人类生命和其他生命存在的权利。通过天灾人祸、环境与疾病等话题,体验生命的无常、脆弱与顽强,进而懂得"人类是地球的人类,地球不只是人类的地球",懂得生命面前,众生平等,懂得人与人、人与社会、人与自然的平等共生、和谐共存。懂得师范生本应具有的师者爱仁、大爱无疆的生命情怀,方能成为人类灵魂的工程师。

"先行到老 成全生命"旨在通过角色扮演等教学活动,引导学生主动关注身边的老人,帮助老人实现最后的生命成长。在生理、心理、社会适应和人生价值等方面"先行到老,体悟生命意义",日常生活中真正做到理解老人,关爱老人,尊重老人。

"以死观生 通达生命"旨在帮助学生理解死亡是生命的一体两面,人生最重要的课题就是解决生死大事。明晰死亡的定义与判定标准,能够关注自己和周围人们的生命困顿,掌握一定自杀预防的方法。真正懂得"我们来得不容易,去得也不能太轻易;活得充实,死得其所;生如夏花之灿烂,死如秋叶之静美"。

"生死尊严 超越死亡"旨在帮助学生理解死是生的导师,探索死亡是为了活出生命的意义。提供学习应对死亡情景的适切的态度、技术与方法,了解什么是尊严死、"我的五个愿望"以及临终关怀的含义和本质。开启超越生死的智慧——以死观生,更好地活出生命的精彩。

春之生发——生生不息:冬季过后,春天还会远吗?春季篇满载着希望和梦想揭开了人生观、价值观、职业观的探索。主要包括五个专题的内容。

"体味幸福 乐享生命"旨在探讨生命中的终极追求——幸福议题。到底什么是幸福?如何才能获得幸福呢?通过不同角度阐述幸福的本质及获得幸福的方法,旨在引导和帮助师范生树立正确的幸福观,创造更加幸福的人生。

"行知精神 铸造师魂"旨在探讨师范生的职业精神。引导学生理解师范生与生命教育之间的密切关系,注重教育中"人"的价值思考,做"全人型教师"。树立高尚的职业精神,体悟为人师者的精神、责任与使命,铭记"德高为师,身正为范""德以修己"的深刻内涵,努力做一名经师与人师统一的"四有"好教师。

"术业专攻 尚德笃行"旨在基于生命教育专题课程的学习经验,根植生命教育的核心理念,善用教学资源进行课程开发与设计,掌握生命教育的独特教学方法并能够有效评价教学效果。能够转变观念,放下架子,进入新角色,练就生命教育教学过程中所需的"四者"基本功,做到"术业专攻 尚德笃行",实现师生共同的生命成长。

"追寻价值 叩问意义"旨在探讨人类生命和其他生命存在的意义,建构积极适切的人生观、价值观与世界观。它将人生比作一次旅行,师生一起回顾生命之路走过的点点滴滴,梳理收获的酸甜苦辣,思考生命的意义,领悟生命的真谛,实现生命的价

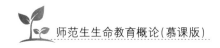

值,成就幸福的人生。

"追寻价值　叩问意义"与"走进生命教育"首尾相接,形成一个生命的循环,象征着人类周而复始,螺旋式上升,进而生生不息。使用教材时可采用模块式教学,各模块具有系统性和渐进性,同时也具有相对独立性。

（三）生命教育的教学方法

生命教育需要用生命化教育的方法来进行,用心灵碰撞心灵,用生命呵护生命。这是立足于生命视野下对教育的一种重新认识和理解。当以生命作为教育的基点时,发现教育也要遵循生命的特性,也要不断地按生命的成长所需的条件,去积极地提供生命的滋养,去促进生命的完善,去提升生命的品质。从这个意义上讲,用生命化的方法来进行的生命教育就成了一种直面人的生命、通过人的生命、为了人的生命质量的提高而进行的社会活动,是以人为本的社会中最体现生命关怀的一种事业。[①]

为此,我们盘活教师教育资源,汲取生命伦理与生死哲学的智慧,大胆地运用后现代的叙事心理治疗的理念与技术,整合发展心理学、健康人格学、意义心理治疗和团体心理辅导等方法,来共同服务于生命教育的教学活动。彻底改变传统的一言堂的教学模式,变被动灌输说教式为主动参与体验式,突出学生主体地位,将更多的话语权交给学生。

生命教育的教学方法灵活而多元,主要包括:小组讨论、课堂讲授、角色扮演、影视欣赏、亲身体验等。协助大家发现自己生命的意义,树立正确的人生态度,建立良好的人际关系,以及彼此相互了解的方法,通过当下活动的参与发现自己的感受,从互动和回馈中促进人与人之间的交流。

为了鼓励每个人的全程参与,每当课程起始,师生便达成共识,订立团体契约:

(1)对每位同学所分享的内容保守秘密。

(2)不应未经同意就随意离开团体。

(3)开放自己,摒弃成见,全心投入。

(4)尊重其他同学,认真倾听和理解他们,不去批评或指责他们。

(5)与其他同学平均分享讨论的时间。

(6)认清、尊重自己的感受,但不强迫自己在不自在的情况下表达内心感受。

(7)愿意真诚地分享自己真实的感受,信任自己和他人。

(8)真诚地对自己;适度地开放自己;认真地倾听别人;尊重与接纳他人,不评价、不分析、不指责,将故事留在这里……

总之,生命教育课程为我们提供一种新的方法,让师生、生生之间,用心灵去碰撞心灵;用心灵去呵护心灵;用心灵去温暖心灵;让爱这种人间最美的情感在彼此之间传递,让生命之泉如涓涓细流缓缓注入心田、沁入肺腑、增添力量。由此让我们一起踏上探索生命奥秘的旅程吧!

---

① 叶澜:《教育理论与学校实践》,高等教育出版社,2000年版,第136页。

 **聚焦提升**

1. 生命是宇宙间最大的奥妙。

2. 生命具有"二维四重性"的丰富内涵,人类实体性生命与关系性生命是相互融为一体、密不可分的:前者是后者产生的基础,后者是前者在家庭与社会中的孕育与发展。

3. 认识教育,从认识生命开始;认识生命从走进学校的第一天开始。

4. 生命教育是师范生人文素质教育的出发点和归宿,并为其终身职业幸福感奠基。

5. 生命教育需要用生命化的方法进行,用心灵碰撞心灵、用生命呵护生命。

 思考感悟

1. 请谈谈你对生命"二维四重性"原理的认识。

2. 你之前可曾接触过生命教育? 你对生命教育的独特理念与教育方法了解多少?

3. 当下你所遇到的生命困顿是什么? 期待从生命教育的学习中收获什么?

 拓展延伸

1. 品读书籍

刘济良,马苗苗. 大学生生命教育[M]. 北京:科学出版社,2021.

冯建军. 生命与教育[M]. 北京:教育科学出版社,2020.

杰·唐纳·华特士. 生命教育——与孩子们一同迎向人生挑战[M]. 林莺,译. 重庆:四川大学出版社,2006.

傅佩荣. 傅佩荣谈人生:心灵的旅程[M]. 北京:东方出版社,2012.

2. 影视赏析

《滚蛋吧,肿瘤君》讲述的是身患癌症的熊顿在与病魔抗争的日子里依然笑对人生的故事。一群特殊的人,因为共同的原因,相遇在医院这个特殊的地方,他们每一个人都从熊顿这里获得了一种力量,即便身处人生最艰难的时刻,也一样可以对命运微笑。同时,这些形形色色的人也给熊顿有限的生命带来了无限的精彩。令人伤心的是,熊顿还是离开了。令人开心的是,她走之前已经教会了我们如何用微笑赶走这个世界的阴霾。

《生命因你而动听》该片导演为斯蒂芬·赫莱克,主演:理查德·德瑞福斯,格莱娜·海德利,杰·托马斯,威廉·梅西等,影片 1995 年上映。讲述了音乐家荷兰先生真正的志愿是作首流芳百世的交响乐,却为生活无可奈何当起高校的音乐老师,其后更将自己三十多年的青春贡献于培育学生对音乐的兴趣,后来也才惊觉自己成就原来是那么大。

《死亡诗社》外文名 *Dead Poets Society* 又译为春风化雨;暴雨骄阳,是由罗宾·威廉姆斯、伊桑·霍克以及罗伯特·肖恩·莱纳德主演的一部励志电影,1989 年上映。故事讲述的是一个有思想的老师和一群希望突破的学生之间的故事。

生生不息　敬畏生命

> 生命，那是自然会给人类去雕琢的宝石。
>
> ——阿尔弗雷德·伯纳德·诺贝尔①

 专题导语

　　生命从远古走到现代，从宇宙生命到个体生命，人们发现个体的生命只是茫茫宇宙中的有限生命存在。正如苏轼在《赤壁赋》中写道："寄蜉蝣于天地，渺沧海之一粟。"但个体的生命充满生生不息的力量，承载着家族、社会、人类、宇宙的期冀与使命。本专题将从一颗星出发去认识生命的起源，感悟仰望星空的宇宙共通与万物同源感；从海洋出发来看人类生命的演化，感悟人类是大自然最杰出的创造；从个体生命出发去思考生命本源，感悟独一无二的我如何活出该有的价值；从现在出发去学做自己生命的主人，感悟时光荏苒、只争朝夕、不负韶华。

 知识地图

　　生生不息　敬畏生命
- 从一颗星出发——看生命的起源
- 从海洋出发——看人类生命的演化
- 从自己出发——去感悟生命的真谛
  - 生命孕育之神奇
  - 生命诞生之意义
- 从现在出发——做自己生命的主人
  - 对于生命神圣的体悟
  - 对于生命唯一的珍视
  - 对于生命相通的认同

---

　　① 阿尔弗雷德·伯纳德·诺贝尔(1833—1896)，是瑞典化学家、工程师、发明家、实验家、军工装备制造商和炸药的发明者。他一生致力于炸药的研究，在代拿迈炸药的研究方面取得了重大成就。他利用自己的巨大财富创立了诺贝尔奖，各种诺贝尔奖项均以他的名字命名。

体验活动

请选择喜爱的颜色,以简笔画的方式在纸上描绘出你最喜欢的动物或植物。并思考:

1. 你最喜欢什么动物(植物)?
2. 它身上的什么品质特别吸引你?为什么?

这个游戏是否让你对周遭世界里的生命有了更多的理解和思考?

理论学习

一、从一颗星出发——看生命的起源

没有人确切知道地球上有多少种生物,甚至有人说,地球上的生命基本上仍处于未知领域。目前经命名的物种有170多万种,但推测地球上的生物有500万到1亿种,人类只不过是其中一个物种。每当我们仰望星空,繁星点点,置身于浩瀚的宇宙中,不由得想"我们的所处的生命空间究竟有多大?""宇宙究竟有多大?"迄今为止,仍是一个难解之谜……

电视纪录片《生命的起源》(扫描本专题二维码获取),展现了原始生命的进化历程,特别是在海洋中,从生命开始到脊椎动物在干燥陆地第一次出现开始征服大陆那奇妙一刻,给人以震撼,从中让我们感受到生命本身就是一个奇迹。当我们静下心来,带着探究与思索去认真欣赏时,就会发现即便那么微小原始的生命都充满着神秘、美丽、令人惊叹、称奇。

凤凰卫视著名主持人胡一虎的父亲在"生前遗嘱"中曾这样对生命发出过追问:"未曾生我谁是我,生我之时我是谁,长大成人方是我,合眼朦胧又是谁?"生命从何而来,这确实是值得思考的问题。

从古至今,有很多说法来解释生命起源的问题,如中国的"盘古开天地"。直到19世纪,伴随着达尔文《物种起源》一书的问世,生物科学发生了前所未有的大变革,同时也为人类揭示生命起源这一千古之谜带来了一丝曙光,这就是现代的化学进化论。老子在《道德经》里写道"道生一,一生二,二生三,三生万物"。用现在的语言来解读,便是地球上的生命是由少到多,由简到繁,慢慢演化而来。而这万物皆有一个共同的祖先"一"。

生命的起源与演化是和宇宙的起源与演化密切相关的。生命的构成元素如碳、氢、氧、氮、磷、硫等是来自"大爆炸"后元素的演化。资料表明前生物阶段的化学演化并不局限于地球,在宇宙空间中广泛地存在着化学演化的产物。在星际演化中,某些生物单分子,如氨基酸、嘌呤、嘧啶等可能形成于星际尘埃或凝聚的星云中,接着在行星表面的一定条件下产生了象多肽、多聚核苷酸等生物高分子。通过若干年前生物演化的过渡形式最终在地球上形成了最原始的生物系统,即具有原始细胞结构的生命。至此,生物学的演化开始,直到今天地球上产生了无数复杂的生命形式。

作为人类的家园,地球是一个蔚蓝色的星球、赤道半径为 6 378 公里与太阳平均距离为 22 794 万公里,质量为 60 万亿亿吨。公转周期 365.25 天,自转时间为 23.56 小时。地球的年龄 46 亿年。表面环境是大气(氧气、二氧化碳)、阳光、水、岩石与土壤。各种证据表明:早在 38 亿年前,地球上已形成了稳定的陆块,液态的水圈是热的,甚至是沸腾的。现存的一些极端嗜热的古细菌和甲烷菌可能最接近于地球上最古老的生命形式,其代谢方式可能是化学无机自养。澳大利亚西部瓦拉伍那群中 35 亿年前的微生物可能是地球上最早的生命证据。

尽管如此,地球仅是太阳系中的一颗行星。太阳系由太阳(恒星)、行星及其卫星、彗星、流星体和星际物质共同组成的天体系统,请参看图 2-1。

图 2-1 太阳系

宇宙中,太阳只是银河系 2 500 多亿个恒星中的一颗。银河系犹如一只铁饼,主体部分呈扁平形状,整个太阳系都围绕着银河系中心环旋(1.76 亿年绕银河一圈)……类似银河系的星系在宇宙中不计其数,我们称之为河外星系。至今为止,人类能勘测到的是由 10 亿多个星系组成的更庞大的天体系统,称之为总星系。地球在如此浩瀚的宇宙中,真如沧海一粟,渺小得微不足道。然而,无边无际的宇宙,并不是亘古不变的,而是处于周期性的演进之中。宇宙万物在演变过程中,有呈现"动"的竞争状态,又有呈现相对"静"的守恒状态,动静相宜,和谐平衡,万物便生生不息……

在万物生生不息中,我们可以获得认识生命与宇宙的一个重要的立足点,以及由此而必须确立的我们面对个体生命的基本态度,这就是:从生命的起源看,弱小脆弱的个体生命,具有强大无限的宇宙性背景。也就是说,每一个个体生命都不是孤零零地悬空存在的,而是具有一个宇宙性的根基,这个根基被科学家叫作自然或物性。

二、从海洋出发——看人类生命的演化

在这个美丽的地球上,孕育着丰富多彩的物种。动物、植物和微生物繁衍在地球上,人类可算是最具代表性的一种。如果从宇宙诞生后的时间计算,人类出现至今的时间只占其中微不足道的一小部分,但就在这"微不足道"的时间内,人类不断改变着自己,同时也改变整个世界。人类创造了繁荣灿烂的物质、精神文化,使地球焕发勃勃的生机。那么生命是怎样起源的,人类生命是怎样起源的?

视频短片《生命的进化过程》(扫描本专题二维码获取),通过短短三分钟的时间,展示地球上原始生命的起源,从纯无机世界到有机世界过渡;生物大分子的出现;多分子体系出现,再从多分子体系过渡到原始生命。从简单生命到复杂生命,从海洋到陆地,从爬行动物到人的生命进化历程。

约150亿年前,宇宙产生了。约46亿年前,地球诞生了。约33亿年前—25亿年前的太古代,最早的生物——原核细胞的菌类出现了。约25亿年前—6亿年前的元古代,出现了真核细胞的藻类、原始的腔肠动物、软体动物和节肢动物。约6亿年前—2.25亿年前的古生代,是生物大爆炸的时代。寒武纪出现了无脊椎动物,海藻开始繁盛;奥陶纪出现脊椎动物,海生无脊椎动物开始繁盛;志留纪出现鱼类,植物开始上陆;泥盆纪出现两栖类,鱼类开始繁盛;石炭纪出现原始爬行动物,两栖类开始繁盛;二叠纪出现类似于哺乳动物的爬行动物。

约2.25亿年前—7000万年前的中生代,是爬行动物的时代。三叠纪出现了最早的恐龙;侏罗纪出现了最早的哺乳动物及鸟类,裸子植物繁盛,恐龙繁盛;白垩纪出现了有袋及有胎盘的哺乳动物,出现了最早的有花植物,恐龙称霸于世。

约7000万年前开始的新生代,是哺乳动物和人类的时代。

在新生代的第三纪(约7000万年前—300万年前)的古新世(约7000万年前),诞生了高级的哺乳动物;始新世(约6000万年前)出现了最早的灵长类;在渐新世(约4000万年前),灵长类中产生了猴类和古猿类;中新世(约2500万年前)时,古猿在欧亚大陆扩散;到上新世(约1200万年前)时,古猿逐渐向人转化。

新生代的第四纪(约300万年前至今)是人类的时代。在第四纪的更新世(约300万年前),原始人开始向现代人演化,人类就是从高级灵长类古猿发展而来的。从约1万年前至今,称作全新世。请参看图2-2。

在灵长目中,人与类人猿在体质构造上最为相似。人类和现代类人猿(长臂猿、猩猩、大猩猩、黑猩猩)有着共同的祖先——一种古猿。

人是由古猿发展来的。在从猿到人转变的过程中,具有决定意义的一步是下到地面直立行走。

人类在成为完全形式的人之后,经历了四个发展阶段,即早期猿人、晚期猿人、早期智人和晚期智人。晚期智人就是现代人类。

伴随着人类的进化是人脑与神经系统发育,也就是说现代人的产生离不开人类意识的兴起及人脑的进化。在动物进化的过程中,无脊椎动物是没有大脑的。到低

等脊索动物时,大脑还基本上是神经管前端的膨大。但是到脊椎动物时,随着进化水平的不断提高,动物大脑的进步非常显著。例如,圆口类的大脑还仅为嗅球构成,两栖类时已经出现了旧皮质,而爬行类时新皮质已经出现,到哺乳类时大脑半球的体积已经超过了整个脑的其他部分,尤其是经过新皮质的发育,让它在脑的演化过程中,更是获得了支配与统治的地位……事实上,当世上万物新生命不断地演化,脑也跟着进化,并随着周遭环境增添新的功能。人脑为回应环境渐增的需求,快速成长,大脑覆盖着薄层褶皱的皮质,以神经元延伸的神经纤维建造出复杂的通讯网,对

图 2-2 生命进化谱树

接收到的外界讯息进行过滤处理而产生相对反应。人脑中有一千亿个神经元,透过复杂的连锁结构,让我们有想象思考的能力,产生自主行为及看待事物不同的方式,而年轻的脑子更可快速地改变神经联结,拥有惊人的适应力与学习力。

我们每一个人的生命,看起来十分渺小,非常普通,但是里面积淀的却是 40 多亿年的生命活力,700 多万年的人类灵性。生命乃自然之杰作,正如诺贝尔所言"生命,那是自然交给人类去雕琢的宝石"。每一个人,对生命都要懂得珍惜!

三、从自己出发——去感悟生命的真谛

生命的诞生是神秘而崇高的,生命是那么脆弱,又是那么顽强,在感叹宇宙自然生命神奇奥妙的同时,是否也应从我们自身出发去感悟生命孕育诞生的幸福?

(一)生命孕育之神奇

人类是万物之灵,有了人,地球就开始凝聚宇宙的神奇与气韵。人类不仅按照自己的追求与梦想创造了这个世界,同时也在不断创造负载生命的自身。那么人类的个体生命是如何降临这个世界的呢?

怀孕、生育,生命自此而始。人类在漫长的岁月里历经风雨,进化、繁衍、生生不息,形成了我们今天人口众多、欣欣向荣的现代社会。也许是因为每天地球上诞生许多生命,人们对一个生命的孕育过程很少给予应有的关注。

生命的孕育是一个多么神奇的过程啊!在很短的时间里,从受精卵到胚胎到胎儿,复现了生物进化的几乎整个过程,融合了父母两个人的遗传基因,从而有了一个新的生命的孕育诞生!在人体的内部,细胞、各种组织被孕育,我们在母亲的体内生长并最终来到这个世界上,生命繁衍的密码是什么呢?

每一个孩子都会好奇地问："我从哪里来的?"这是继"人类怎么诞生的"之后,又一个重大的科学问题。如果简单回答,是"父亲的精子送进母亲的身体后和母亲的卵子结合,叫作'受精卵',成为最早的孩子,所以说孩子是父母爱情的结晶"。但实际的情况复杂得多。《一个生命诞生的过程》《生命物语》等优秀视频短片(扫描本专题二维码获取)则将生命孕育、诞生的过程呈现得更为生动而震撼。

不要小看小小的精子和卵子,他们带来的是有 40 多亿年历史的生命精密结构,700 多万年人类的各种智慧信息。男子的一次射精,排出的精子数多达 2—3 亿个,而最后能够和卵子结合的只有一个。所以,每一个孩子能够来到世界上,都是不简单的,因为它是数亿个精子中最优秀的一个。健康的成熟女性每个月从卵巢排出一个成熟卵子,排卵的时间一般在下次月经来潮前的第 14 天左右,如果排卵期巧遇同房,精子就通过女性生殖道进入输卵管的壶腹部与卵子相遇。此时无数精子围绕着一个卵子,其中只有一个精子捷足先登,利用其头部的顶体,释放出一种叫顶体酶的物质。这种酶可以将卵子表面的透明带钻出一个小孔,然后精子就钻进去与卵细胞结合,这个过程称为受精。与精子结合后的卵子称为受精卵,这是生命的第一个细胞。接着就开始细胞分裂,大约在受精后的 4—5 天受精卵进入子宫腔,并继续进行细胞分裂,使受精卵体积渐渐增大,中间又出现囊腔,此时受精卵称为胚胞,大约在受精后 4 周左右进入胚胎阶段,8 周初具人形,第 10 周进入胎儿阶段,第 16 周末出现胎动,第 24 周末胎儿脏器均已发育,第 28 周末胎儿基本具备存活动能力,直到第 40 周胎儿发育完全成熟,体重可达 3 000—3 500 克,经过十月怀胎,终于瓜熟蒂落,一个新的生命就此诞生,对于宇宙、天地、种族、社会、家庭、个体等均赋予重要的意义。

(二)生命诞生之意义

看上去简单的"人",在生命形成的最初,就以一个细胞的形象在几亿个竞争对手中脱颖而出。直到与另一个细胞发生了奇妙的生命结合!一个崭新的生命诞生了!这个生命是坚强而又脆弱,自信而又自卑,平凡而又独特的,它是世界不可缺少的一分子。

1. 诞生的种族意义:人类生命的传承者

你诞生,父母的生命进入了你的生命;你出生,祖辈以致整个人类的生命进入了你的生命;你出生,意味着人类未来的生命将从你开始;因为你的出生,一个或者更多的新生命的出生将成为可能;人类将得到延续。

2. 诞生的个体意义:生命价值的承担者

你诞生,你之为你的一个标志性事件是:你拥有了独一无二的身体;你拥有了独一无二的家庭;你拥有了独一无二的面孔、身份以及姓名;你还将创造独一无二的个性、人格与心灵;最重要的,你的生命成为一个真实的生命,在这一生,你将担待他的一切。

3. 诞生的社会意义:社会价值的创造者

因为你的诞生,一位男性成了父亲;因为你的诞生,一位女性成了母亲;因为你的诞生,一位医生实现了他的价值;因为你的诞生,一个家庭多了一份亲情、一份爱、一份希望和幸福;因为你的诞生,一所幼儿园、学校将增加一名成员;因为你的诞生,派出所的户口簿将发生改变;因为你的诞生,中国的人口数量、人口结构将发生改变;因为你的诞生,世界的人口数量、人口结构以及人种结构将发生改变。

4. 诞生的天地意义:无数竞争之获胜者

你在地球诞生了,在这个目前已知的唯一有生命存在的星球;你在中国诞生了,在这个目前我们已知的有智慧文明以来,唯一从未间断文明的国度;你作为父母的孩子诞生了,作为父精母血孕育下的幸运者和血脉的延续者,你健康地诞生了,在人类和整个生命进化历程中获得了强壮、健康的体魄和适应环境的健康基因。

5. 诞生的宇宙意义:茫茫宇宙之唯一者

200亿年的宇宙演化,无数颗星球的生死转化,无数物种存亡灭续,你幸运地成为其中的一分子,你成了这个浩瀚宇宙中顶天立地的人,无数的存在者看着你的诞生。

《周易》有云:"有天地然后有万物,有万物然后有男女,有男女然后有夫妇,有夫妇然后有父子,有父子然后有君臣,有君臣然后有上下,有上下然后有礼仪有所措。"《道德经》有云:"道大,天大,地大,人亦大。"生命具有神圣性,人的生命最初的来源是天地宇宙,每个人的生命都是宇宙自然的一部分,尊贵无比。

四、从现在出发——做自己生命的主人

生命最大的特征是"生生不息",在追寻人类生命诞生的过程中,你是否找到了自己的生命之根是源于父精母血,首先与家族体系融为一体;其次便是植根于社会文明与文化传统的土壤中,与他人,与过去、现在和未来的一切人之生命相依相惜;最后,任何一个生命皆存在于天地自然间,与宇宙为一体。让我们从现在出发的生命追溯之旅中,深深领悟每一个"肉体之我"均离不开"社会之我"的实现以及与"宇宙之我"的融通,我们每个人生于天地间,均担负着不可替代的使命与责任。那么,你将如何善用属于自己这独一无二的生命,做自己生命的主人?

(一)对于生命神圣的体悟

人从生命层面上接于"天",下接于"地",是自然大化精华的凝聚。正因为如此,人之生命才先验性地具备了神圣性。当然,对于生命性质的体悟并不是人人都可以做到的,需要生命教育的启迪使之得到觉醒。从本质上来讲,神圣性指人类对某种对象发自内心的敬畏感和崇拜;生命的神圣性是指人类对自身生命的敬畏和崇拜。早在远古时期的先民,对自然的神秘未知充满好奇和崇敬,自然万物皆具有神圣性,成为人们顶礼膜拜的精神图腾。然而,随着科技的进步,人类改造自然能力的增强,人类崇拜、敬畏和服从的对象逐渐减少。人们发现,石头不过是一堆矿物质,动物不过是一种有机体,曾经神圣无比的太阳和月亮也不过是恒星和行星。生命虽然较之前更为复杂,但那也不过就是一堆碳水化合物和DNA罢了。宇宙自然间任何的物质似乎都是可以征服和改造的,哪里还有神圣可言。生命神圣的信仰消失让人们肆意地破坏着赖以生存的自然,作践自己和他人的生命。所以我们必须在理性层面重新

恢复对于生命神圣的体认,对生命充满敬畏之心和崇拜之心,带着这份敬畏感去对待自然中的一切生命。生命是宇宙的奇迹,它既神秘莫测,又无处不在。重要的是要用"心"欣赏大自然的生命现象,善待一切生命,从心底生发出万物同源的亲近感,因为你我都是大自然的杰作。

(二) 对于生命唯一的珍视

生命的唯一性与前面所谈及的生命的神圣性密切相关,正是因为生命是唯一的,才更显示出它的神圣。每个人的生命都是唯一的,其中涵盖两层意义。一是"我"之生命与"他"之生命的不同,所以称为"唯一";从生理生命的层面来看生命也许相同,但是人之生命不仅仅只具有生理性,更具有人文性,每个人皆不相同。我们每个人的生命都是独特的,关键在于你如何通过自己的努力发挥独一无二的价值。平凡的人只有一条命,叫性命;优秀的人有两条命,即性命和生命;卓越的人则有三条命,性命、生命和使命。二是每个人的生命都只有一次,不会有第二次。生命犹如离弦的箭,在快速向前,不可返回。这一点足以让我们每个人都意识到生命的神圣,我们要万分珍惜自己的生命,善用生命中的每分每秒。

值得思考的是,对于刚刚经过十年寒窗苦读,千军万马竞争后走进大学校园的我们来说,是否有一种要全面放松,最好不经过任何努力便能取得教师资格证书、计算机证书、毕业证书等心态。心想着"人不轻狂枉少年",沉溺于手机营造的世界中……2022年中国互联网络信息中心(CNNIC)发布的第49次《中国互联网络发展状况统计报告》显示,截至2021年12月,我国网民规模达10.32亿,较2020年12月增长4 296万,互联网普及率达73%。如何合理利用互联网,不沉迷于手机、电脑,而是让手机、电脑等为我们所用,值得我们思考。

生命的唯一性决定着我们要在有限的时间里,尽可能多的实现人生的价值。尤其对于师范生来说,作为未来的教师,承担着教书育人、立德树人的重任。我们要认识到自然生命的唯一与有限,不断追求精神的无限,用精神生命的无限来弥补自然生命的唯一与有限,以超越唯一与有限,以彰显自身精神生命的意义与价值。

生命有长度,人人都要面对从生到死的过程,也许从生命的长度上我们无法改变。然而,从生命的量上我们可以善待生命,善用此生,努力活好大自然赋予我们宝贵的生命时光。生命有宽度,体现在对社会的奉献、对他人的影响与价值。生命有高度,表现为人生有境界。冯友兰是中国杰出的哲学家,人生四境界说是其人生哲学体系的核心。他将人生境界由低到高划分成四个境界——自然境界、功利境界、道德境界、天地境界。从自然境界到天地境界,表现了因"觉解"程度的不同而逐渐递进的关系。

第一,自然境界。在此种境界中的人,其行为是顺才顺习的。所谓顺才,即是以本我为中心,率性所为,在合乎自然属性的基础上满足基本需求。所谓顺习,即顺应个人习惯或社会习俗。在此境界中的人,顺才而行,"行乎其所不得不止,止乎其所不得不止"。无论其是顺才而行或顺习而行,不清楚自己所做事情的意义,一切生活方式出于自然本性与生物本性,对于所行之事的性质,没有清楚的了解。

第二,功利境界。在此种境界中的人,其行为是为利的。所谓"为利",是为自身的利。凡动物的行为都是为利的。不过大多数的动物的行为,虽是为他自己的利,但都是出于本能的冲动,不是出于心里的计划。在功利境界中的人,对于"自己"及"利",有清楚的觉解。自觉地谋求自身的利益,获得物质需求与精神需求的满足。

第三,道德境界。在此种境界中的人,其行为是"行义"的。义利是相反相成的。求自己的利的行为,是为利的行为;求社会的利的行为,是行义的行为。在道德境界中的人,对于人性己有觉解。以给予为人生之目的,体现为在生活中尽伦尽职,人性被蕴涵于社会之性中。正如董仲舒所说的:"夫仁人者,正其谊,不谋其利,明其道,不计其功。"

第四,天地境界。在此种境界中的人,其行为是"事天"的。在此种境界中的人,了解于社会的全之外,还有宇宙的全,人必于知有宇宙的全时,始能使其所得于人之所以为人者尽量发展,始能尽性。在此种境界中的人,有完全的高一层的觉解。此即是说,他已完全知性,因其已知天。他已知天,所以他知人不但是社会的全的一部分,而并且是宇宙的全的一部分。不但对于社会,人应有贡献;即对于宇宙,人亦应有贡献。①

比照这四个境界,我们又在哪一个境界中呢? 如何把不可重复、不可替代、无比珍贵的生命掌握在自己手中? 努力地拓展生涯、实现价值、丰富心灵、发现生命意义、活出幸福人生。变空洞的心灵为开放的心灵,需要我们认真地思考并践行。

(三) 对于生命相通的认同

生命的唯一性标志着人与人生命存在着相异性,然而要想体悟生命神圣性的深层含义,我们还必须从生命的唯一性中揭示生命之"异",进而寻找生命之"同"。

早在 20 世纪 60 年代,人类借助宇宙飞船第一次在宇宙中观看到地球,这颗被大气包裹着的蔚蓝色的星球,无比壮观、无比美丽;可是,人们同时也发现,在无边无际的宇宙中,地球不啻为一艘"诺亚方舟",载着人类航行在艰难的旅途中,前程难料;而且这个孤独的地球,面积有限、资源有限、人满为患,大气层中还有被破坏形成的臭氧洞。这样一种生存状态,引发人类观念史上的一次飞跃:由所谓"蓝色救生艇"的生存意识引出"地球村"的概念,又派生出"生命共同体"的思想。② 在 2021 年出席领导人气候峰会上习近平总书记发表题为《共同构建人与自然生命共同体》的重要讲话,他指出气候变化给人类生存和发展带来严峻挑战,国际社会要共同构建人与自然生命共同体。

所谓"生命共同体"的原理③,主要意蕴有三:一是从人类自然的生理性生命来看,人与人在生命之本质上为"一",故而整个人类在生命存在的意义上是一个"共同体";二是从观念上看,既然人类自然生命是"一",那么,人类的每一份子都应该努力

---

① 冯友兰:《新原人》,载《贞元六书》,华东师范大学出版社,1996 年版,第 556 - 557 页。
② 杜维明等:《当前学界的回顾与展望》,《开放时代》2003 年第 1 期,第 139 页。
③ 郑晓江:《生命教育演讲录》,江西人民出版社,2008 年版,第 65 页。

突破个我主义的困囿,在社会文化的层面沟通你、我、他,达到人生观、价值观上的"生命共同体";三是不唯人与人的生命为"一",人与其他生命体乃至整个宇宙的大生命皆是相通为一的。由这样一种"生命共同体"的观念出发,人们就可以学会与自己、与他人、与社会、与动植物、与大自然和谐相处,同舟共济、共存共荣。

从终极意义上看,人的生命是源于天地自然的,这可以说是人类生命性质相同的方面;但生命表现于每一个人的身上,则又有不同的显现,这可以说是个体生命相异的方面。

如果人们能够在此基础上更进一步,真正从心灵上体验到生命源头的"一",方能达到"视天下国家亲如一家,天下之人亲如一人"的境界,此人心胸无比宽阔、人格无比崇高、待人接物无比仁爱,这可以说进入了人之生命存在的最高层次了。可惜的是现实生活中的许多人都无法把握生命本源的"一",而更多地执着于现实生活中的"异"。如果一个人只知凸显生命存在的"异",刻意于求自我的多,即使侵犯他人和社会也在所不惜,便会造成无穷的纷争。

人们不仅应该在生命本源存在的层面上达到生命之同的体认,还应该进一步把人之生命与宇宙间一切有机物和无机物相沟通,从而在终极的层面上与万物相沟通、相融合。就是说"我"之生命在本源意义上的那个"一",不仅仅指个人的生命与其他人的生命是相通的,而且意味着在存在的层面上,一切生命体皆为一体、不分彼此。

具体的实践路径,需要在现实生活中修炼中国传统哲学中陆王心学的基本功"大其心"。陆象山先生是宋代的大思想家,他有言:"宇宙无际,天地开辟,本只一家。往圣之生,地之相去千有余里,世之相后千有余岁,得志行乎中国,若合符节,盖一家也。"又曰:"宇宙即吾心,吾心即是宇宙。"为什么说相距千里之遥、相隔千百年之后的"圣贤"都"本只一家"呢?为什么说"宇宙"与"己心"同呢?因为在象山先生看来,宇宙之本质是"生生之道",人是宇宙所创生的精华,其心性之本亦是"生生"(仁);从这一点而言,人之"心"与"宇宙"同一。"大其心"者,亦即自我反省继而扩充自身的精神世界,真正体会"生生"之"仁"充塞自我亦溢满天地,从而在具体的人生活动中显现"生生"之"仁"。于是,自己的精神也就上达至宇宙,这岂不是"与天地同"?可见,人们可以经由"大其心"从而体会并展现出生命的普遍性,因此,人们的内在心性需要自身不断努力地提升。所以,人类在生命本源上都是相通的,我们每个个体不单单是家庭、社会的,也是人类、宇宙这个大生命中的有机组成部分。

让我们重温迪士尼的经典,再次聆听狮子王的主题曲(扫描本专题二维码获取),观赏动人的动画,欣赏动人的歌词,再一次感悟生生不息的力量!

The circle of life

张开你的眼睛看这世界

你会发觉充满神奇天上星星好像近在天边

想要抓总是遥不可及

人生旅程坎坷不平

你要去体会它的真谛

尝尝人情冷暖或是体会世间的风险

没有办法逃避

看这世界在转

永远不停息尽管向前走

是对是错希望和失望

世事没有绝对看这世界

是生生不息世界正在转动

永远不停息黑夜与白昼

不停转动朝着阳光走

慢慢你会知道看这世界是生生不息

下面轮到你的生命故事。你来扮演主角。舞台已经布置好了,时间是此刻,地点是你所在的地方。正在流失的每一秒钟都像新的一环,连接在无穷无尽的时间链条上。生命的故事像一出永不谢幕的戏剧,常变,常新,永远令人欣悦和惊奇!

 聚焦提升

1. 对生命繁衍的第一印象——神圣的、神秘的、可贵的,绵延不绝,生生不息!

2. 生命是宇宙的奇迹,它既神圣,又唯一。重要的是要用"心"欣赏大自然的生命现象,人类在生命本源上都是相通的,是连在一起的,善待一切生命,从心底生发出万物同源的亲近感,因为你我都是大自然中不可缺少的有机组成部分。

3. 苏格拉底说:"认识生命等于认识自己。"我们能出生于世,就是胜者。我们来得不容易,活得也不能太轻易。

4. 生命有长度,人人都要面对从生到死的过程,也许从生命的长度上我们无法改变生命。然而,从生命的量上我们可以善待生命、善用此生,努力活好大自然赋予我们宝贵的生命时光。

 思考感悟

1. 结合实际谈谈你对"生命共同体"原理的理解?

2. 生命是一个奇迹,请收集照片、资料制作独一无二的电子相册,来讲述你生命的传奇。

 拓展延伸

1. 品读书籍

大卫·赖克. 人类起源的故事:我们是谁,我们从哪里来[M]. 叶凯雄,胡正飞,译. 杭州:浙江人民出版社,2019.

爱德华·多尼克. 生命之种:从亚里士多德到达·芬奇,从鲨鱼牙齿到青蛙短裤,宝宝到底从哪里来？[M].王雪怡,李小龙,译.上海:上海教育出版社,2019.

中村运.生命是连在一起的[M].金海英,译.北京:北京科学技术出版社,2012.

比尔·梅斯勒,H.詹.生命的诞生[M].北京:人民邮电出版社,2017.

2. 影视欣赏

《小宇宙:致命一击》讲述了大约 500 万年前,恐龙突然从地球上消失,许多人推论认为是受到大型彗星撞击地球所致。然而这种毁天灭地的彗星撞击可能再次发生吗？科学家们预测,一个宽约 1 600 米的小行星就足以造成整个地球的大灾难。

《海豚湾》是一部上映于 2009 年的纪录片,曾获第 82 届奥斯卡金像奖,影片由路易·西霍尤斯执导,里克·奥巴瑞主演。电影讲述了一群热爱海洋生物的专业人士,冒着生命危险,深入日本太地町拍摄当地猎杀海豚场面的故事。

《人生第一次》是由央视网出品,上海广播电视台纪录片中心联合拍摄的 12 集系列人文纪录片。该片采用蹲守拍摄的方式,聚焦出生、求学、上班、告别等 12 个人生断面,勾勒出中国人鲜活的生活图景,时间上贯穿出生、上学、成家、立业、养老等人生中不同的阶段。以其对人生横截面切割的精准度和锐度,真实展现了生活的现实和人们面对残酷的勇气;以动情而不煽情的温度,抚慰了世间冷暖;以广博而宽宏的视角,见证了生命中平凡的美好。

扫码查看
相关资料

专题三

认识自我　觉知自我

> 知人者智,自知者明。
>
> ——老子《道德经》①

 专题导语

有一句名言被镌刻在戴勒菲阿波罗神庙的墙上——"认识你自己",古希腊人一直以来将"认识自我"作为哲学探究的最高命题,从这个意义上讲,认识生命,应首先从认识自己开始。本专题将结合自我成长经验,运用心理学和生命哲学的自我认知理论,展开自我世界的探索之旅,从中发现真实的自我,厘清个人的优长与限制,促进个体生命的觉醒与发展。在生命旅程中去不断地实现自我觉知、自我悦纳、自我延伸和自我超越。

 知识地图

认识自我　觉知自我
- 自我觉知
  - 从生命哲学视域觉知生命
  - 从心理学视域觉知生命
- 克服自卑,自我悦纳
  - 认识自卑
  - 自我悦纳:走出自卑
- 挖掘潜能,自我超越
  - 认识自我超越
  - 如何实现自我超越

---

① 选自《道德经》第三十三章。老子原名李耳,(约前571—前471),字伯阳,又称老聃(dān),楚国苦县厉乡曲仁里(安徽涡阳,河南鹿邑互有争论)人。我国古代最伟大的哲学家和思想家之一,被道教尊为教祖,世界文化名人。后人称其为"老子"(古时"老"字的读音和"李"字相同)。

体验活动

雪花片片

请闭上眼睛,保持安静,按照指导语来折纸和撕纸:

第一步将手中的纸对折,在右上角,撕下一个边长1厘米的等腰三角形;

第二步将手上的纸对折,然后在右上角,撕下一个半径为1厘米的扇形;

第三步将手上的纸对折,然后在右上角,撕下一个边长为1厘米的正方形。

讨论分享:

1. 闭上眼睛不说话,在老师统一的指导下做一样的事情,结果怎样? 心情如何?

2. 当看到自己手中与别人不一样的"雪花"你的感觉如何?

3. 如何理解在老师统一的指导语下共同做着同样的事情,而雪花片片皆不同的?

4. 从"雪花片片"这个游戏中,体悟到了什么?

理论学习

《道德经》中讲:"知人者智,自知者明。"可能很多人会想:认识自己有什么难的呢? 我不就是我吗? 但问题远远没有那么简单。自人类诞生以来,一直在这条路上探索追问,至今也未得到一个完整的答案,并且还将继续伴随人类的发展而发展。从这个意义上讲,认识生命从认识自我开始。

在"雪花片片"的体验活动中,我们会发现每个人都是独一无二的。我们有理由保持自己的本色,做真正的、真实的自己! 学会接纳自己与别人的差异,看到自己生命的独特价值。正如卡耐基所说:"你在这个世界上是个新东西,应该尽量利用大自然所赋予你的一切。一个人的成就与他的实际潜能有关。你只能唱你自己的歌,画你自己的画,做一个由你的经验、你的环境和你的家庭所造就的你。不论好坏,你都得自己创造自己的小花园;不论好坏,你都得在生命的交响乐中,演奏你自己的小乐曲。"

请你在20分钟之内写出20个描述"我是怎样的人"的句子。思考下列问题:

(1)在这些句子中,有几个是陈述性的? 有几个是描述性的?

(2)在这些句子中,有几个是生理性的,有几个是血缘亲缘性的,有几个是社会性的,有几个是精神性的?

(3)在这些句子中,有几个是正面的、积极的? 有几个是负面的、消极的?

(4)在这些句子中,有多少是关于自己过去的? 有多少关于自己现在的? 有没有关于自己未来的?

(5)分析之后,你对自己有什么新发现?

"20个我是谁"是一个自我觉察的活动。我们会发现,有些"我是"趋于相同,带有一定的普遍性。如我是人,我是中国人,我是大学生,我是某某某,我是某某的亲戚或朋友等。虽然大多数人有相同的选择,但每个答案背后却有着复杂的内涵,我们不妨来稍加分析:

我是人——是对自然界中的"我"的思考,我是属于自然界中的人类,是万物之灵,具有其他动物不具备的许多特征;

我是中国人——是对来自人类世界中的"我"的思考,我们是古老东方国度的炎黄子孙,想到这一点,一种国家民族意识油然而生;

我是大学生——是对来自社会角色中的"我"的思考,怀揣着知识改变命运的梦想和回报父母、回报社会的夙愿,走进大学的校门,学习与就业伴随着我们的大学生活,给我们增加了许多外在与内在的压力和动力;

我是某某某——是对独一无二的"我"的思考,你会发现它对于你有特殊的专属意义;

我是某某的亲戚或朋友——是对来自特定人伦关系中的"我"的思考,此时你会发现,人们在不同的人生阶段中以特定的身份互相联系、互相依存,每一个人生角色,都是相对于另外一个人而存在着。

在思考我是谁的过程中,发现:我是人,我是中国人,我是大学生,我是某某某,我是某某亲戚或朋友等问题的答案,在不同环境、不同时期、不同情况之下还会衍生出新的回答。那么,到底哪一个才是本真的自我呢?在回答这一问题之前,我们可以换个角度思考一下你想成为什么样的人?

在思考你想成为什么样的人时,我们首先要明确人是什么。

什么是人呢?答案是:人是一种有自我意识的高级动物。虽然人呈现出的意识层面很小很窄,犹如冰山一角,但是经过我们不断地发掘,就会涌出惊人的潜能和创造力。

人生活在世界上,总要同他人、社会、自然中的各种事物发生这样或那样的联系。为了使自己能适应环境发展的要求,能在社会中更好地发挥作用,更好地和周围的人相处,每个人又不得不对自身进行反思,以了解自己是一个什么样的人,有什么样的特点和能力,能在社会中发挥怎样的作用,这样就形成了人对自身的认知,即自我认知,又称自我意识。自我认知是探索内心"神秘花园"的起点,是我们自我发现、自我发展、自我成长的起点。认识生命应从认识自我出发。

一、自我觉知

自我觉知,从通俗意义上来讲就是对自己的认知与觉察。即非常清楚地知道自己在做什么,而不是迷迷糊糊的无意识活动。从哲学意义上说,自我觉知是一种积极的状态,指正确认识并掌握一定客观规律后有计划、有目的的活动。从心理学角度而言,觉知是一种对某物有所认识或有所意识的内部主观状态。自我觉知就是个体对自己有所认识或有所意识的内部主观状态。

（一）从生命哲学视域觉知生命

1. 对实体性生命的觉知

在开篇我们提到了人的生命具有二维四重性。其第一维是"实体性生命"。从生物学意义上看，人是一个动物实体。对自然性生理自我的认识则是对人的物质属性的认识。它包括对自己外部特征的认知：身体的高矮，体重的胖瘦，相貌的美丑；解剖结构的认知：各器官组织的正常与异常；生理功能的认知：各系统功能健全与疾患等。这一部分的内容在"20 个我是谁"中占有很大的比重，对我们自我评价也会产生一定影响。

2. 对人文关系生命的觉知

人类生命的第二维的"关系性生命"。人的关系性生命的内涵有相互联系着的三个方面组成：一是"血缘性亲缘生命"。任何一个人都不是凭空诞生，一定是父精母血孕育而就，人由此传承了父母的血脉，同时也要繁衍子孙后代。这就使人之生命与前辈建构起联系，也与后辈密不可分。关键在于，人在获得生理性血缘生命的同时，也就传承了亲缘性，而父母遗传的"亲缘"不是纯生理与自然的，是千百年来人类文化与文明凝聚而成的。

二是"人际性社会生命"。自我认知的形成和发展过程，实际上就是我们个体的人生角色化的过程。一个人只有处在人类的社会环境中，才能发育成长，并在成长的过程中，逐渐产生对周围世界的认识，与此同时也产生对自己的认识。对自己在人际关系和社会群体中的地位和作用，包括对自己所扮演的角色的名声、人缘、权利、义务等的认知。其中社会角色的自我觉知，影响和决定着人们做出与个体的社会角色相适应的角色行为。而对自己的人际关系和社会群体中的地位与作用的看法，极大地影响着人们的自我体验。一个人正是这样在与周围人们的接触中，注意到他人对自己的态度，想象他人对自己的评价，并以此为素材构成一个客观标准而内化到自己的心理结构之中，形成了自我形象。我们完成的"20 个我是谁"中，也吐露出期望构建良好的人际社会生命的意愿。

三是"超越性精神生命"。人类与动物区别最大的地方也许就在有超越性精神生命了，包括人之精神、意识、思维、心理等。人之精神生命最大的特征即在其"超越性"，人在思想中既可上溯无穷之前，亦可思考亿兆年之后；既能思考实体性物质，也可以创造出自然所没有的无穷无尽的精神世界。所以在"20 个我是谁"中，我们均不约而同地表达了很多对生命价值需求与意义指向。

在自我认知中，自我意识的主体把认知的对象指向了自我的精神世界，它包括对意识层面的认知，也包括对潜意识层面的认知，更包括哲学层面的认知。在人生中，每一个个体了解别人易，理解自己难；认识社会易，看清自我难。人要真正认识自我、把握自我，走好自己的人生之路，就必须不断回顾自己的过去，反思生命的历程，这正是掌握自己人生命运的主要方式。

古代儒家先贤将自我认知过程概括为"自知之明",有下列十个程序①：

（1）自察

自己省察，是促进自觉的基本功。盖人能自省，方能改变行为，趋善避恶。如曾子曰："吾日三省吾身：为人谋而不忠乎？与朋友交而不信乎？传不习乎？"（《论语·学而篇》），这是曾子自省方法，为人谋而忠，这是"治事"的自省；与朋友交而信，这是"待人"的自省；对师传而能研习，这是"为学"的自省，曾子每日能以"治事""待人""为学"三事自省，故能终身无大过。所谓"自省"，是自己的辨别和抉择。因为人能事事自省，时时自省，则不难辨别是非善恶，有所为，有所不为，而能择善固执矣。

（2）自修

"自修者，省察克治之功"（《大学》），修身奋发之意。《大学》云："如琢如磨者，自修也。"朱子注："自修，修身也。"故"自修"也是促进自觉的一种力量。《大学》又云："身修而后家齐，家齐而后国治，国治而后天下平。"可见修身为齐家、治国、平天下之本。故《大学》又云："自天子以至于庶人，壹是皆以修身为本。"《中庸》亦云："故君子不可以不修身。"修身为省察克治之功，人人皆要努力达成的。因为人能修身，其三德兼备，人格健全，可以发挥其能力，以谋对社会国家之贡献。

（3）自新

自新乃自我更新之意，也是促进自觉的重要力量。汤之《盘铭》曰："苟日新，日日新，又日新。"《大学》云："作新民。"人有自新的意识，才能奋发向上。因为社会不断进步，学识日新月异，只有不断地追求新知，方能适应时代需要。

（4）自助

自助乃自我努力之意，也是促进自觉的一种力量。《易经》云："天助自助者。"盖人能自助，而后能获得天助。孔子云："反求诸己。"孟子云："求其在我"，又云"自求多福"，皆勉人自我努力之意。

（5）自得

自得谓由自助而有所获也。人能自助，必能自得；故自得也是促进自觉的一种力量。《中庸》云："君子无入而不自得焉。"意为只要努力，必然有成。朱注云："自得则不失其道。"可见自得即不难中道矣。又孟子云："君子深造之以道，欲其自得之也。"（《孟子·离娄篇上》）也是这个意思。

（6）自强

自强乃奋发图强之意，也是促进自觉的一种力量。《易经》云："天行健，君子以自强不息。"为人必须自强，刻苦自励，才能进德修业，有所成就。

（7）自反

自反乃反躬自问之意，也是促进自觉的一种力量。《礼记·学记》云："知不足，然后能自反也。"《礼记·祭义》亦云："修整之人，必自反覆顾省，故云自反。"与《学记》中的说法可互参证。《孟子》亦曰："君子必自反也。"可见"自反"是同"自省"一脉相承

---

① 吴鼎：《辅导原理》，五南图书出版股份有限公司，1981年版，第128页。

的，都是要求人们自觉地检查反省自己的思想言行，发扬优点，克服缺点，以达到提高道德水平的目的。不同的是，"自省"侧重的是一种"内部自省"的思想，而"自反"则强调"由外向内的自省"。

（8）自讼

自讼乃自责之意，也是促进自觉的一种力量。孔子云："吾未能自见其过，而内自讼者也。"因为人有过失，每好掩饰，不肯自责，反而巧言饰非，文过伪善，都是由于不自责的关系。如果能由自反而自讼，由自讼而改过自新，对于德业必有帮助。

（9）自谦

自谦乃不自足之意，也是促进自觉的一种力量。自谦从诚意做起。《大学》云："所谓诚其意者，毋自欺也，如恶恶臭，如好好色，此之谓自谦。"为人立身处世，须以"诚"为本，能诚，则能谦虚自处，诚恳待人，不自满，不自欺，是待人接物的基本态度。

（10）自立

自立是自觉最终目的，也是建立自己、成就自己之意。人贵自立，不依赖，不盲从，以自动自发之精神，谋自强自立之成就。《礼记·儒行篇》云："儒有席上之珍以待聘，夙夜强学以待问，怀忠信以待举，力行以待取，其自立有如此者。"

上述十项为儒家促进生命个体"自觉"的程序。"自省"是"自觉"的初步，也是"自我探索"的基本功；"自省"之后，继以"自修"，充实知能，增进经验，以达"自新"；复由"自新"以谋"自助"，能"自助"即能"自得"，能"自得"即能"自强"；使其对人对事，皆有良好的适应，这是"自我指导"的功夫；惟"自强"易流于"自矜"，"自得"易流于"自傲"，所以施以"自反"与"自讼"，使其产生"自谦"，这是"自我统整"的功夫；最后达到"自立"，这是"自我成就"的表现。

（二）从心理学视域觉知生命

自我意识是一种多维度、多层次的心理系统。我们可以从各个不同的维度或层次对其进行分析和探讨。从结构形式上看，自我意识包括认知、情感、意志三种心理成分。相应的，自我意识可以分为自我认知、自我体验和自我控制；从自我意识发展的层次上看，自我意识又可分为物质自我、社会自我和精神自我；进入自我认知中的自我观念，还可以分为现实自我、理想自我和投射自我。自我意识在认知、情感、意志三种心理成分不协调，现实自我、理想自我不统一的情况下，就会产生自卑心理。

1. 从结构的形式上看，自我意识中的包含自我认知、自我体验和自我控制三种心理成分。综合联系起来，便成为一个人的个性的中心内容——自我。

（1）自我认知。在生命个体的发展中有着十分重要的作用，是生命成长与发展的根本前提。自我认知是指：人脑反映自己以及与自己有关的各种信息的特性与联系，并揭露这些信息对自己的意义与作用的一种心理活动。自我认知是对自己的洞察和理解，是一种多维度、多层次的复杂心理现象。自我认知包括的心理成分主要有：自我感觉、自我观察、自我观念、自我形象、自我分析、自我评价、自我估价等。

自我认知是从多方位建立的，既有自己的认识与评价，也有他人的评价。基于此，继续进行第二步的探索——他人眼中的"我"。将他人描述中的"我"，进行归类与分析，一定会受益匪浅。

"乔哈瑞视窗（Johari Window）"①是帮助我们全面的认识自己的有效工具。它是一种关于沟通的技巧和理论。认为人对自己的认识是一个不断探索的过程。该理论将人的内心世界分为四个区域：公开区、隐秘区、盲目区、未知区。

公开区是自己看得到、别人也看得到的；隐秘区是自己看得到、别人看不到的；盲目区是别人看得到、自己却看不到；未知区则是自己和别人都没有发现的。和人分享与沟通的时候，隐秘区和盲目区会愈来愈小，公开区则会愈来愈大，从而使你更加全面地了解自己。

表 3-1 乔哈瑞视窗理论

		自我观察	
		认识到	未认识到
他人观察	认识到	（A）公开区	（B）盲目区
	未认识到	（C）隐秘区	（D）未知区

通过主观努力，结合他人的建议，使自己的公开区逐渐扩大，其他三个区域相对缩小，使我们更加全面地了解自己，可以及时的修正、完善自我。

（2）自我体验。这是个体对自身的认识与评价而引发的内心情感体验，其中包括满意或不满意、自尊、自爱、责任感、义务感、优越感、羞怯、自卑等。在人的生活体验中，不仅有积极肯定的情绪体验，也有消极否定的情绪体验。自我体验的产生是由环境与个人内部的心理因素相互作用的结果，并不完全源于自我认识，而是受到外在环境的变化的影响。主要涉及"我是否接受自己""我是否满意自己""我是否悦纳自己"等。

（3）自我控制。这是个体对自身行为的主动的掌握。它体现在人的能动性方面，就是对自己的行为和活动的调节，从而了解自己在达到目的的过程中，如何克服外部障碍与内部困难，采取什么手段实现自己的决定。主要表现为人的意志行为，它监督、调节自己的行为，调节、控制自己对自己的态度和对他人的态度，它涉及"我怎样克制自己""我如何改变自己""我如何成为理想中的那种人"。

2. 从自我意识发展层次上看，威廉·詹姆斯②将自我分成物质自我、社会自我和精神自我三个相互关联的组成要素。

（1）物质自我。物质自我又称生理自我。它是指一个人对自己身体的意识。物

---

① 乔哈瑞视窗最初是由乔瑟夫·勒夫（Joseph Luft）和哈里·英格拉姆（Harry Ingram）在20世纪50年代提出的，故就以他俩的名字合并为这个概念的名称。

② 威廉·詹姆斯（William James，1842—1910），美国心理学之父。美国本土第一位哲学家和心理学家，也是教育学家，实用主义的倡导者，美国机能主义心理学派创始人之一，也是美国最早的实验心理学家之一。1875年，他建立美国第一个心理学实验室。1904年当选为美国心理学会主席，1906年当选为国家科学院院士。2006年，詹姆斯被美国权威期刊《大西洋月刊》评为影响美国的100位人物之一（第62位）。

质自我是"自我意识"最原始的形态。新生儿是不可能把自己的躯体跟外部世界区分
开来的。但是,随着年龄的增长和智力的发展,个体在8个月左右开始产生了"物质
自我",即能把自己的躯体跟外部世界区分开来。不过,这时的物质自我还很不成熟。
个体真正能把自己的躯体与外部世界区分来并意识到自己的生存是寄托在自己躯体
上的,要在3岁左右才能够完全实现。因此,物质自我是逐渐形成的,是学习的结果。
大学期间,个体对自己的躯体及其变化特别关注,常常伴随着强烈的自我评价,进而
产生自豪或自卑的体验。当然,物质自我不仅指对自己身体的意识,还包括对自己的
衣着、打扮以及对自己家庭财产等的意识。所以,我们还可以说,物质自我是个体对
自己的身体以及客观环境中属于自己的那一部分物质的认识和反映。个体在社会化
过程中,逐渐学习角色并实践角色,从而出现了社会自我。

(2) 社会自我。它是指个体对自己被他人所关注的反映。"别人是怎样看待我
的""别人把我放在眼里吗""别人尊重我吗""我在社会上的名誉、地位如何""我在同
学中是否有威望"等,都是个体对自己被他人所关注的反映。所以可以说,社会自我
就是个体对自己在社会人际关系中的角色的反应,包括对自己在社会人际关系中的
地位和作用的反映,对自己所承担的社会义务和权利的反映。在高校,几乎每位大学
生都会重视他人对自己的关注和评价,都对自己的名誉、地位、威望特别看重,换言
之,都特别重视"社会自我"。因此,他们常常采取行动来引起注意,取悦于人。或追
求学业进步,或发展特长,或追求友谊、爱情,或追求名誉、声望等。所以,社会自我是
大学生自我意识的中心内容。当然,在社会自我产生和发展的同时,精神自我也就自
然形成和发展了。

(3) 精神自我,也称心理自我。它是指个体对自己的心理活动的反映,主要包括
对自己的性格、智力、态度、信念、理想和行为的反映。精神自我使个体依据主客观需
要,对自己的心理特征、人格特点进行观察和评价,进而修正自己的经验,调节、控制
自己正在进行着的心理活动和行为,以使自己的心理得到健康的发展。因此,"精神
自我"是自我意识的核心内容。

詹姆斯认为构成自我意识的上述三要素都伴随着自我评价和自我追求的行为。
因此,我们可以将詹姆斯"自我意识"概念的构成要素列成下表:

表3-2 詹姆斯"自我意识"构成要素

	自我评价	自我追求
物质自我	对自己身体、衣着、打扮、家庭所有物等的自豪或自卑	追求外表,欲望的满足。如装饰、爱护家庭
社会自我	对自己在社会上的名誉、地位、亲戚、财产的估价	引人注目,讨好别人,追求情爱、名誉、良心、智慧上求上进
精神自我	对自己的智慧、能力、道德水准的优越感或自卑感	在信仰、道德、良心、智慧上求上进

3. 自我观念的维度

自我意识又可分为现实自我、理想自我和投射自我。

(1)现实自我,也称现实我。它是指个体对自己现实的反映,即个体从自己的主观立场出发对自己目前的现实状况的看法。这种看法不一定与想象中他人对自己的看法完全相同,两者之间可能有距离。当这个距离加大时,便会感到自己不被别人理解。例如,自己主观上认为谦虚谨慎、勤奋好学,然而别人却认为你高傲自大、懒惰。这就使得自我看法与想象中他人对自己的看法之间有了距离。

(2)理想自我,也称理想我。它是指个体想要达到的完美的形象,如个体的生活目标和对未来的期待、抱负、成就,以及自己想成为一个什么样的人。理想自我是个人追求的目标,不一定与现实自我一致,两者间可能有距离。例如,某个大学生的奋斗目标是考研、出国,或者学业、爱情双丰收,但是由于自身努力不够或受条件限制,愿望未实现。这时,理想自我与现实自我间就产生了距离。当这个距离加大时,甚至还会出现失落感。理想自我虽非现实,但它对个体的认识、情感和行为等却有很大影响,是个体行为的动力和参考系。

(3)投射自我,也称镜中自我。它是指个体想象中他人对自己的看法。如想象中他人心目中自己的形象,他人对自己的评价,以及由此而产生的自我感。"镜中自我"是由社会心理学家库利于1922年提出来的。库利认为,自我是以别人对自己的反映为镜子并从中获得自我印象的。正如马克思说:"人起初是以别人来反映自己的。名叫彼得的人把自己当作人,只是由于他把名叫保罗的人看作是和自己相同的。"[①]1934年,米德发展了库利的思想,提出我们所属的社会群体是观察自己的一面镜子。

前述三种划分并不是截然分开的,只是因标准不同而有所划分罢了。其实,这三者间应是统一的有机整体。例如,自我认知、自我体验、自我控制与物质自我、社会自我、精神自我之间,既有对应关系,也是有机统一的。

二、克服自卑,自我悦纳

在"20个我是谁……"的讨论中,你会发现,别人有的,自己未必就有,例如:别人长得漂亮,而你长得却一般;别的男生身高1.80米,你却只有1.70米;别人的父母有钱又溺爱孩子,你的父母为了缓解经济压力长期在外打工,一年也见不到几次面……相比之下,有一种叫"自卑"的感觉便在心中产生,而且有时来势凶猛,持续时间很长,以致影响我们的生活。

(一)认识自卑

有这样一个故事:十几年前,他从一个仅有20多万人口的北方小城考进了北京的大学,上学第一天,与他邻桌的女同学第一句话就问他:"你从哪里来?"而这个问题正是他最忌讳的,因为在他的逻辑里,出生于小城,就意味着小家子气,没见过世面,肯定被那些来自大城市的同学瞧不起。

---

① 《马克思恩格斯全集》第23卷,人民出版社,1972年版,第67页。

就因为这个女同学的问话,他一个学期都不敢和同班的女同学说话,以致一个学期结束的时候,很多同班的女同学都不认识他。很长一段时间,自卑的阴影都占据着他的心灵,最明显的体现就是每次照相,他都要下意识地戴上一个墨镜,以掩饰自己的内心。

二十年前,她也在北京的一所大学里上学。

大部分日子,她也都在疑心、自卑中度过,她疑心同学们会在暗地里嘲笑她,嫌她肥胖的样子太难看。她不敢穿裙子,不敢上体育课,大学时期结束的时候,她差点毕不了业,不是因为功课太差,而是因为她不敢参加体育长跑测试,老师说:"只要你跑了,不管多慢,都算你及格。"可她就是不跑,她想跟老师解释,她不是在抗拒,而是因为恐慌,恐惧自己肥胖的身体跑起步来一定非常愚笨,一定会遭到同学们的嘲笑,可是她连给老师解释的勇气都没有,茫然不知所措,只能傻乎乎地跟着老师走,老师回家做饭了,她也跟着,最后老师烦了,勉强算她及格。

你能猜出他们是谁吗?

他,现在是中央电视台著名节目的主持人,经常对着全国几亿电视观众侃侃而谈,他主持的节目给人印象最深的特点就是从容自信,他的名字叫白岩松。她,现在也是中央电视台著名节目主持人,而且是第一个完全依靠才气而丝毫没有凭借外貌走上中央电视台主持人岗位的,她的名字叫张越。

原来是他们,原来他们也会自卑。但正如心理学家阿德勒说:"自卑是成就的原因,是使人奋发向上的动力。"

1. 关于自卑

《社会心理学辞典》对自卑感的定义如下:自卑感一般指个人由于生理、心理或其他方面如家庭、工作、政治等的某些缺陷,有时是自以为的缺陷,而产生的轻视自己、看不起自己,认为自己无法赶上别人的一种消极的心理状态。如哲学家斯宾诺莎说:"由于痛苦而将自己看得太低就是自卑。"

如丛中[①]博士说:"自卑是对自我的一种态度,表现为对自己的能力或品质评价过低,轻视自己或看不起自己,担心失去他人尊重的心理状态。"心理学家阿德勒认为:我们每个人都有不同程度的自卑感,这是由我们天生的器官缺陷所造成的。所谓"器官缺陷"不仅指残疾,也指我们人类的肌体因特别容易被疾病所损伤因而十分柔弱。除此之外,还包括我们主观上自认为存在的某种缺陷。自卑人人都有,只是程度不同罢了。自卑其实是不可怕的,从某种程度上讲,自卑也是推动一个人不断自我完善的动力。但是,如果你已经认识到自己的自卑,而不愿去进行自我突破的话,那么自卑对你来讲就是非常有害的。

2. 自卑的表现

自卑的总体表现是:缺乏自信,有过多不符合客观实际的过低自我评价和对自己

---

①　丛中:精神医学博士。现为中国心理卫生协会心理治疗与心理咨询专业委员会副主任委员,主要从事神经症、人格障碍、应激障碍与危机干预、子女教育、升学就业、恋爱婚姻等的心理治疗与咨询及研究工作。

一无是处的批评和否定。

如消极思维:总是想到坏的方面;以偏概全地过度概括:将一次的失败概括为"我不行";人际关系敏感:过度重视他人的评价,缺少自己的见解;不敢表达自己的意见、愿望:认为自己的想法是可笑的,说出来会被别人耻笑;对自己的思想和行为过度控制:一定不能让别人看不起,不能让别人说自己傻,不能让别人不高兴;不敢让自己快乐:如考好了就担心下次考不好,被老师表扬就怕被同学笑话自己太积极;目标过高追求完美:要求自己在所有的方面都表现十分出色,所谓出色是指得到他人的夸奖;自我封闭:对现实的逃避生活在自我幻想中;社会退缩:逃避一切集体活动和社交活动。

3. 自卑的原因

奥地利著名心理学家阿弗雷德·阿德勒(Alfred Adler)以研究自卑而出名。他从小就因自卑而烦恼,为了看清自己的自卑感从何而来,他不断努力研究寻找真相,结果自己的自卑感反而消失了。的确,只有探索到自卑的真相,自卑才会消失。因为当你找出自卑的原因之后,你才知道该如何和他好好相处。而自卑形成的原因主要有以下几方面。

(1) 自我认识不足。每个人总是以他人为镜来认识自己,如果他人对自己的评价过低,特别是较有权威的人的评价,就会影响对自己的认知,从而过低评价自己,产生自卑心理。对自我形象不认同,觉得自己长得不好。或者是对自己能力的怀疑,进入大学后的优越感降低甚至没有了,于是产生了极强的失落感,原有的优越感成了自卑感。

(2) 家庭经济因素。部分学生由于出身贫寒,生活困难,与别的同学相比,觉得自己家庭经济条件实在太差而感到自卑。这几年由于这方面引起自卑的大学生人数有增加的趋势。

(3) 成长经历有关。人的一生不能说漫长也不能说太短,但真正对人产生深刻影响的关键时期就那么几个,其中童年经历的影响尤深。心理科学的研究已证实,不少心理问题都可在早期生活中找到症结,自卑作为一种消极的心态也不例外。

(4) 个人性格特点。气质抑郁、性格内向者大都对事物的感受性强,对事物带来的消极后果有放大趋向,而且不容易将其消极体验及时宣泄和排解。因而外界因素对他们心理的影响往往要比对其他气质、性格类型者的影响大,产生自卑的可能性也相应增大。

而意志品质表现为自觉性、果断性和自制力的学生在其上进心、自尊心受到压抑时,不是变得自卑,而是会激起更强烈的自尊,及时调整自己的行动,以更大的干劲冲破压抑,努力拼出一条成功之路。但有自卑心理的学生则正好相反,在经过一番努力后尚无效果,便会泄气,认为自己不行,变得自卑起来,对社会产生恐惧感,无法正常地接触社会上的人。

(二)自我悦纳:走出自卑

自我悦纳首先要接受自己,喜欢自己,欣赏自己,认识自我的独特性,在此基础上体验价值感、幸福感、愉快感与满足感；其次是理智与客观地对待自己的长处与不足，冷静地看待得与失。在日常生活中关注自我，尝试将注意力集中在自我省思方面。

每一个生命都有自己的价值，而如何认识自己的价值，如何提升自己的价值，都取决于我们自己。每一个人生下来就注定是不完美的。每个人的遗传基因、成长环境都是不一样的，都不是我们自己能够选择和控制的，都是上天和父母赐给我们的礼物。对于每一个人来说这礼物都是特别的。只有我们明白自己所有的优点和弱点，所有的喜悦和痛苦，都是我们生命中的一部分，都曾经帮助我们生存下来，我们才会带着感激去接纳自己的弱点和痛苦。把它作为自己的朋友，去接近它、了解它，让它在我们的生命中慢慢溶解，转化为一种能量，这时候真正的转变才会开始。所以，在认识到自己的优势和弱点以后，我们需要悦纳这个不完美的自己、学会爱自己。

《庄子·大宗师》里有一篇动人的故事。子祀和子舆是朋友，有一天，子舆生病，子祀去探望他。见面时，子舆竟对子祀说："伟大的造物者啊，竟把我变成驼背模样。背上生了五个疮口，而脸上因佝偻而低伏到肚脐，两肩隆起，高过头顶，脖颈骨则朝天突起。"子祀问他是不是讨厌这种病，子舆悠闲地说："不，我为什么要讨厌它呢？假使我的左臂变成一只鸡，我便用它在夜里报晓；假使我的右臂变成弹弓，便用它去打斑鸡来烤吃；假使我的尾椎骨变成车轮，我的精神变成马，我便可以乘着它遨游，无须另备马车了。再说，得是时机，失是顺应，安于时机而顺应变化，哀乐自然不侵入心中来。这就是自古以来的解脱。那些不能自我解脱的人，就要被外物所奴役束缚了。物不能胜天，这是不易的理则，当我改变不了它的时候，我为什么要讨厌它呢？"庄子讲的这个故事真正道出了生活的智慧。人必须接纳自己，遵照自己的本质好好地生活，不盲目地羡慕和比较，光明和成功的一面不就展现在眼前了吗？

每个人都是特别的。我们不必苛求完美，只要努力改进，做最好的自己。当我们接纳了自己和他人的时候，社会也接纳了我们。接纳是一个贯穿生命始终的过程，更是促进我们不断成长的过程。

第一、停止与自己的对立。就是停止对自己的不满与批判，停止对自己的挑剔与责备，不论自己做了多么不合适的事，无论自己有多少自认为的不足，从现在开始，都要停止与自己的对立，学习站在自己的一边，站在自己人性尊严的一边，学习维护自己的生命尊严与价值。大声地告诉自己"无论我的现状如何，我选择尊重自己的生命与独特性。"

第二、停止苛求自己。就是允许自己犯错误，不过在犯错误后要学会：一是要做出补偿，来弥补自己犯错造成的损失；二是告诉自己一个错误绝不会犯两遍。告诉自己"无论我做错了什么，我选择从中吸取教训。""我会避免再犯同样的错误，不会不断地责备自己。"

第三、停止否认或逃避自己的负性情绪。人会产生负性情绪是很正常的，不要害怕它，要首先接纳它，然后再寻找办法来解决引起负性情绪的根源问题。告诉自己"无论我产生什么样的负性情绪，我选择积极地正视、关注与体验它。""无论我产生什么样的负性情绪，我选择给予建设性的解决。"

第四、学习无条件地接纳自己。就是要学习做自己的朋友,学会站在自己这一边,学会接受并关心自己的身体、心理与思想,学习不带任何附加条件地接受自己现实的一切。告诉自己"无论我有什么样的优点与缺点,我选择首先无条件地接纳自己。"

第五、接纳而不止于接纳。如果说能否接纳自己是一个人是否具备自信和追求成长的前提,然而,如果仅仅止于接纳,则会限制个人的发展与成长。不止于接纳就是要用建设性的态度来对待自己的弱点与错误;从学习中吸取力量,改变那些不能接受的;从思考中获得勇气,接受那些不能改变的;从领悟中增长智慧将两者区别开来。

三、挖掘潜能,自我超越

美国学者詹姆斯根据其研究成果认为:"普通人只发展了他蕴藏能力的1/10。与应当取得的成就相比较,我们不过是在沉睡。我们只利用了我们身心资源的很小的一部分,而大部分甚至可以说一直在荒废。"没有人知道自己到底具有多大的潜能,因而没有人知道自己会有多么伟大,所以我们应该找寻内心真实的自我、激发无穷的潜能。

(一)认识自我超越

"自我超越"是由奥地利心理学家维克多·弗兰克①提出的一个概念,他认为人真正的追求是超越自我的生活意义。这种追求包含了对自然界、人类社会和文化,以及人在其中所处位置的探索和理解,目的是为了更好地把握人生,更有意义地去生活。对人生意义的追求不是满足于自我的平衡状态,而在于一种自我的超越,表现为勇于承担责任、敢冒风险、不断地创造。

"自我超越"是指突破极限的自我实现。其中有两层含义,一是要达到并超过极限;二是超越本身是自我实现的过程。对一名技术精纯的艺匠而言,将其巧思融合熟练的手艺而形成浑然天成的作品,便是一种自我超越的实现。生活中各个方面都需要自我超越的技能,无论是专业方面或自我成长。一个能够自我超越的人,一生都在追求卓越的境界,自我超越的价值在于学习和创造。

彼得·圣吉说:自我超越首先就是理清我们真心向往的目标,在使我们为自己的最高愿望而努力的同时,不断弄清与加深我们的个人愿景,集中我们的力量,发展耐性,坚持、坚持、再坚持,通过激发保持"创造性张力",克服"情绪性压力",从而平衡愿景与现实间的差距,客观看待现实的一种学习修炼。彼得·圣吉对自我超越给予了特别的青睐,他说:"精熟自我超越的人,能够不断实现他们内心深处最想实现的愿望,他们对生命的态度就如同艺术家对待艺术品一样,全心投入、不断创造和超越,是一种真正的终身学习"。

---

① 维克多·弗兰克(Viktor Emil Frankl,1905—1997)奥地利心理学家、精神病学家。维也纳第三心理治疗学派——意义治疗与存在主义分析(Existential Psychoanalysis)的创办人。出生于奥地利维也纳一个贫穷的犹太家庭,因心脏衰竭逝于奥地利维也纳。

2022年3月4日,北京冬残奥会顺利闭幕,中国体育代表团在北京冬残奥会上以18枚金牌、20枚银牌、23枚铜牌,总计61枚奖牌的优异成绩,位居金牌榜和奖牌榜榜首,实现了历史性跨越。中国体育代表团团结一心、众志成城,践行了"使命在肩、奋斗有我"的誓言,实现了运动成绩和精神文明双丰收,书写了中国残疾人冬季运动的新篇章。

　　残奥会运动员面对自己身体上的缺陷,并没有自卑,而是选择悦纳自我,努力追逐梦想、超越自我,每一位站在冬残奥会赛场的运动员,他们无一不是在年复一年、日复一日地在训练着,特别是他们还是残疾人,训练需克服更多困难,无论是身体上的,还是心理上的。他们用行动向世人证明:身虽残,志却坚,他们有一颗向上的心,在不断改变命运、超越自我。他们用行动演绎我命我不由天,用运动彰显人生价值。

(二) 如何实现自我超越

　　实现自我超越是一个追求自我卓越的艰辛过程。超越自我第一步是要认识自我。客观公正地认识自己是一件很困难的事,相信我们已经在对自身的反省和他人评价中找到相对满意的答案。

　　其次,就是在自我认知的基础上完善自我。这需要有目标,因为完善自我也仅仅是相对的,人无完人,只有确立了目标才清楚自己该如何做。所以完善自我的关键是找到目标,这个目标或许是阶段性的,或许是我们整个人生的目标,但是不管怎样,目标的确立要经过深思熟虑,要有现实依据。确立目标最重要的是想清楚自己真正想要的、最想要的是什么,想成为一个怎样的"理想中的我"。

　　最后,目标确立了,也付诸行动了,可以说简单意义上的自我超越基本完成了。然而这一切可能只是我们通向理想我的美丽过程,是"量"的积累,真正"质"的超越应该是思想上的。当我们通过完善自我达到一个新的高度后,回头反思,如果能相对清晰地看清过去不完美的原因,以及珍藏好超越自我过程中宝贵经验,是否有一种从未体验过的发至心灵深处的兴奋、战栗、欣快、满足、超然的情绪体验,感觉犹如站在高山之巅,仿佛获得了心灵自由,那种愉悦虽然短暂但却可以照亮了我们的一生,这种感觉是很难用语言表达的,心理学家马斯洛把这种感受称之为高峰体验(peak experience)。这种终生难忘的"高峰体验"是我们在追求自我超越过程中,获得的幸福体验,是我们不断超越自我的动力。美国的登月者米歇尔,在阿波罗登月舱中,从宇宙中遥望美丽的地球而获得高峰体验,刹那间他知道了"宇宙自有它的意义及方向,在那有形的造化之后有一种层次,人类的追求必须提升到全球的资源共享,世界才会是可持续的",正因为米歇尔悟出"天人合一"的忘我境界,因此,他重返地球后,放弃了太空生涯,投身环境与生态的运动。

　　毛姆在小说中曾有这样一段描述:"那些满布茂密林莽的群山,晓雾仍旧笼罩在树顶上,和远在我脚下的那片深不可测的大湖。太阳从山峦中的一条裂缝中透进来,照耀得湖水像灿银一样。世界的美使我陶醉了。我从来没有感到过这样的快意,这样超然物外的欢乐。我有一种古怪的感觉,一种震撼从脚下起一直升到头顶,人好像突然摆脱掉身体,像纯精灵一样分享着一种我从来没有意想到的快感,我感到一种超越人性的知识掌握着我,使得一切过去认为混乱的变得澄清了,一切使我迷惑不解的都有了解释。我快乐地痛苦起来:我挣扎着想摆脱这种状态,因为我觉得再这样继续下去,人就会立刻死掉;然而,我是那样陶醉,又宁可死去而不愿放弃这种欢乐。我有什么法子告诉你我那时的感觉呢? 没有言语能够形容我当时的幸福心情。等我恢复到我原来的我时,人变得精疲力尽,而且在发抖。"这或许是处于高峰体验下的人较为真实的心理反应。老子言:"涤除玄览"。只有摒弃一切杂念,保持心灵虚寂清静的状态,才能观照到万事万物的发展变化,体悟大道之美。

自我超越是一个反复循环、不断提高、螺旋上升的过程,达到一个阶段以后,再次认识自我,完善自我,超越自我。这个过程将会伴随我们的一生,是一个人一辈子的功课,需终身加以学习,并且是完全自主的。也许,自我超越的真正乐趣就在于:使自我投入不断地求真、求善、求美、求圣的过程之中。

 聚焦提升

1. 认识生命从认识自己开始。
2. 要做自己"自我觉知"的专家。
3. 学会自己和自己和谐相处,和自己的"自卑"友好相处,悦纳自我;做身心灵统合的自我。
4. 从学习中吸取力量,改变那些不能接受的;从思考中获得勇气,接受那些不能改变的;从领悟中增长智慧将两者区别开来。

 思考感悟

1. 完成"人际关系中的我(优缺点)"并思考下列问题:

父亲眼中的我:	母亲眼中的我:
兄弟姐妹眼中的我:	好朋友眼中的我:
同学眼中的我:	高中老师眼中的我:
现实生活中的我:	理想(期望)的我:

(1) 完成"人际关系中的我"内心感受是怎样的?
(2) 自己与他人对自我的评价一致吗? 有没有不一致的地方?
(3) 理想与现实中的我差距大吗? 我可以为此做些什么?
2. 填写下列问题,并大声朗读出来:
(1) 我对自己感到满意的是:_____,

因为_____。

(2) 我对自己感到不满意的是:_____,

因为_____。

(3) 不满意之中,很难改变的是:_____,

因为_____。

(4) 不满意之中,可以改变的是:_____,

因为_____。

(5) 对于可以改变的,我准备:_____。

3. 自我悦纳的测试量表①

想要要了解自己是否自我悦纳吗? 请针对以下题目做出"是"或"否"的选择。

(1) 朋友和家人眼里,你是否显得过于敏感?

(2) 你是否喜欢与别人争论不休?

(3) 你是否总是持批评态度?

(4) 你是否能容忍他人有不同观点?

(5) 你是否过于易动肝火?

(6) 你是否容易原谅人?

(7) 你是否过于爱妒忌?

(8) 你是否认真听别人讲话?

(9) 你是否感到很难接受恭维?

计分:第 1、2、3、5、7、9 题答"是",第 4、6、8 题答"否",各题记 1 分,否则不记分。

解释:将各题分相加,得出总分。如果总分在 5 分以上,说明你自我否定得太多,需要多多基于自己积极正向的鼓励。

自测提醒:此问卷只作为了解自己的参考,如有疑问请咨询专业人员。

拓展延伸

1. 品读书籍

曹凯. 核心素养(初中卷):认识自我(辑)[M]. 上海:华东师范大学出版社,2021.

阿尔弗雷迪. 阿德勒. 自卑与超越[M]. 李心明,译. 北京:光明日报出版社,2006.

2. 影视赏析

《国王的演讲》是由汤姆·霍珀指导,科林·费斯担当主演的英国电影,本片于第 35 届多伦多电影节获得了最高荣誉——观众选择奖。在 2011 年第 83 届奥斯卡提名单上,《国王的演讲》获得 12 项提名,并最终拿到最佳影片、最佳导演、最佳男主角、最佳原创剧本四项大奖。

《心灵捕手》是一部由格斯·范·桑特于 1997 年导演的电影,故事发生地是马萨诸塞州的波士顿,主要在多伦多取景拍摄。本片在 1998 年入围了 9 个奥斯卡奖项,演员马特·达蒙联合本·阿弗莱克及罗宾·威廉斯也在当年分别获得了最佳编剧奖和最佳男配角奖。

---

① 姚本先:《教师心理与健康》,北京师范大学出版社,2013 年版,第 58 页。

专题四

有志一同　融通生命

> 我们将全人类视为一棵树,而我们自己就是一片树叶。离开这棵树,离开他人,我们无法生存。
>
> ——帕布罗·卡萨尔斯①

 专题导语

　　"05 后"成长在科技高速发展的时代,我们在享受信息便利的同时,也易沉迷于网络虚拟世界,慢慢导致人际关系疏离,渐渐成为一座座人际"孤岛"。面向全球一体化,世界现代化进程的加速,面对未来,我们发现缺少了一项作为合格世界公民的能力,即团队合作精神与能力。基于这些问题,本专题将通过亲身体验游戏缩短人与人之间的距离,在学习团队相关知识的同时,开启思考自己与他人、自己与团队、自己与社会的关系,体悟融入团队的智慧,学会理解、学会包容、学会合作、学会共处。

---

　　①　帕布罗·卡萨尔斯(Pau Casals i Def illó Pablo Casals,1876—1973),西班牙杰出大提琴演奏家。他对大提琴演奏艺术贡献甚大,赢得了全世界音乐家的尊重,公认他是"大提琴史上的帕格尼尼"。

知识地图

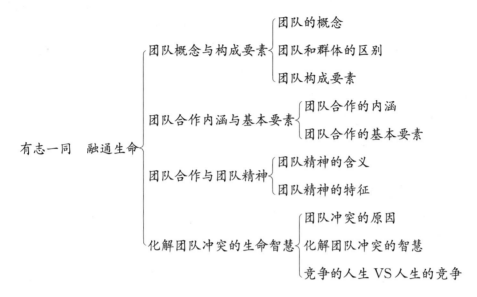

体验活动

建塔游戏

　　每10人一组,每组获得同样数目的10—15张报纸;在不可以说话的前提下,可以用肢体语言沟通,设计建造属于自己组的"塔";在单位时间内,不借助外力的情况下搭建的"塔",哪一组用的透明胶纸最少、最高、最稳、最具创意即获胜。

　　讨论分享:

　　1. 在不说话的情况下,你们是如何完成建塔任务的?

　　2. 在建塔游戏中你承担哪些工作,发挥了哪些作用?

　　3. 游戏给你带来怎样的思考呢?

理论学习

　　在建"塔"游戏的思考中,我们会提及团队,团结的力量,团队沟通的重要性……那么,到底什么是团队?团队有哪些基本要素?什么又是团队合作、团队精神呢?

一、团队概念与构成要素

　　中国有句俗话:人心齐,泰山移。人离不开合作,合作的最高形式就是团队。可将建"塔"游戏中的小组视为"团队"。

(一)团队的概念

"团队"一词,英文名为"team",直译时最常用词汇是"小组",该词也往往称为工作团队,即"Work Team",是通过其成员共同努力能够产生积极协同作用的最低层次的组织。管理学界认为:团队是一个组织在特定的可操作性范围内,为实现特定目标而建立的相互合作、一直努力的由若干成员组成的共同体。① 琼 R·卡扎巴赫与道格拉斯 K·史密斯认为:团队是一群拥有互补技能的人,他们为了一个共同的目标而努力、达成目的,并固守相互间的责任。著名管理学家斯蒂芬·P·罗宾斯认为:团队是有两个或者两个以上的、相互作用、相互依赖的个体,为了特定目标而按照一定规则结合在一起的组织。

(二)团队和群体的区别

团队就是群体吗? 这两个词经常容易被混为一谈,但是不能将团队等同于群体,它们之间存在根本性的区别。我们以火车上的旅客为例,他们是这样一个群体:每个人有不同的目的地,南下北上、西来东往;相互之间没有太多的交情,互不影响,也没有利害关系;没有共同的准则、标准和约束。

归纳起来,群体有如下特征:没有共同目标;个体间没有利益关系;没有严格的、共同的规范。接下来再分析军队的特点:军队的存在是因为他们被赋予保卫家国的使命;纪律严明是军队最大的特征;要求密切合作,侦察兵、哨兵、狙击手……,他们的行动是相互配合的。而群体一般指因为某事项而聚集到一起,不存在成员之间的积极协同机制,所以群体是不能够使群体的总体绩效水平大于个人绩效之和的。而团队是指拥有一个共同目标,能够用最理想的状态来面对和解决所遇到的问题和困难的群体,见图 4-1。

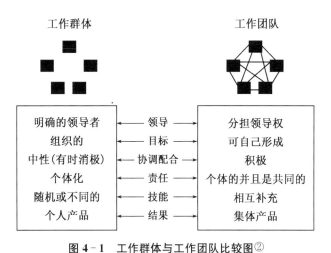

图 4-1　工作群体与工作团队比较图②

① 劳伦斯·霍普:《管理团队》,企业管理出版社,2001 年版,第 5 页。
② 斯蒂芬·P·罗宾斯:《组织行为学》,中国人民大学出版社,1997 年版,第 270 页。

（三）团队的构成要素

从团队的定义来看，团队的构成要素有五个（简称"5P"）：分别为目标（Purpose）、人（People）、定位（Place）、权限（Power）、计划（Plan）。

1. 目标（Purpose）

团队应该有一个既定的目标，为团队成员导航，知道要向何处奋斗，没有目标这个团队就没有存在的价值。团队的共同目标可以细分逐级实现。团队可以划分为若干小团队，团队的目标也可以分解成若干个小目标，小目标由小团队承担完成，前提是必须保证各个小团队的目标跟团队的目标一致。为了更好地实现团队的目标，小团队目标还可以具体分解到各个团队成员身上，大家合力实现这个共同的目标。

2. 人（People）

构成团队最核心的力量就是人。团队的目标是通过人具体实现的，所以组成团队非常重要的一个环节就是人员的选择。团队成员通过分工来共同完成团队的目标，所以在选择团队成员时要考虑团队要求、人员能力、人员技能、人员经验、性格搭配等因素。除此之外，团队成员中最重要的一员就是"领导人"。像电视剧《亮剑》中的李云龙，硬是把一支杂牌军打造成能征善战的精锐之师；也有纸上谈兵的赵括，长平之战葬送军队 40 万，使赵国一蹶不振，直到灭亡。所以如果忽视这个核心成员的选择，团队目标能否充分实现难以估计。

3. 定位（Place）

定位包含两层意思：一是团队的定位，即团队处于什么位置，由谁选择和决定团队的成员，团队最终应对谁负责等；二是个体的定位，即团队成员在团队中扮演什么角色。

4. 权限（Power）

在创建团队时需要提前分配所拥有的权限，明确工作职责和自主权限，充分调动团队积极性。

5. 计划（Plan）

计划也包含两个层面的含义：一是实现目标需要的一系列具体的行动方案；二是有计划的操作行为，即在计划的操作下使团队一步一步地贴近目标，从而最终实现目标。

二、团队合作内涵与基本要素

国际 21 世纪教育委员会于 1996 年向联合国教科文组织递交的报告《教育——财富蕴藏其中》中谈道：为了实现人的全面发展，教育必须围绕四种基本的学习过程重新设计、组织。即学会求知、学会做事、学会合作、学会生存。其中，学会合作，就是要培养我们在集体活动中参与和合作的精神，即培养我们的团队精神。据美国哈佛大学心理学教授乔治·赫华斯博士的研究表明，一个人事业的成败在于人品的优劣，他把"与同事真诚合作"列为成功的九大要素之一，而把"言行孤僻，不善与人合作"列为失败的九大要素之首。

可见，越是竞争激烈的社会，团队合作愈显重要。在知识经济时代，科技发展日新月异，社会呈现出多种学科、知识、信息、文化的交叉化，对所需人才也日益复合化，只有全方面培养"团队合作"的精神和能力，才能让我们真正成为适应现代社会经济发展的高素质综合型人才。

（一）团队合作的内涵

团队合作是一种为达既定目标所呈现出来的自愿合作和协同努力的精神，它可以调动团队成员的所有资源和才智，并且能够自动减少不和谐、不公正现象，同时会给予那些诚心、大公无私的奉献者适当的回报。如果团队合作是出于自觉自愿，它必将会产生一股强大而且持久的力量。

团队合作具有四个重要性：

（1）可以打造一个具有较强凝聚力的工作队伍。

（2）可以为团队成员提供一个较好的学习平台。

（3）可以营造一个相对和谐的工作环境。

（4）可以有效地提高工作效率。

（二）团队合作的基本要素

良好的团队合作包括四个基本要素：共同目标、互相依赖、归宿感和责任心。

1. 共同目标

共同的目标可以为团队成员提供具体的指导和行动方向，目标是团队存在的价值，明确目标就是使成员明确团队存在的意义。将目标植根于大家的心里，就可以获得成员们共同信守的价值，使团队行动一致。为完成共同目标，成员之间彼此合作，这是构成和维持团队的基本条件。也正是这共同的目标，才确定了团队的性质。当团队的队员有一个共同的目标时，这个团队便具备巨大的力量，创造不可思议的成果。

2. 互相依赖

想要一滴水不干涸，我们应该把它放到大海里。从行为心理上来说，成员之间在行为心理上相互作用、直接接触，彼此意识到团队中的其他个体，相互之间便形成了一种默契与关心。

3. 归宿感

归宿感就是那种回到家的感觉，家里安全、放松、有关爱、认同、包容、和谐与温暖。团队为成员营造"家"的和谐与温暖，成员便会对团队产生"家"般的依赖与归属感，产生情感上的认同感，意识到"我们是这一团队中的一员"。

4. 责任心

责任心是指对事情敢于负责、勇于主动负责的态度。所有真正高效的团队，其成员都要共同分担他们在达到共同目的过程中的责任，全心全意地为自己的团队服务。

三、团队合作与团队精神

2022年2月5日，北京冬奥会短道速滑比赛首日，武大靖与队友任子威、范可新、曲春雨、张雨婷共同登上混合团体接力最高领奖台。中国队以 2 分 37 秒 348 的成绩夺得冠军,这是北京冬奥会中国代表团的首金,同时也是中国队该项目的冬奥首金。赛后,武大靖和范可新等人全都红了眼眶,武大靖说,当时的眼泪中包含着这些年的诸多不易,但更多的还是幸福。2018 年平昌冬奥会上,在中国短道速滑队多个项目接连失利的情况下,顶着巨大压力的武大靖,在短道速滑男子 500 米比赛中以破世界纪录的成绩为中国捧回了那届冬奥会唯一一枚金牌,并把这个项目的世界纪录提高了 0.353 秒。武大靖却说,相比起四年前那块个人金牌,北京冬奥会上的团体金牌对他来说更为重要和意义非凡:"站在领奖台上的是 5 个人,5 个人都有金牌,这是团队项目,需要场上几个人齐心协力,都零失误才能做到,所以这枚金牌更有价值。"

(一)团队精神的含义

团队精神是团队的基石。所谓团队精神,简单来说就是大局意识、协作精神和服务精神的集中体现。① 再有力的手指,也比不上拳头。团队精神就好比人身体的每一个部位,一起合作去完成一个动作。时代发展到今天,可以说人的社会属性较以往任何时候都显得更为明显和重要,而团队精神正是人的社会属性在团队中的重要体现,它事实上所反映的就是一个人和别人合作的精神和能力。

团队精神与集体主义精神有相同、相通之处,一个团队就是一个集体,团队精神是集体主义精神的基础,集体主义精神是团队精神的表现形式。团队精神受到社会制度、民族精神、企业文化和时代背景等因素的制约和影响。

团队精神主要通过三个方面加以呈现:

1. 凝聚力

即团队成员之间相互吸引、团结一致,并愿意留在团队中。这种凝聚力包含着团队对成员的吸引力和成员之间的吸引力,以及员工之间和睦相处的亲和力。

2. 合作力

即团队成员为实现共同目标或彼此共同利益而采取的联合行动,这包括成员个人之间的合作,成员个人与团队的合作,不同团队之间的合作。

3. 参与力

即指团队成员参与团队决策、团队管理的能力。通过参与团队的决策和组织管理,使团队成员融入团队,同舟共济,构筑团队精神。

2019 年中国女排以十一连胜的战绩卫冕,她们在赛场上表现出的团结协作令人难忘。每一次发球、传球、进攻,都显示出女排队员之间的团结精神,手挽手,一条心,"赢了一起狂,输了一起扛",用团队的力量去战胜一切,是对这种精神最完美的诠释。团结一心、同舟共济,是女排精神不变的底色。中国女排自建队以来,始终坚持和发扬集体主义精神,无论是教练员、运动员,还是工作人员,每个人都为了集体的荣誉拼搏、奋斗。郎平说:"在我的字典里,'女排精神'包含着很多层意思。其中特别重要的

---

① 李创:《浅谈团队管理》,《经营管理者》2009 年第 10 期。

一点,就是团队精神。女排当年是从低谷处向上攀登,没有多少值得借鉴的经验,但是在困难的时候,大家总能够团结在一起,心往一块想、劲往一处使。"正是过去几十年里几代人默默地无私奉献、风雨同舟,才铸就了中国女排这个闪耀着团结协作光彩的英雄集体。队长朱婷说:"有时候训练很辛苦,我就会想到,打排球不仅仅是为了自己,还是集体荣誉的一部分,就会咬牙坚持下去。"集体主义精神不仅展现在中国女排过去的训练、比赛、生活中,还将传承下去,成为中国女排接续奋斗的强有力支撑。

聚是一团火,散是满天星。不仅中国女排,任何集体项目和个人项目的成功,都需要团结协作的集体主义力量。个人拼搏是为了团队的成功,个人能力的发挥是集体智慧的展现。将个人奋斗融入集体智慧之中,集体的力量与个人的努力在团结协作中才能获得高度统一,形成强大的合力,释放出巨大的能量。在任何情况下,集体的利益和荣誉必然高于一切,而"团结"更是制胜的核心要义。倘若只顾自己而忽视集体,甚至认为个人高于集体,这样的团队不可能成功。

(二) 团队精神的特征

团队精神主要特征主要包括以下三个方面:

1. 团队精神的基础是张扬个性

树立个性意识,鼓励个性发展是形成团队理念,塑造团队精神的前提和基础。"张扬个性"强调个性自由,敢于打破常规。大家千篇一律,墨守成规,没有创新意识,不利于团队的发展。塑造团队精神就必须要尊重个体的兴趣与成就,尊重个性。但是同时也要清楚地认识到,个性与团队的关系就像是一个圆与这个圆的内接三角形之间的关系,在团队的范围内必须张扬个性,但是尺度不能超出所定区域。

2. 团队精神的核心是协同合作

"夫尺有所短,寸有所长,物有所不足。"在这个社会上,再聪明的人也有过不去的坎,五味相调才能做出美味佳肴,六律相和才能奏出动人乐章,团队合作才能产生共振双赢。虽然团队中不反对个性张扬,但是个性必须和团队的合作一致,要有整体意识,考虑团队的需要。毕竟在团队中,我们划的是"龙舟",其他人的成败得失,都与我们的命运休戚相关,若不对他人施以援手,或做适当调节,终会造成连锁反应,祸及全体。正所谓"人人为我,我为人人"就体现在此。因此,在一个团队中要彼此信任,互相依赖,优势互补,发挥积极协同效应,毕竟无论干什么事,个人的力量总是渺小的,只有当无数个人的力量凝聚在一起,个人的追求与团队的追求紧密结合起来,树立与团队一起风雨同舟的信念,才能带来"1+1>2"的效果。

3. 团队精神的动力是共同目标

目标和期望是形成一个团队的首要条件,是团队发展的动力。一个有想象力的目标,是团队成功的基石。团队有目标,大家才会向着这个目标坚定不懈地走下去。在团队合作中只有团队目标达到了,即团队成功了,个人才能获得成功。如果脱离了团队目标这个共同的价值观,即使个人目标达到了也是毫无意义的。因此,具有团队精神的人,应当有一种强烈的责任感、饱满的活力和热情,为了确保完成团队赋予的使命,和其他成员一起,努力奋斗,积极进取,创造性地工作。

对于个体而言,塑造团队精神意义重大,主要体现在以下三个方面:

一是团队精神的培养符合时代发展对人的要求。当今世界科技飞速发展,社会分工更加明确,分工细化要求人们掌握更专业的知识与技能,同时意味着这些不同知识、技能之间更广泛、更深入地交换与合作。而另一方面个体的力量是有限的,不可能成为"全能手",因此,具有取长补短、优势互补特点的团队精神就成为个人在信息社会生存与发展的必要素质。现在用人单位强调应聘者"必须具有良好的群体意识和团队合作精神"就证明了这一点。

二是团队精神有利于塑造人的良好个性。团队精神要求团队成员必须在准确定位的基础上精诚团结、相互协作,在团队内部开展良性竞争。这样可以让成员体会到互相帮助、互相学习的益处并提高他们共同解决问题的能力。同时也可以增强成员个体与他人共事时团结协作的主动性,提高与人共事时奉献、进取的人际交往能力和作风,养成民主意识,提高心理素质。

三是团队精神可以满足人自身成长的需要。我们每个人都是社会的人,有发展的需求,实现人生价值的期盼,团队精神的塑造有助于帮助我们实现人生目的。根据专家的研究,在当前社会竞争中,人的非智力因素对人的竞争力的影响越来越大,具备团队精神的人具有更大的竞争力。因为充分理解团队合作精神的人,具有理解、辨别和感受不同情境的能力,他们在生活中更能理解他人,尊重他人,处理问题时更善于与人沟通。

四、化解团队冲突的生命智慧

冲突是一种常见的社会现象,是人类社会关系的一个组成部分,普遍存在于社会关系的各领域。团队也不例外,冲突的发生总是令人感到不快,但是它却难以避免。

(一) 团队冲突的原因

团队冲突的来源是团队成员之间的内在动机、欲望、价值观的不同表现。主要有四个方面的原因:

1. 个体差异

个体的性格会因遗传、成长环境的差异而有很大的不同,另外,态度和行为等也会因教育、文化、社会的及道德的差异而有所差别。在这过程中逐渐形成了影响行为的价值观,一个人的价值观为他的行为方式提供了一系列的指导准则。由于价值观的不同,人们的态度行为就会有不同,这就可能成为团队成员在一起工作时产生冲突的潜在和必然的因素。

2. 认知差异

个体对自己所处的环境中所发生的一些事情的意识观念、倾向性是不尽相同的。同样一件事情,因为每个人的认知差异性,就会有不同的判定。当团队中有些成员认同、赞许,甚至兴奋、积极响应时,另一些成员有可能是回避、沮丧,或者对立、抵制。认知上的差异与成员之间知识结构差异,或工作经历差异,以及成长环境的差异都是有关系的。因此认知上的差异有可能导致团队发生冲突。

3. 能力差异

环境的变化是必然的,面对宏观环境的变化有较强创新精神的,能够及时适应,积极紧跟发展;而有的能力较弱,难以适应复杂的转型,行动迟缓满足现状。这样快的与慢的,适应的与不适应的表现在行动上就会产生冲突。

4. 误解或怀疑

斯蒂芬·P.罗宾斯认为,团队冲突是一个过程,这种冲突起始于一方感觉到另一方对自己关心的事情产生消极影响或将要产生消极影响。这种感觉不一定客观,有可能是因为误解或怀疑而导致的。

(二)化解团队冲突的智慧

三只老鼠同去一个很深的油缸偷油喝,够不到油喝的它们想了一个办法,就是一只老鼠咬着另一只老鼠的尾巴,吊下缸底去喝油,大家轮流喝,有福同享。第一只老鼠最先吊下去喝油,它想:"油就这么多,大家轮流喝一点儿也不过瘾,今天算我运气好,干脆自己跳下去喝个饱。"夹在中间的老鼠想:"下面的油没多少,万一让第一只老鼠喝光了,那我怎么办?我看还是把它放了,自己跳下去喝个痛快!"第三只老鼠也暗自嘀咕:"油那么少,等它们两个吃饱喝足,哪里还有我的份儿?倒不如趁这个时候把它们放了,自己跳到缸底饱喝一顿。"于是,第二只老鼠狠心地放开第一只老鼠的尾巴,第三只老鼠也迅速放开第二只老鼠的尾巴,它们争先恐后地跳到缸里去了。最后,三只老鼠都淹死在了油缸里。

三个老鼠偷油的故事告诉我们一个道理:在一个团队中,合作中的团队成员由于性格、价值取向、角色定位、思维方式等方面的原因存在很多心理差异,这种心理差异造成的心理冲突对团队合作的结果影响巨大,就会造成成员之间的行为不能保持协调一致,最终导致合作目标难以实现。若要化解这些冲突,就需要铭记"低、忍、和"三字箴言。

1. 低——放低姿态

与人交往,首先要赢得对方的认可、欣赏和信赖,这里就有一个处世的问题。一些人骄傲自大、趾高气扬,显然不把别人放在眼里。与这样的人打交道,怎么能让人心里舒服呢?美国哈佛大学人际学教授约翰·杜威曾说:"人类本质中最殷切的需求是渴望被肯定。"也就是说,我们要懂得尊重别人。那么,如何做到这一点呢?

"他人有心,予忖度之。"这是《孟子·齐桓晋文之事》里的名言,一语道破了获得他人欣赏你的关键。当然,这里不是提倡言不由衷乱敷衍朋友,而是学会放低姿态,即说话办事的时候要谦卑、低调、保持谨慎,学会仔细倾听别人的话,更学会"忖度他人之心",站在他人立场上考虑问题,尽量体谅对方的心情,这样也会获得团队中他人的理解。

2. 忍——退一步海阔天空

忍让之"让",乃予、舍、避、退、亏之意。忍让是人生品德,不争名利,关爱他人;忍让是人生智慧,患得患失是人生苦恼的根源;忍让是人生战略,服从人生大目标;忍让是人生战术,退是为了进,舍是为了取,十分讲究方法和技巧;忍让是情商,能让人时且让人，能饶人处得饶人。

在团队交往中，每个人都会遇到和自己不同的人。大至思想观念，为人处世之道，小至对某人、某事的看法和评论。这些程度不同的差异都会外化成人与人之间的争执与论辩。留心我们周围，争辩几乎无所不在：一场电影，一部小说，一个特殊事件，某个社会问题都能引起争辩。由于争论的任何一方都想推翻对方的看法，树立自己的观点。因此，但凡争论留给我们的印象都是不愉快的，最容易使我们良好的交际愿望落空。当你的朋友和你产生思想与观念上的冲突时，你想好化解它的方法了吗？

在团队之中，当团队利益与个人利益冲突时，需要"忍"，牺牲小我成就大我。《将相和》这个动人的故事出自司马迁的《史记·廉颇蔺相如列传》。由"完璧归赵""渑池之会"和"负荆请罪"3个小故事组成。战国时赵国舍人蔺相如奉命出使秦国，不辱使命，完璧归赵，所以封了上大夫；又陪同赵王赴秦王设下的渑池会，使赵王免受暗算。为奖励蔺相如的汗马之功，赵王封蔺相如为上卿。老将廉颇居功自傲，对此不服，而屡次故意挑衅，蔺相如以国家大事为重，始终忍让。后廉颇终于醒悟，向蔺相如负荆请罪。将相和好，共同辅国，国家无恙。

3. 和——和合相生　和而不同

"和"是中国传统哲学中一个影响深远的理念，这种理念渗透在人们心中，表现在各个领域。儒家有句名言叫作"和为贵"。兵家有个理论叫作"天时不如地利，地利不如人和"。治家者有一条经验"家和万事兴"。经商者有个信条"和气生财"。治国者讲究和平。由此可见，谋"和"是人生的一项重要组成部分。古往今来，"和"是贤者仁人所追求的境界。在我们周围可以找到许多以和为贵的凡人，在历史上，谋"和"，求宽容、大度的例子更是屡见不鲜。这一切无不在昭示人们"以和为贵"。"和"首先是一条经世致用的原则。其实作为中国传统文化中的"和合"文化正是这其中的精髓之一。

"和"指的是和谐、和平、中和等，"合"指的是汇合、融合、联合等。"和合"，就是指对立面的相互渗透和统一。先秦思想家提出"天地和合，生之大经也"。这正是我们中华民族所追求的一种至高文化理念。自然与社会的和谐，个体与群体之间的和谐，我们民族的理想正在于此，我们民族的凝聚力、创造力也正基于此。其实，我们中华民族传统文化的精髓也正是在于这种内在的和谐。

"和合"一词的最早出处则见于《国语·郑语》："夏禹能单平水土，以品处庶类者也，商契能和合五教，以保于百姓者也。"意即商契能和合父义、母慈、兄友、弟恭、子孝"五教"，使百姓安定和谐地相处与生活。《国语·郑语》中记载了西周末年史伯论和同关系的故事："夫和实生物，同则不继。以他平他谓之和，故能丰长而物归之；若以同裨同，尽乃弃矣。故先王以土与金、木、水、火杂.以成百物。"证明了"和"是人们对于客观事物、日常生活、社会政治、养生健体等矛盾多样性的统一与和谐在思维形式中的反映，是对矛盾对立的多种统一形式的认识。

孔子提出"礼之用，和为贵"。(《论语·学而》)"君子和而不同，小人同而不和"。(《论语·子路》)说的是君子公心爱物，不肯看到别人有所偏失而不加以纠正，所以能和而不同(公心爱物是和,以己正人是不同);小人则相反,不是盲目附和,就是阿谀奉承,像别人的影子一样,没有自己独立的意见。和而不同,就是恰到好处地对待自己和别人。做人应求"和",而不求"同",要"和而不同"。我们提倡"和",不是要求人们都抱成一团,讲求一团和气,无原则立场地妥协和谦让,而是为了追求一种团结进取的、和谐的人际关系,追求工作、学习上互帮互助的氛围和对人对己宽容大度的气量。

"和"是成就大业的良好环境,是每个人都渴望追求的目标。一个和睦的家庭,会令人感到温暖;一个和谐的人际关系,会使人感到舒畅;一个和平的环境,使人安心地搞建设;一个祥和的气氛,让人世充满温暖。

(三) 竞争的人生 VS 人生的竞争

"和"在今天仍是一条协调人际关系的重要原则。社会生活的多样化、复杂化使得人与人之间产生种种不和,不和就会产生分歧,有了分歧就会导致摩擦,摩擦导致矛盾,矛盾激化就会导致争斗。特别是当人们之间,有利益冲突时,斗争就难免了,而且斗的方法也举不胜举。接下来就让我们看看在冲突面前,"和"将如何?

来自德国的奥斯卡获奖短片《Balance》(扫描本专题二维码获取)主要讲述一个关于平衡的故事:在空中,悬浮着一个四方的平板,上面站立着5个人,同样的相貌,同样的装束,同样的面无表情,区别的只有身后背负着的不同的号码。平板的中心是个看不见的支点,为了平衡,5个人必须寻找合适的位置。原本,简单地站在中心就可以了,可是,如同我们一样,他们也好奇于这个世界,想知道下面是什么样子。而随着一个箱子的来临,这种平衡被打破了,箱子带来了音乐,带来了兴奋,也带来了不平衡,带来了分歧和斗争。

讨论分享:

1. 看过短片后你有什么感悟?

2. 是什么打破了最初的平衡?

3. 如果是你,会不会有不一样的结局?

短片中一个原本平衡、具有和谐关系的世界,因为在某些利益面前,个人原始状态凸显,称为本能的东西作祟导致最终失衡。其间我们看到了人与人之间、人与组织之间,组织与组织(企业、民族、国家等)之间的相互争胜。人生在世,结成群体,形成组织,构成民族与国家,关系越来越复杂,有形的资源极为有限,而社会中的关系、信息、产品等也是有限的,为获取更多,相互之间的争胜便不可避免。

于是这种从"物竞天择"之自然规律出发形成的那种你死我活式的"竞争的人生",认为并坚信自己要获取某类资源,取得某种成功,得到渴望的地位与金钱,就必须将对手打趴下,置其于死地,将其淘汰出局,这在短片《Balance》中尤其体现得真切而残酷。然而既然有今日之竞争,那必会有他日之竞争,谁又能说自己将永远会是竞争中的胜利者呢?《Balance》的最后一幕,最后的"胜利者"与他的"战利品"永远地站在平板的两头保持着"平衡",正所谓"损人不利己",永远也得不到"战利品"的胜利者是不是"失败者"呢?

因此,在这个全球一体的新时代,我们应该将"竞争的人生"置换成"人生的竞争"。所谓"人生的竞争",指的是人们从"人之生"而非"物之生"的存在本体来看待竞争的观念,自觉地将人类与物类区别开来并意识到:人之间的竞争与动物弱肉强食式的竞争有着本质性的区别。人不仅有身体的部分,更有异于其他物类的精神方面,还有累积而成的深厚的文明与文化传统,更有着规范行为的道德与法律。所以,人与人之间的竞争就不应该,也不需要是你死我活般地争胜,而要实现"双赢":竞争双方不是胜一方败一方、活一方死一方,而是双方皆各有所得、各有所赢、共获利益。21世纪的竞争带给人类的最佳结局,不应该是胜与负而是合作,是携手并进、共促发展、皆大欢喜。

2021年12月25日,时任国家国际发展合作署署长罗照辉在2021年国际形势与中国外交研讨会上讲道:"今年,面对百年变局与世纪疫情交织叠加,援外战线以推动构建人类命运共同体为引领","聚焦一个重点,即引领国际抗疫合作。新冠疫情肆虐,中国为发展中国家带来'隧道尽头的光芒'。"在习近平总书记亲自指挥部署下,我国开展了新中国成立以来时间最长、规模最大的人道主义援助。2020年是以抗疫物资和经验交流为主的援助"上半场"。我国先后向150个国家和13个国际组织提供了40亿件防护服、60亿支检测试剂、3 500亿只口罩等大批防疫物资,向34个国家派出37支医疗专家组。2021年我们开启了以疫苗援助为主的"下半场",迄今已向120多个国家和国际组织提供超过20亿剂疫苗,占世界首位。30多国总统、总理出席交接仪式并带头接种。我们及时启动周边"抗疫紧急支持计划",建立中国—南亚国家应急物资储备库。特别是改变对外援助由政府对政府的例行做法,将疫苗和抗疫物资定向投放到缅甸、老挝、越南、巴基斯坦等周边国家与我接壤地区,建立"周边抗疫防疫安全带",策应"外防输入"。我国是首批对阿富汗提供紧急人道主义援助的国家。

2015年感动中国"向抗击埃博拉病毒中国援非医疗队"表达了年度致敬。2014年3月,埃博拉疫情突然在西非爆发。这是一种人类束手无策的病毒,感染性强,死亡率极高。几内亚、利比里亚、塞拉利昂等三个国家成为重灾区,而且疫情不断蔓延,威胁着周边国家的安全。

疫情最早出现在几内亚,第一例埃博拉患者就是由中国医生曹广亲自接诊的,曹广曾徒手翻开患者的眼皮检查瞳孔,他也成为距离埃博拉最近的中国人。这名患者在入院后第二天死亡。随后20天,医院接诊了12名感染者,有9名几内亚医护人员被感染,六名死亡。曾科学医生的留言:"2014非洲大陆笼罩在埃博拉的恐怖气息下,我们远渡重洋来到这片土地,为了祖国赋予的使命,奋战在死亡的最前沿,坚守在危险的最边缘,今天祖国给予我们感动中国的这座奖杯,我们只想对祖国讲,不是我们感动中国,而是因为有伟大的祖国我们才被感动!"医生曹广被隔离21天,21天,他用微博向全世界直播埃博拉疫情,被网友称为"真正的勇士"。在美国、日本等国医疗队撤离时,中国医疗队没撤离,提供了大量医疗物资、医疗队和专业防疫队员。特殊时期,他们的表现起到稳定人心作用,在全世界关注下,彰显中国医疗团队大爱精神。

病毒是全人类的敌人,应对埃博拉疫情不仅是西非三国的事情,也是国际社会共同的责任。迄今为止,中国在当地支持并参与疫情防控工作的中国医务人员累计有近600名,并已向13个非洲国家提供了4轮价值约7.5亿元人民币的紧急援助。这是新中国成立以来卫生领域最大一次援外行动。

在抗疫的艰难时刻,中国人民与世界人民站在一起,患难与共、风雨同舟。在疫情中,世界看到了中国的使命,也看到了中国作为负责任大国的担当。正如习近平总书记所说:"这个世界,各国相互联系、相互依存的程度空前加深,人类生活在同一个地球村里,生活在历史和现实交汇的同一个时空里,越来越成为你中有我、我中有你的命运共同体。"

地球生命本源是相通的,源于天地自然,亦回归于天地自然;人与人在生命之本质上为"一",故而整个人类在生命存在的意义上是一个"共同体",学会与他人、与社会、与动植物、与整个大自然和谐相处,共存共荣。如能从"生命共同体"原理出发,要以地球——"蓝色救生艇"上一位"乘客"的实存状态升华为"生命共同体"的人生观,将"竞争的人生"置换成"人生的竞争",不是弱肉强食的你死我活,而是实现自我超越与和谐共赢,学会与他人、社会自然、宇宙和谐相处,共存共荣。

 聚焦提升

1. 我们是活在关系中的人,离不开人与人,人与组织,人与社会,乃至人与自然的关系。

2. 我为人人,人人为我,通过关系的连接,才使得我们成为有价值的人,得以实现有意义的人生。

3. 学会与他人、社会、自然、宇宙和谐相处,成为合格的世界公民。

4. 学习从"生命共同体"原理出发,变"竞争的人生"为"人生的竞争"。

5. 继承中华民族优秀传统中的"和"文化,领悟和合相生、和而不同的道理。

 思考感悟

2016年,微软公司拟招聘两名部门人员。很多人前来面试,经过初步的筛选,最后留下12个人竞争两个岗位,他们被要求将房间里的木箱移动到制定区域。12个竞聘者迅速走进了各自的房间。他们发现,房间里除了大木箱外,还有棍子、绳子、锤子等很多工具。木箱非常重,怎么也推不动,想搬起一个角都难。测试结束时,除了两个人提前把木箱推到指定区域外,其余十个人均没有完成任务,有的甚至没有把木箱移动分毫。面试官问那两个提前完成任务的人,"你们是怎么推动木箱的?"他们回答道:"我们两个人一起推一个木箱,推完一个在一起推下一个。"面试官微笑着说:"欢迎你们加入微软,这次测试的本意就是要告诉大家,只有善于合作的人才能获得成功,鼓励个人竞争不假,但我们微软更加注重团队合作精神。"

结合故事谈谈你对"竞争的人生与人生的竞争"的理解?

拓展延伸

1. 品读书籍

王宇. 狼道[M]. 石家庄:河北科学技术出版社,2014.

吴吉明,王凤英. 现代职业素养[M]. 北京:北京理工大学出版社,2018.

2. 影视赏析

《冲锋陷阵》是一部美国励志电影,根据真人真事改编,由鲍兹·亚金执导,丹泽尔·华盛顿、威尔·帕顿、瑞恩·赫斯特等主演。故事发生于1971年,两间黑人中学和一间白人中学合并,于是这三个学校的橄榄球(美式足球)队必须重新组成一支混合球队。白人教练约特(威尔·帕顿饰)将此视为"人格侮辱"而愤然辞职,于是黑人教练赫尔曼·布恩(丹泽尔·华盛顿饰)接手统领。他除了需要解决各队的分歧外,还要应付当时徘徊于种族间的紧张状况。最终,他排除万难,带领他的队伍打开了胜利之门。

《亮剑》是一部战争艺术和传奇色彩融会贯通的主旋律作品。该剧由陈健、张前执导,都梁、江奇涛编剧,李幼斌、何政军、张光北、张桐、童蕾、王全有、由力等联袂主演。故事内容是讲述我军优秀将领李云龙富有传奇色彩的一生,从他任八路军某独立团团长,率部在晋西北英勇抗击日寇开始,直到他在1955年授予将军为止。"面对强大的敌手,明知不敌也要毅然亮剑。即使倒下,也要成为一座山,一道岭。"——这句话就是李云龙,这位"战神"式将军一生的写照。

扫码查看
相关资料

专题五

生涯彩虹　延展生命

> 园丁可以在看似无华的泥土上,看出一片锦绣热闹的春花,生涯规划,让我们行路更有方向,更愿等待黑暗之后的黎明。
>
> ——林一真[1]

 专题导语

经历了高考,步入了大学的你,对自己未来的生涯是否有了新的规划? 又做出了怎样的安排? 或许你正在自问:我要如何定位自己? 如何为自己的前途准备? 我应该如何走自己的生涯路呢? 我应该如何为自己安排一个属于自己的喜欢的生活状态呢? 本专题的内容,正是为提升自我生涯自主的意识与责任,提高对生涯规划意义的认识,增进个人生涯的自主定向提供支持与帮助。

 知识地图

生涯彩虹　延展生命
- 生涯概述
  - 生涯的含义与特征
  - 生涯需要
  - 生涯发展阶段
- 生涯发展规划
  - 心理学视域下的生涯规划
  - 儒学视域下的生涯规则
- 大学生生涯规划与实施
  - 大学生生涯规划是快乐学习的加油站
  - 大学生活中的五项修炼与四个发展阶段

---

[1]　林一真,美国纽约州立大学 Albany 分校教育心理测量与统计博士、现任马偕医学院全人教育中心专任教授兼心理咨询中心主任。

 **案例故事**

李明是大学一年级的新生,对自己高考考入一所专科学校一直耿耿于怀,内心很不愿接纳这一事实,但又感觉很无奈,只得硬着头皮来到学校读书。可是来了之后,更加失望。学校很小,环境一般,觉得与自己想象中的大学相差太远。加上对于自己父母为自己选择的专业一无所知,毕业后能做什么也很难想象……军训过后,觉得生活很迷茫、很空虚,无所事事,每天上完课以后不知道该干些什么,于是以闲逛、打牌、看小说、去网吧上网等方式来打发时间。

林丽已经上大学二年级了,随着对大学的新鲜感逐渐淡去,她成了校园里的老生,天天都很忙,上课、参加社团活动和同学逛街、上网……但她又不知道自己在忙什么。有时觉得自己很累,有时又觉得很茫然,甚至有些沮丧,因为忙的毫无头绪,不知道这样的付出对未来的发展有没有作用。

对于上述的两位同学的故事你是如何看的? 在现实生活中你是不是或多或少也和李明、林丽一样,遇到过相似的问题和困惑呢?

 理论学习

前不久,一项关于大学生生涯的现状调查中发现了一个普遍性问题——"三Mang"问题,即用"忙""盲""茫"三个谐音字来形容,一天到晚忙忙碌碌,学习学习再学习,学习这些难懂难记的知识,到底有多少用,能否因知识而改变命运,找到一份理想的工作? 感到盲目而又茫然。大家生动地比喻为:似"限制时间走迷宫"被困其中,焦急不安,乱闯乱撞;也似"黑夜走失于大森林"让人害怕、让人恐惧;又似"被大海上层层迷雾所笼罩的船儿"失去前进的方向,不知要飘向何方。如果继续这样忙碌、盲目、茫然下去,会导致三个谐音字去掉其他部分仅剩下那个"亡"字。思考"三茫"问题,让人想到中国青年报等媒体发布的《2020中国大学生健康调查报告》指出,近九成大学生最近一年有过心理困扰,涉及学业、人际关系、就业规划等方面,对本科生/专科生来说,到了大三,"为未来做打算"被列入要考虑的问题中,选择继续深造还是步入社会让他们左右为难。可见"三茫"不是个别现象,是普遍问题,它使经历这种煎熬的同学们倍感焦虑、痛苦和恐惧,于是,旷课、沉迷于网络、甚至于想到轻生……诚然,"三茫"问题产生,有着多元复杂的社会背景,但是,我们必须清醒地意识到:这是我们在生命成长阶段中所遇到的又一个重大的议题——生涯规划问题,是一个不可回避,也不能逃避的问题,因为能否拨开迷雾、走出困境,重要的因素是要靠我们自己。

有这样一道算术题:

$$80 \times 365 = 29\ 200$$
$$29\ 200 \times 24 = 700\ 800$$

$$700\,800\times60＝42\,048\,000$$
$$42\,048\,000\times60＝2\,522\,880\,000$$

这几行算式有什么含义？它们是著名作家冰心在 80 岁生日时所做的算术题，测度自己已经走过的岁月。如果我们也假定自己活到 80 岁，那么这 29 200 天、700 800 小时、42 048 000 分钟、2 522 880 000 秒，就是我们生命的全部库存，是我们生命的长度！

降生到世间，我们已经度过了将近 20 个春秋寒暑，是否也曾像冰心老人那样盘点过自己的生命？你不妨也拿起笔来算一算，到现在为止，我们已经提取了多少分秒？多少时日？我们的生命库存还有多少？

生命之可贵，或许正在于它的短暂，在于它对于我们每一个人来说都只有一次，不可能重来。为了一次春游，我们都会计划准备，什么时候该去买票了，该穿、该带什么衣服，该准备多少零用钱，不能忘了带照相机……那么，对于如此宝贵的人生旅途，难道我们能够随随便便、浑浑噩噩地走过？难道我们不应该更加精心地计划，努力追寻生命的意义，丰富生命的内容，提升生命的质量吗？

一、生涯概述

我们虽然无法决定生命的长度，却可以努力拓展生命的宽度；我们无法使过去的时光逆转，却可以通过生涯规划，努力把握现在和将来，促进生命的成熟与成长。

（一）生涯的含义与特性

1. 生涯的含义

生涯一词出于《庄子·养生主》："吾生也有涯，而知也无涯。"南朝沈炯《独酌谣》"生涯本漫漫，神理暂超超"等。生为生命，涯为边际、极限。《辞海》中"生涯"的定义是：指从事某种活动或职业的生活。

生命哲学认为：人之生命作为有机体的存在是过去、现在与未来的一条"流"，因为没有过去的生命，人们不可能有现在的生命，更不会有未来的生命。人之生活作为有机体的感受是当下此在的一个"点"。因为过去的生活感受已消失，未来的生活感受还没有开始，所以人们一讲生活必是此在性的。[1] 在生活之"点"与生命之"流"之间，形成的若干阶段便是"生涯"。生涯就是一辈子走的一个个的生命发展阶段，是每日点点滴滴，生活的积累；是终其一生在不同时期扮演不同人生角色的组合；也是生命意义与价值的践行历程。

在西方，"生涯"重点强调从事职业生涯的过程。我们认为职业是生涯的一部分。[2] 生涯与职业的关系非常密切，但是两者并不等同。中国台湾地区学者林幸台对"生涯"概念的界定是："生涯包括个人一生中所从事的工作，以及其担任的职务、角色，但同时也涉及其他非工作、非职业的活动，亦即个人生活中衣食住行娱乐各方面

---

[1] 郑晓江：《生命教育演讲录》，江西出版社集团，2008 年版，第 35 页。
[2] 林清文：《大学生生涯发展与规划手册：第 2 版》，心理出版社，2001 年版，第 2 页。

的活动与经验。"更强调对整体生命进行全面规划与实践并从中发现意义的历程。

2. 生涯的特性

生涯既然包括一个人一生的工作及其生活方式,那么思索生涯的问题就必然会牵涉以下五个特性:

(1)方向性:生活里各种事态的连续演进方向。

(2)时间性:生涯的发展是一生当中连续不断的过程。

(3)空间性:生涯是以事业的角色为主轴,也包括了其他与工作有关的角色,还包括任何与工作有关的经验和活动,如承担该工作需要的资格和能力,以及在工作中建立的与其他部门或社会成员的人际关系等。

(4)独特性:每个人的生涯发展是独一无二的。

(5)现象性:只有在个人寻求它的时候,它才存在。

孔子晚年时在《论语》中自述了他学习和修养的过程,即有明显生涯阶段的总结意味:"吾十有五而志于学,三十而立,四十而不惑,五十而知天命,六十而耳顺,七十而从心所欲,不逾矩。"(《论语·为政》)

由此看来,孔子虽然在年轻时就已确立远大的抱负,但实际上,他在形成人生境界的过程中也因挫折而产生过迷惘与困惑。不过,这一过程是一个随着年龄的增长,思想境界逐步提高的过程。正如每一个生涯发展阶段都有其特定的生涯发展任务,孔子的生涯发展可分为六个阶段:

"志于学"阶段。"吾十有五而志于学",孔子从十五岁开始,就立志把自己的一生奉献给学问,奉献给追求真理。因此,人在十五岁开始应该学思结合,学以致用,为实现个体人向社会人的转变做好准备。

"独立"阶段。"三十而立",对于这句话,后人给出的解释有很多,比较公认的说法是:三十岁的人应该能依靠自己的本领独立承担自己应承受的责任,并已经确定自己的人生目标与发展方向。因此,三十岁追求内在的独立,建立心灵内在的自信。

"不惑"阶段。"四十而不惑",不惑的意思有二:一是对自己的人生不再有疑惑,对自己的人生方向不再动摇;二是对世间的林林总总、光怪陆离都能做出价值的判断,判断其是非、善恶、美丑。因此,四十岁不再为是非所困扰、淡定从容。

"知天命"阶段。"五十而知天命",知天命即知"使命",孔子认为,人走到一定的时候,一般是你自己求学到了一定的境界时,应该要"下学而上达",要能够了解什么是自己的天命。因此,五十岁不怨天、不尤人。

"耳顺"阶段。"六十而耳顺",耳顺是六十岁的代称,指个人的修行成熟,顺应天命。因此,六十岁能悲天悯人,真正地理解和包容别人的所思所为。

"从心所欲"阶段。"七十而从心所欲,不逾矩",孔子至七十岁时,顺从心之所欲而不逾越法度。顺心而为,自然合法,也就是动念不离乎道。因此,七十岁建立内心的价值体系,将人生的种种压力转化,潇洒自如地应对世间所有的事情,以达到人生的最高境界。

孔子以自己的经历告诫后人,这是对人生过程深刻的阐释,是最早关于人生发展阶段的理论。此外,具有人生规划之意的还有宋代洪迈的《容斋随笔》中的"人生五计":小的时候要多吃、成长、活下去,是生存之计;在青壮年,要思考到自己如何立身于社会之中,是立身之计;年岁渐长,成家立业,要维持家庭的温饱和家门和乐,是家计;白发渐增,心理犹在,颐养天年,怡然自得,是养老之计;去日无多,回顾人生,不应有恨,从容面对人生的结束,是好死之计。

(二) 生涯需求

生涯规划不仅仅是为找工作,而是追求安身立命的生涯实践过程。必然要触及生活的目的和人生的需求。人生的需求是什么? 对不同的人而言,这个问题有着不同的答案……

美国心理学家马斯洛[①](A・H・Maslow)把人的需要分为五层,用图示表示就像一座金字塔(图 5 - 1)。这个金字塔由下往上,递次为:生理需要、安全需要、归属与爱的需要、自尊的需要、自我实现的需要。

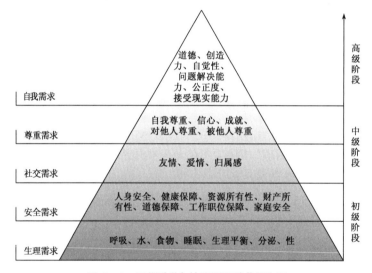

图 5 - 1   马斯洛"人的需要层次"理论图

其中,生理需要是维持人类自身生存的基本需要,是人类最原始、最基本的需要。如衣、食、住、行、性的需要,若不满足,则有生命危险。这就是说,它是最强烈的不可避免的最底层需要,也是推动人们行动的强大动力。

在生理需要得到满足之后,人就会产生安全需要,包括物质与精神两个方面,它要求劳动安全、职业安全、生活稳定、希望免于灾难、希望未来有保障等。安全需要比生理需要较高一级,当生理需要得到满足以后就要保障这种需要。如避免职业病及事故,摆脱失业威胁的需要。

---

①　马斯洛(Abraham Harold Maslow,1908—1970)是美国心理学家,早期曾经从事动物社会心理学的研究,之后转入人类社会心理学研究。代表作有《人类动机的理论》《动机与人格》《存在心理学导言》。

再上一层需要,是社交的需要也叫归属与爱的需要,是个人渴望得到家庭、团体、朋友、同事的关怀爱护理解,是对友情、信任、温暖、爱情的需要。社交的需要比生理和安全需要更细微、更难捉摸。它与个人性格、经历、生活区域、民族、生活习惯、价值信仰等都有关系,这种需要是难以察悟、无法度量的。

尊重的需要包括自我尊重、自我评价以及尊重别人。尊重的需要很少能够得到完全的满足,但基本上的满足就可产生推动力。

自我实现的需要是最高等级的需要。满足这种需要就要求完成与自己能力相称的工作,最充分地发挥自己的潜在能力,成为所期望的人,这是一种创造的需要。有自我实现需要的人,似乎在竭尽所能,使自己趋于完美。自我实现意味着充分地、活跃地、忘我地、集中全力全神贯注地体验生活。马斯洛认为,人活着总是要发展自己、达到自我实现。上述五种需要是按次序逐级上升的,当下一级需要获得满足之后,追求上一级的需要就成为行动的动力了。

(三) 生涯发展阶段

美国心理学家埃里克森(E. H. Erikson)认为,人从出生到死亡,其生命成长可分作八个阶段。这八个发展阶段的顺序是由遗传因素决定的,因而是递进的(见表5-1)。

在埃里克森的发展观中,前一个阶段危机的解决对后一个阶段危机的解决会产生重要的影响,如果前一个危机成功解决了,会有利于下面的危机的解决。但对于每一个人来说,随着年龄的增长,如果没有成功地解决某一个人格危机,人格的发展也不会停滞,它会陆续地经历人格发展的八个阶段。只不过在这八个阶段中,人格危机是否得到成功的解决决定着人格的发展方向是否朝着有利于个体健康发展的方向进行而已。而且成功的危机解决有助于自我力量的增强和对环境的适应,不成功的危机解决则会削弱自我的力量,阻碍对环境的适应。人格发展方向健康且成功地解决了所有危机的个体,到了老年才会产生满足感。

表5-1 埃里克森的心理社会性发展阶段

顺序	年龄阶段	发展任务	充分解决	不充分解决
1	出生到12—18个月	信任对不信任	基本信任感	不安全感、焦虑
2	1—3岁	自主性对羞愧和自我怀疑	知道自己有能力控制自己的身体、做某些事情	感到无法完全控制事情
3	3—6岁	主动性对内疚感	相信自己是发起者、创造者	感到自己没有价值
4	6—12岁	勤奋对自卑	丰富的社会技能和认知技能	缺乏自信心,有失败感
5	12—19岁	自我认同感对角色混乱	自我认同感形成,明白自己是谁,接受并欣赏自己	感到自己是充满混乱的、变化不定的,不清楚自己是谁

(续表)

顺序	年龄阶段	发展任务	充分解决	不充分解决
6	19—25岁	亲密对孤独	有能力与他人建立亲密的、需要承诺的关系	感到孤独、隔绝,否认需要亲密感
7	25—50岁	繁衍对停滞	更关注家庭、社会和后代	过分自我关注,缺乏未来的定向
8	50岁以后	自我完善对失望	完善感,对自己的一生感到满足	感到无用和沮丧

正值大学阶段的我们,界于埃里克森的人生发展的成人早期,其主要任务是发展亲密关系和实现自我同一性问题,及早了解人生任务可以促使我们拥有一个更有意义的人生。

二、生涯发展规划

吕白在《底层逻辑》中讲道:"人生不能像做菜,把所有的科准备好了才下锅,毕竟成年人的世界不会事事都等你准备充分。"而现实是,人的一生总是像被一双无形的手推动着,向前向后抑或左右……好像几乎没有机会喘息。面对人生想变被动为主动的一个关键,就是进行生涯规划。如果能将"我还没准备好"换成"我想要……",相信那样我们的人生将会从容许多。

(一)心理学视域下的生涯规划

舒伯等人提出"生涯"的概念并对生涯下了一个非常经典的定义——"生涯是生活中各种事件的演进历程,统合了人的一生当中各种职业与生活的角色,由此表现出每个人独特的自我发展形态"。他将生涯的过程分为五个阶段:包括成长期(0—14岁)、探索期(5—24岁)、建立期(25—44岁)、维持期(45—65岁)和衰退期(65岁以上)。大学生的生涯发展阶段属于探索期和建立期。这些阶段的主要任务是从多种机会中探索自我,很好地解决"我是谁""我在哪"的问题,逐渐确定生涯发展方向,解决"我将成为什么样的人"的问题,并在所选定的领域中开始起步。

1. 生涯彩虹

人生如彩虹,如果赋予各种角色为不同颜色,我们是不是也可以画出自己的"生涯彩虹图"?

首先,确定彩虹图上要有哪些角色呢?

其次,将角色转为角色光谱的颜色,把每一个角色光谱色填写在彩虹中间,每一圈光谱色代表一个角色。

再次,按照不同时期各种角色的重要性与分量,用粗细不同的线条涂在各个角色的光谱带上,以此代表在不同时间,需要对不同角色,付出的心力和时间。

最后,对角色的重要性或分量急速变化,则可以用光圈的粗细的明显改变表示。

思考讨论:

（1）有没有哪些时间段涂得太黑，或哪些时间段的空白太多？是不是意味着在规划中，这些时间段太忙或过于空洞，要不要再做些调整？

（2）你对自己的这幅"生涯彩虹图"有何想法？

（3）画出"生涯彩虹图"后，我们可以接着思考未来十年的人生图。先想一想，未来十年在不同的角色上，要完成的事情或目标是什么？

（4）当然，在未来十年当中，我们的大环境也会有或多或少的改变，我们先想想未来十年可能发生哪些事情？我们必须面对哪些问题，以及我们想要完成的事情和目标。

通过舒伯的生涯彩虹图（图5-2）。我们看到生涯被立体化了，从长度上，它包括了一个人从生到死的全部生命历程；幼年的时候，我们的角色是"父母的孩子"，蹒跚学步、咿呀学语。童年的时候，我们步入学校，开始有了新的角色——"老师的学生"，认字、算术、学做人的道理。青年的时候，我们开始独立进入社会，全面担当起"工作者"以及"公民"的角色，忠于职守、奉献社会、实现自我。同时，我们的生活角色也更加丰富多彩，找寻到生命中的另一半，成为她、他的"配偶"，生育下一代，成为"孩子的父母"……在这个演进历程中，我们每个人成就了独特的自我发展形态。从空间上，并不局限于对职业角色的关注，同样重视非职业角色对一个人生涯的影响。

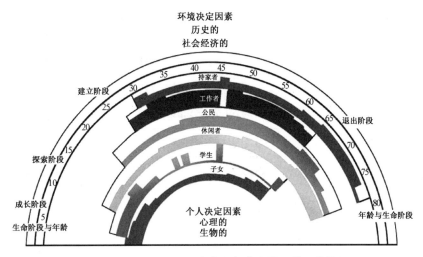

图5-2　生涯彩虹图（彩色图扫本专题二维码获取）

职业在我们一生的生活当中确实占据着重要的地位，它是我们赖以立足于社会的基本支柱。如果我们从20岁起投入工作，到55岁退休，大家像冰心老人那样再算一算，会发现我们将在职业上投入多少时光。职业的重要意义在专门的职业生涯规划课程中还会做深入的探讨。在此，我们仅需理解和记住的是，职业是我们生涯关注的基本面，但是我们的生涯不只是职业，我们应该站在人生的高度来考虑职业问题。我们不仅要选择职业，更应经营好自己的生涯。无论你是持家者、公民、休闲者、学生、子女、配偶、退休者等的角色，还是工作者的角色，都是一个人自我生命成长的具体表现。自我生命成长是个人生涯发展历程的核心。工作与生活满意的程度，有赖于个人能否在社会上、职场中以及生活里找到展现自我价值的机会。

2. 生涯阶梯

你是否写过"我的志愿"这样的作文？是否曾经认真地说过"要做蛋糕店的老板，可以有吃不完的蛋糕"，"要做和妈妈一样的教师，成为受人尊敬的人"，"要做一名宇航员，可以飞上遥远的太空"？儿时的梦想是那样理想化。随着年龄的增长，我们也在渐渐地缩小志愿。接着学业的压力越来越大，考试失败的时候，我们的志愿又会改变，渐渐地很多人放弃了自己"伟大"的梦想，开始务实地思考自己到底有什么本领，适合塑造成什么样子，可是有时会不甘心，充满困惑和迷茫……

这些现象印证了舒伯的观点，他认为每个人从小便开始规划自己的生涯，直到老死。这个过程就像是爬楼梯，要爬过十个阶梯。如图5-3所示：

小学三、四年级以前处于生涯幻想期，对于自己的未来，对人生充满"幻想"，认为自己有无限的可能性，以为自己可以做科学家、总统等伟大的人；随着年龄增长，到了五、六年级时，我们变得现实些，开始将"自己喜欢做的事"当作自己的理想，有人想当歌唱家，有人想当生物学家；进入中学后，开始依照自己的能力来考虑未来的工作世界中自己能做的事，有的人会因为成绩不理想，选择不读高中，进入职业中学。

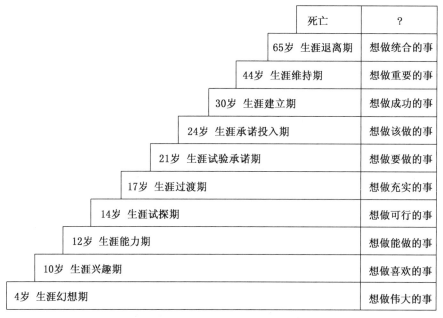

图5-3　一生的生涯规划阶梯①

十七八岁时会进入自己所选的学校，接受专业的训练或是进入就业市场，这一时期的经验使人更明白自己的喜好和现实的距离，会想要更多地"做些充实自我的事"，常会考虑进修学习；随后会大致选择一种职业，并想要去试验这种职业是否真的是"自己要做的事"，是否适合成为自己这一生的职业，万一不适合，则会重新探索，重新

————————
① 林绮云、李玉婵、李佩怡:《生涯规划(第1版)》，华都文化事业有限公司，2012年版，第283页。

选择职业。大多会在 25—30 岁左右进入一个颇为确定的职业领域，想要安定下来，"做自己该做的事"，但是有可能因为生活上或者工作上的变动，让人又想要转换工作。比如，结婚生育或是薪金过少。30 岁以后的人较少转换工作，而是想"做出成功的事"，追求自己在工作上表现得更加杰出，渴望升迁或是获得更高的职位。四十、五十岁时，大致在自己的职业领域已经取得相当的地位，或者无法再获得升迁，生涯重点在于维持既有的成就与地位，渴望能显示"自己做的是重要的事"，不会被新人所挑战、所替代，使自己得到肯定与喜爱，否则又会有变动的想法。接着是老化和退休年龄的到来，是老年人必须在原工作中退休，空出生活的 1/2—1/3 的时间，所以退休的人要做"统合过去所做的事"，在退休生涯中另发展新的生活状态，为自己的人生画上完满的句点。

由此可见，人生就像是爬楼梯的历程，随着年龄的增长，自然而然会去思考自己的未来走向。对生涯进行规划，就是对自己未来的生涯进行思考和研究，展开行动。首先，我们要认识自我，认识环境；其次，我们要找出各种未来生涯的可能选择；然后，对这些选择进行权衡比较，做出决定，形成自己希望达到的目标；最后，根据确定的目标展开行动，通过行动最终实现目标，并在行动的过程中，根据需要不断地进行目标修正。这个过程将是持续的，因为一个生涯目标的实现，意味着新的生涯目标又将开始，只要生命还在继续将一直进行下去。

（二）儒家视域下的生涯规划

生涯探索和规划历程的最主要目的，即在提供一项有效的方法或工具，让我们有能力在不同发展阶段能对自己的现在、过去和未来，为自己规划一个璀璨亮丽的人生。儒家把学问思辨落实到"行"上，正如《礼记》中所说的："博学之，审问之，慎思之，明辨之，笃行之。"也就是说，做事要广泛地学习，仔细地探究，谨慎地思考，明确地辨别，最后要切实地去实行。由此可见，儒家学说的生涯规划历程应包括五个阶段：博学、审问、慎思、明辨、笃行等。分别述之如下[①]。

第一、博学。儒家诸子，皆重"博学"。如《论语·雍也》云："君子博学以文，约之以礼，亦可以弗畔矣夫。"《论语·子罕》颜渊曰："夫子循循然善诱人，博我以文，约我以礼。"孔子又说："博学而笃志，切问而近思，仁在其中矣。"（《论语·子张》）荀子云："君子博学而日参乎己，则知明而行无过矣。"（《荀子·劝学》）由此可知"博学"的重要。所谓"博学"，就是广泛求知，以充实知能之意。这可称为"生涯觉察"阶段。

第二、审问。"审"，"慎"也；"审问"，是慎问而问之必详也。儒家主张多问。所以孔子"入太庙，每事问。"而且还主张"不耻下问"。曾子也主张多问，他说："以能问于不能，以多问于寡，有若无，实若虚。"（《论语·阳货》）这些都是儒家主张多问的明证。审问可以决疑，可以广知，以此自觉性格、才能、志趣和熟悉动静的环境。这可称之为"生涯探索"阶段。

---

① 洪云:《生涯观的儒家文化本位思想研究》,《心理学探析》2011 年第 31 期。

第三、慎思。"慎思"者,慎所思也。因为"思"如果不"慎",不免流于"空思";所以孔子说:"吾尝终日不食,终夜不寝,以思无益,不如学也。"(《论语·述而》)"季文子三思而后行。子闻之曰:'再思可矣。'"(《论语·公冶长》)这是孔子"慎思"之明证。慎思是为了知方向,可以让人知道人生所应有的用力之处是修身行义,用正当的手段营造好实现目标的一切条件,从而让自己的目标水到渠成,而不是为目标的能否实现忧愁焦虑,也不是为既成的失败痛苦烦恼,更不是为目标的实现不择手段。故孔子云:"人之生也直,罔之生也幸而免。"因此,正确的方向是:把已有的失败归于"命",解除自己的精神负担,把更大的力量、更多的精力投入自我修身之中,争取下一次的成功。① 所以,"慎思"亦且可以增加心得。此外,"慎思"有益于行动。如孔子说:"君子有九思,视思明,听思聪,色思温,貌思恭,言思忠,事思敬,疑思问,忿思难,见得思议"(《论语·季氏》)这可称为生涯目标阶段。

第四、明辨。经由"博学"以广其知,"审问"以决其疑,"慎思"以推其所向之后,便要"明辨"来判别其真伪了。知其真伪,不经"明辨"难以抉择。故"明辨"也就是智慧的抉择。"明辨"就是要"辨"得明白,抉择得正确。《中庸》云:"有弗辨,辨之弗明,弗措也。"这是儒家"明辨"的标准。至于明辨的方法,如孔子的"欲"与"刚"之辨,"严"与"威"之辨,"恭"与"敬"之辨,"直"与"信"之辨;孟子的"大勇"与"小勇"之辨,"不为"与"不能"之辨,都足以启发后人是非善恶抉择的途径。这可称之为生涯决策阶段。

第五、笃行。即实行。荀子说:"学至于行而止矣。"(《荀子·儒效》)孔子亦主张"躬行实践",所以他说"躬行君子"(《论语·述而》),盖学而不能行,等于不学,行之而不笃,等于不行。故《中庸》云:"有弗行,行之弗笃,弗措也。"本来知与行为一体,知而能行,方是真知,知而不行,等于不知。因此,"笃行"是"学、问、思、辨"的成果。至于笃行的方法,儒家则主张努力,而且需要有百倍的努力。如《中庸》云:"人一能之,己百之;人十能之,己千之。果能此道矣,虽愚必明,虽柔必强。"(《中庸二十章》)由这样看来,"笃行"的结果,便能变化气质,而达成目标。这可称之为生涯行动阶段。

以上儒家思想中的生涯规划程序,由博学而审问,由审问而慎思,由慎思而明辨,由明辨而笃行,一步一步地深入,一层一层地推展,最后以身体力行作为终点。

可见,生涯规划是生命成长的需要,是生命潜能的开发与实现的过程,在此过程中,我们一定要学会"统筹兼顾",兼顾着生命的多元和多维的发展需要,要善待本能、统合自我、关注需要、丰润心灵,实现生命本身的意义与价值,这才是生涯规划的根本目的。

三、大学生生涯规划与实施

清华大学曾流传过一段话:曾经有一段很好的大学生活放在我的面前,我没有珍惜。等到虚度后才追悔莫及,人世间最痛苦的事莫过于此!如果上天给我一次再上大学的机会,我会对大学生活说三个字"规划它!"如果要在这三个字前面加一个期

① 马秋丽:《儒家思想导论》,首都经贸大学出版社,2010 年版,第 101 页。

限,我会毫不犹豫地说:"现在!"

经历 12 年寒窗苦读之后,我们都必须面对一个问题"我们上大学是为了什么?我们想在大学生活中获得什么?"如果在踏入大学校门后,大家只想着好好轻松一两年,那么必将在日复一日的彷徨中迷失自我,从而在结束大学生活时发出上面的感慨。

如果不想,那么请思考一下,面对这个问题你的答案是什么? 是为了混一张管用的文凭;是为了学一门求生的专业技能;是为了享乐人生?

大学生涯规划是通过对未来大学生活道路的提前设计,并采取相应的措施,谋求在大学生活中取得更大的成功的一种新型大学生活管理活动。科学的生活规划,可以帮助大学生确立在大学期间的发展目标、发展前景以及发展道路;也可以帮助大学生学会管理有限的时间和精力,使之用于最具回报率的事情,以获得更大的成功。

(一) 大学生涯规划是快乐学习的加油站

大学时代也是一个人职业生涯中极为重要的一个时期。根据美国学者施恩的职业生涯发展理论,大学时代是一个人职业生涯的探索阶段,这个阶段的主要任务是:

发展和发现自己的需要和兴趣。发展和发现自己的能力和才干,为进行实际的职业选择打好基础。学习职业方面的知识,寻找现实的角色模式,获取丰富信息发展和发现自己的价值观、动机和抱负,做出合理的受教育决策,将幼年的职业幻想变为可操作的现实。

接受教育和培训,开发职业世界中所需要的基本习惯和技能。换句话说,你这辈子将成为什么样的人,很大程度上就是由你在大学生活中的努力所决定的。在毕业的时候,无论你是直接工作还是继续深造,你选择的空间和成败与否,都与你平时的大学生活息息相关。因此,大学生涯规划的重点内容是为未来的职业准备与职业选择,认识自身潜能,合理安排大学生活,为顺利踏入职场,即实现职业生涯规划打下一个良好的基础。

大学生需要对职业进行心理、知识、技能等各方面充分的准备,还要根据各方面的分析合理客观地对职业方向做出选择。对即将踏入的职业活动要有一定的合理的心理预期,使自己将来能够对职场的各方面包括工作的性质、劳动强度、工作时间、工作方式、同事以及上下级关系快速适应,成功地完成由学生向职业人的转变。

(二) 大学生活中的五项修炼与四个发展阶段

总的来说,作为职业人需要具备的核心素质主要包括专业知识、人文素养、道德修养、身心素质与职业技能五个方面。其中身心素质是基础,道德修养是核心,专业知识是前提,人文素养是根本,职业技能是主导。这些素质对于大学生的全面发展缺一不可,因此对这五方面素质的修炼将贯穿大学生活的始终,在大学生活的四个阶段中,我们必须针对这五个方面合理规划,用有限的时间实现自己核心竞争力的提升。

第一阶段——适应阶段。主要是适应大学生活和确立学习目标,养成新的学习习惯,建立新的人际关系,初步了解自己和社会,澄清自己的价值观,确立自己的人生原则,做好初步的人生规划,要初步了解职业,特别是自己未来所想从事的职业或与自己专业对口的职业。这个阶段的修炼重点是道德修养、人文素质和身心素质。

第二阶段——探索阶段。这个阶段主要是自我认知、职业心理准备时期,可以通过一些具体的、有针对性的心理测评,增进对自我的了解,从而明确职业取向,深化学习目标,进一步修正目标体系。要考虑清楚自己将来到底是就业还是继续深造,同时了解与参加相关的人文与专业知识讲座、各种社会实践与志愿者活动,参加各类竞赛,以提高自身的基本素质为主,锻炼自己的各种能力,同时检验自己的知识技能,做好初步的职业心理准备,还需增强英语口语能力、计算机应用能力,并通过相关的证书考试,也可以有选择性地辅修其他专业的知识来充实自己。这个阶段的修炼重点是专业知识与身心素质。

第三阶段——拼搏阶段。这个阶段要进一步确认自己的方向,抓住自己学习的重点,参与社会实践与实习锻炼。开始收集目标职业相关单位的信息,留意各院校的深造机会,抓紧专业课的学习。多参加与专业有关的活动,经常与同学交流求职过程的心得等。这个阶段的修炼重点是专业知识与职业技能。

第四阶段——冲刺阶段。除了参加毕业实习,锻炼职业技能,积累职场经验,做好初入职场的心理调适,还要写好简历积极参加招聘活动,充分利用学校提供的各种条件,及时了解就业指导中心提供的用人单位资料信息,强化求职技巧,尽可能做好各方面的准备,做好生涯抉择。这个阶段的修炼重点是身心素质与职业技能。

"临渊羡鱼,不如退而结网;临渴掘井,毋宁未雨绸缪。"对我们来讲,就业,不打无准备之仗是最明智的做法。作为一名大学生,需要对即将到来的大学学习生活进行科学合理的规划,并坚持实施,不断提高自己的修养和素质,以便能尽早地适应大学生活和更好地掌控自己的未来![1]

 聚焦提升

1. 命运不是一个机会,而是一个选择。如果你没有明确的目的地,你很可能走不到想去的地方。

2. 生涯是生命之河的各个流段,是生活中各种事件的演进历程,统合了人的一生,并由此表现出每个人独特的自我发展形态。

3. 生涯规划是生命成长的需要,是生命潜能的开发与实现的过程。

4. 生涯角色如同彩虹,色彩斑斓,此消彼长,需统筹兼顾、平衡发展。

5. 职业生涯是生涯的重要组成部分,需要认真规划。一旦确定,就要怀着必胜的、义无反顾的心态投入行动,只争朝夕、不负韶华。

 思考感悟

思考下列问题并写下与事件相关的经历,可以帮助你澄清什么是生命中是最有意义的。

---

① 吴建玲:《大学生心理健康与心理素质训练》,华南理工大学出版社,2007年版,第123页。

(1) 生命中有哪些事是值得你庆幸的?

(2) 生命中有哪些事是值得你快乐的?

(3) 生命中什么是值得你感谢的?

(4) 生命中有哪些事是值得你自豪的?

(5) 生命中有什么事是值得你努力去追求的?

 能 量 补 给

1. 品读书籍

沃尔特·艾萨克森. 史蒂夫·乔布斯传[M]. 管延圻,魏群,译. 北京:中信出版社,2014.

范海涛. 世界因你不同:李开复自传[M]. 北京:中信出版集团,2015.

2. 影视赏析

《舞动人生》是由史蒂芬·戴德利导演,李·霍尔编剧,杰米·贝尔、朱丽·沃特斯等主演的剧情电影。该片讲述了一个小男孩对芭蕾艺术执着的爱,使他最终战胜贫困和偏见,实现梦想的故事。影片于 2000 年 9 月 29 日在英国上映。

《穿普拉达的女王》,由梅丽尔·斯特里普、安妮·海瑟薇与艾蜜莉·布朗特参与演出,影片讲述一个刚离开校门的女大学生进入了一家顶级时尚杂志社当主编助理的故事,她从初入职场的迷惑到从自身出发寻找问题的根源最后成了一个出色的职场与时尚的达人。影片于 2006 年 6 月 30 日在美国上映。

扫码查看
相关资料

专题六

谈情说爱　绽放生命

> 爱情的意义在于帮助对方提高,同时也提高自己。
> ——尼古拉·加夫里诺维奇·车尔尼雪夫斯基[1]

 专题导语

　　在生命最灿烂季节中的我们,对爱情充满好奇与憧憬,也许现在的你尚未或者正在品尝爱情的甜蜜,也许你正在经历爱情的苦涩与酸楚,在切身体验的过程里,你是否思考过爱情是什么? 其实,爱情作为完整人生不可缺少的组成部分,是特别值得深思熟虑的。本专题通过爱情三角理论、友情与爱情的关系、性爱与情爱、爱情与婚姻等几个方面来探讨怎样树立健全且成熟的爱情观念,从而帮助我们处理好情感与恋爱的关系,处理好从生活感觉之"性爱"到生命安顿之"情爱"的过渡,形成健康积极的爱情观,并在恋爱的过程中自我照见、自我成熟。

---

　　① 尼古拉·加夫里诺维奇·车尔尼雪夫斯基(英文:Nikolay Gavrilovich Chernyshevsky,1828—1889),俄国革命家、哲学家、作家和批评家,人本主义的代表人物。

知识地图

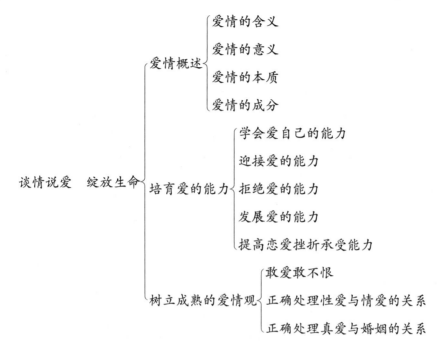

体验活动

寻找最佳"拍档"

首先,绘制一张名为"寻找最佳拍档"的海报,如班级有50人,需先剪好形状各异的25张图卡,然后将每一张图卡一分为二。

其次,每人抽取一张卡片,然后签上自己的名字。

最后,单位时间内以最快的速度找到正确的"另一半"者获胜,经过核对后将组合好的图形粘在海报上。

讨论分享:

1. 你是如何找到你图形的"另一半"的?是主动寻找还是被动等待?

2. 没有找到属于自己图形"另一半"的你心情如何?

3. 你是如何看待这个游戏过程的?最深的感触是什么?

有人说"人生如戏",我们在游戏中,体验、反思、感悟……在爱情中不断找寻属于自己的另一半,是否也如游戏一样呢?有的人积极主动,目标明确,创造机会,积极尝试;有的人被动等待,默默期待,不善表达;有的人很快地找到另一半,磨合起来,才发现并不是最合适自己的"一半",勇敢再出发,寻找真正合适自己的另一半;有的人害怕失败,害怕受伤,不敢尝试寻找……

小小的活动背后,你是否发现了自己对待爱的态度,在爱中的角色等? 爱情是生命自我照见、完善的过程,我们就从对爱情的学习中进一步询问自己的内心,到底什么是真爱?

 理 论 学 习

无论是在人类文明中,还是在你我的生活中,爱情都是一个永恒的主题。即使没有永恒的爱情,也无法阻止人们对永恒爱情的追求。爱情一方面成为文明的注解,另一方面也成为人性成长和彰显的训练场。那么,我们就一起来了解爱情的多元和可能,一起解读爱情中的种种现象,一起来理解和领悟爱情并了解自己。获得幸福的爱情或者爱情的幸福过程,本身就是一个不断学习和成长的过程,相信聪慧的你自然会找到属于自己的幸福之道。

一、爱情概述

"爱情是永恒的美、永恒的力量。人类一代接替一代;我们每一个人最终都会变成一堆骨灰,但是,爱情却永远是人类生机勃勃,代代相传的最坚实的纽带,这就是爱情。成千上万的动物生活着,延续后代,但只有人类才有爱情。其实,人只有真正懂得爱时,他才能真正成为人。如果他不懂爱情,心灵不够高尚,达不到人类美的高度,这就是说他还只是一个可能成为人的实体,但尚未成为真正的人。"①

(一)爱情的含义

爱情,这个人类古老而又新鲜的话题,仿佛是一个人类永远都无法揭开的迷。说到爱情几乎每一个人都有自己的看法,但其共同之处:它是人类最高级的一种情感。谈到爱情,自然延伸到男人、女人、婚姻三个方面。

爱情的定义是时代的产物,而今天这个时代,社会将爱情视为婚姻的基础。在原始社会,所谓的婚姻关系只是一种生存所需要的"家庭"单位,此时"爱情"也就无足轻重。原始社会的语言中也没有"爱情"这个词,结伙同行生儿育女通常比独居更有利于生存。公元前五世纪,哲学家柏拉图论述了爱情是人类最高的美德,包括精神、智慧和性。但他指出婚姻与爱情无关,只为繁殖后代。中世纪后的欧洲,贵族社会里逐渐产生一种热情、理想上不能实现的、对婚姻之外的爱的追求。当时的婚姻仍然被政治和经济的目的所安排。随后的几个世纪里,追逐爱的理想由上层社会散布到中下层社会,逐渐发展到从对爱的追求到结婚的誓言。这时人们就开始期盼爱情不仅产生在追求和热恋的阶段,还能延续到婚姻里。人们开始相信由爱情导致的婚姻更为实际合理。苏利文指出:"当另一个异性的满足和安全变得和自己的满足和安全一样重要时,爱情就存在了。"而弗鲁姆说:"成熟的爱是保全个体的个性、整体性的结合,

─────────────────
① 苏霍姆林斯基:《论爱情》,工人出版社,1986年版,第175页。

相爱双方融合为一体,但仍为二体。"

　　爱情是一对男女基于一定的客观物质基础和共同的生活理想,在各自内心形成对对方的最真挚的仰慕,并渴望对方成为自己终身伴侣的最强烈的、稳定的、专一的情感。爱情的本质,是人的社会属性与人的自然属性相结合的异性间的崇高感情。

　　日本动画短片《振り子》将这种崇高的感情诠释得生动而立体。片中演绎了一对情侣从相识相知到相扶相老的人生轨迹。从丈夫试图阻止那无情时钟的绝望,再到妻子去世后对生命的释然……那一刻,被赋予生命的意义得到了完整的相遇、相识、相知、相恋、相爱、相守;婚姻、生子、养子成人、陪伴终老。

　　人们常说爱情是人类各种感情中最复杂、最微秒、最矛盾的统一。爱情是情爱生活中的一部分,而情爱生活中存在及发生的许多问题并不是孤立出现的,而受整个社会与时代的大环境的影响,现代的生活方式和人生特质有密切关联。

(二) 爱情的意义

　　爱情是人生的重要组成部分,对人生有重大影响。莫里哀说:"爱情是一位伟大的导师,它使我们成熟并教会我们做人。"爱情对人生的重要意义主要表现在:

　　第一,恋爱双方协调各种关系,解决各种矛盾,都会丰富男女双方的生活经验,促使双方在心理上趋于成熟。

　　第二,恋爱中的青年男女为获得异性的爱,提高自己在对方心目中的地位,总是力图完善自己、丰富自己、改进自己,爱情成为改造人的强大的内在动力。

　　第三,恋爱中人总是显得朝气蓬勃、自信乐观、对未来充满希望。这种良好的心态极有利于塑造健康人格、开发人的潜力和实现人生价值。

　　第四,由恋爱到婚姻,到家庭,到生儿育女,是人生的重要内容,也是人生的基本规律,正是在这一过程中,恋爱主体实现了人的社会化,体现了人的本质,使人成为真正意义的人。

(三) 爱情的本质

　　马克思认为,人是自然属性和社会属性的统一,人的本质是一切社会关系的总和。作为人类所特有的情感,爱情的本质同样是自然属性和社会属性的统一,是性爱与情爱的统一。自然属性是指性爱,即两性吸引,是人的生理需要,是爱情的基础。社会属性是指情爱,即情感的依恋,是人的精神需要,是爱情的升华。性爱虽然驱动人们去追求异性,但它不像动物的性行为那样孤立地存在,而是要受感情和道德的制约。情爱是爱情的内在规定性,它规定着爱情的内容和发展方向,决定着选择恋爱对象的标准和方式。爱情是在性爱和情爱的相互作用中产生的,它是人类所特有的一种包括性欲、情感、心理和道德等因素在内的复杂的社会情感,是人类所特有的一种精神生活。爱情一方面要求男女双方在性欲、情感、心理和道德上共鸣和谐;另一方面要求男女双方共同承担社会责任和义务,相互给予和奉献。可见,爱情是人类在性爱基础上升华而成的高尚的社会情感。

1. 爱情的二元性

　　爱情的肉体因素和精神因素,即爱情的二元性。早在公元前五世纪就有记载,当时的古希腊曾提到过阿芙洛迪特,阿芙洛迪特是肉体和精神和谐统一的爱神,体现了古希腊人当时的一个著名的美学理想——肉体和灵魂的统一,是肉体美和精神美的统一。在中国远古时期,也往往把肉体和灵魂合二为一,互为补充。把肉体和精神统一起来,也是古典艺术中所描写的爱情的主要特点。这反映了古人对爱情的二元性的最初的朴素的认识。

2. 爱情的本质属性

人是社会性的生物。马克思主义以历史唯物主义观点做了更加科学的考证,提出人具有二重性,人是一种生物种属,具有自然属性;人又具有社会属性。人的一切活动,都具有社会性。人的爱情也不例外,爱情的社会性主要表现在如下几个方面:

(1)爱情的力量是在非性欲的爱中培养出来的,而且也只能如此。别林斯基说:"一个青年,如果不爱他的父母、同志和朋友,他就永远不会爱他们所选来做他妻子的那个女人。他的非性欲的范围愈广,他的性爱也就愈为高尚。"这里别林斯基把性爱等同于爱情来使用。如果只是性的吸引,而对对方的志趣、爱好、品格、理想等没有或一点也不能产生共鸣,这种单纯受本能支配的行为并不是爱情。非本能的爱的力量才真正是爱情的永恒的源泉,才能使人饱尝爱情的甘醇。

(2)爱情是一种由自然关系连接起来的人与人之间的最亲密的特殊社会关系,而且这种关系是历史的、具体的,也是社会结构的细胞。我们说这种特殊的人际关系是一定社会历史条件下的产物。它不可能跳出一定的社会历史时代而去凭空想象。任何时代相爱者双方都不能脱离客观现实而独立存在。

(3)爱情有生以来,就是一种道德情感。历来的哲学家、思想家、伦理学家们都把爱情与道德密切联系起来。"人的全部道德观念集中地表现在爱的情感里,表现在爱的内容和形式里。"爱情在一定的人类历史上产生以后,始终都渗透着道德的因素。而在道德发展和演变的历史长河中,也始终包容着爱情的内容。其中的爱情自然具有社会性。

(4)爱情把人的命运联系到了一起。爱什么样的人、怎么爱,对两个人的人生目的、人生价值,都将起着举足轻重的作用。任何一个人,从建立爱情的前前后后,到发展爱情的整个历程,他的人生理想、人生目的、最后实现的人生价值,都将在爱的实践中得以体现和检验。

(5)爱情的表达方式和内容也都具有社会性。人的一切行为和情感的表达,要么付之于行,要么托之于声。无论是行为的表达,还是声音(语言)的传递,绝不是一种简单的动物本能活动。

(6)爱情的社会后果性。克拉·蔡特金在《回忆列宁》中引了列宁的一段话:"参与爱情的只有两个人,但是,要诞生第三个生命,新的生命。这里就有社会利益,就产生了对集体的义务。"爱情不单是两性间的吸引,而是不断产生社会后果的一种社会关系。爱情对整个人类社会的产生、发展还起着调节作用。因为人类爱情的巩固是巩固社会的"原状稳定剂"。它不仅在人类远古时期使人类婚姻向一夫一妻制发展发挥了作用,而且在每个历史时期都成为美满婚姻和家庭幸福的巩固剂和强化剂。

（7）爱情的审美性。人类真正的爱情是美的、善的。这是人类在长期爱的实践中（社会实践的一种）领悟到的。从相爱者美的感受到志趣、道德、心理和谐美，都体现着爱情的审美性。

综上所述，我们说爱情的真正的本质就是社会性，而不是自然性。作为人的生物性与社会性是各有其相对独立性的特征。但作为体现在爱情上的联系起来的一个统一的整体，这就存在本质和非本质的分辨。这里的本质只能是人的社会性，而非其他。

我们应该看到，爱情这一复杂的心理现象，它的基础是多方面的。而贯穿人类爱情始终的一个基础方面是性欲需求，即男女肉体的结合。但这只是爱情的外部表现形式。而肉体的结合却紧紧包裹在人的爱情社会因素（我们称之为爱情的本质）上，形成了种种形状各异、大小不一的爱情结构。这就把人的自然属性和社会属性紧密连接在了一起。这是一个生物关系和社会关系、生理因素和心理因素的综合，是爱情的外在形式与本质内容的统一。

（四）爱情的成分

美国心理学家罗伯特·斯腾伯格提出的爱情三角理论，见图6-1。他认为爱情由三个基本成分组成：激情、亲密和承诺。[①] 爱情是人类情感世界最微妙最敏感的部分，用化学和心理学的观点来看待，爱情是化合物，成分非常复杂，是多种情感的综合体，犹如化学中的盐。现在，我们从爱情到婚姻这个漫长的转化过程来分析爱情所包含的成分。

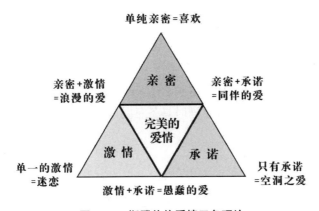

图6-1　斯腾伯格爱情三角理论

亲密。这是两人之间感觉亲近、温馨的一种体验。简单说来，就是能够给人带来温暖的一种感觉体验。亲密可以看作是大部分，而非全部地来自关系中的情感性投入。亲密包括十个基本要素：渴望促进被爱者幸福；共同经历；尊重对方；跟被爱方互相理解；与被爱方分享自我和自己的占有物；从被爱方接受情感上的支持；给被爱方

————————

① 罗伯特·J·斯腾伯格著，李朝旭译：《爱情心理学》，世界图书出版公司，2010年版，第195页。

以情感上的支持;跟被爱方亲切沟通;珍重被爱方。

激情。这是一种强烈地渴望跟对方结合的状态,是一种怦然心动的感觉,是一种兴奋的体验。生理需要是引起激情的主导形式,其他自尊、照顾、归属、支配、服从也是唤醒激情体验的源泉。

承诺。这可以看作维持关系的决定期许或担保,大部分来自对彼此关系的决定与忠守。承诺由两方面组成:短期的和长期的。短期方面就是要做出爱不爱一个人的决定。长期方面则是做出维护这一爱情关系的承诺,包括对爱情的忠诚、责任心。也就是结婚誓词里说到的"我愿意",是一种患难与共、至死不渝的承诺。两者不一定同时具备。比如决定爱一个人,但是不一定愿意承担责任,或者给出承诺;又或者决定一辈子只爱他/她,但不一定会说出口。

随着认识时间的增加及相处方式的改变,上述的三种成分也将有所改变,而爱情三角形的形状和大小也会因其组成元素的增减而发生相应的改变。三角形的面积代表爱情的质量,据斯腾伯格的说法:"三角形越大,爱情就越丰富。"斯腾伯格还进一步提出:在三种成分下有以下八种不同的爱情关系组合。

从生活观、生命观、人生观的角度,对爱情做出如下分类:

无爱(Nonlove):三个因素都不具备。很多包办婚姻属于这种类型。

喜爱(Liking):只有亲密关系。在一起感觉很舒服,但是觉得缺少激情,也不一定愿意厮守终生。

痴迷的爱(Infatuated love):只有激情体验。认为对方有强烈吸引力,除此之外,对对方了解不多,也没有想过将来。

空洞的爱(Empty love):只有承诺。

浪漫的爱(Romantic love):有亲密关系和激情体验,没有承诺。

伴侣的爱(Companionate love):有亲密关系和承诺,缺乏激情。

愚昧的爱(Fatuous love):有激情和承诺,没有亲密关系。

完美的爱(Consummate love):同时具备三要素。

二、培育爱的能力

弗罗姆在《爱的艺术》中指出,爱是一种能力,也是一种艺术。为了迎接美好的爱情,为了更长久地拥有它,体验到爱的甜蜜,我们应学会如何爱,培养自己爱的能力。

中国风动画短片《一生至爱》以梅花为媒,讲述了元代书法家赵孟頫与诗人管道升相见、相爱、相怨再到重归于好的爱情故事。经典的《我侬词》配上中国风满满的动画,感人至深。

> 你侬我侬,忒煞情多,
> 情多处,热如火。
> 把一块泥,捻一个你,塑一个我。
> 将咱两个,一齐打破,用水调和。
> 再捻一个你,再塑一个我。

我泥中有你，你泥中有我。

与你生同一个衾，死同一个椁。

讨论分享：

你对赵孟頫和管道升的爱情有何感想？

爱是一种情感，它也是一种能力。人人都需要爱，但不见得我们都会爱。为什么有些人有甜蜜的爱情、幸福的婚姻，为什么有些人经受爱情的折磨和摧残，这是需要我们思考的。成熟的恋爱观首先要具有爱的能力。爱的能力是指和他人建立亲密关系的能力，具备了爱的能力会引导一个人去真正地爱他人，真正地爱自己，能够真正体验到爱给人带来的快乐和幸福。

（一）爱自己的能力

想要爱别人，首先必须爱自己，连自己都不爱的人，对别人的爱也不是真正的爱。爱自己不同于自私，学会爱自己是为了更好地爱别人。爱自己是学习如何爱的最好的方法，通过训练爱自己进而学会爱别人。爱自己首先就是要自尊自信，尊重自己的价值，尊重自己的需要、愿望和要求；对自己有信心，能肯定自己、欣赏自己，同时也不会轻易地否定自己。爱自己就意味着相信自己的基本价值，培育一种健康的自我肯定意识。爱自己也就意味着积极关心自己的每一个方面。每个人或多或少都有缺陷感，不是在身体上、智力上、经济上，就是在人际关系、情感完善上，或是在精神成长上，但尊重、呵护、满足和珍视自己是你与生俱来的权利，也是你可以学会的一件事情。

只有当你成功地掌握了如何关心自己的需要时，你才明白怎样将同样的关爱给予别人。当你尊重自己的思想和感觉的合理性时，你才能将这种尊重施于他人。当你从心底相信自身是如何有价值时，你才会发现别人的价值。

（二）迎接爱的能力

迎接爱的能力包括表达爱的能力和接受爱的能力。想要具有表达爱的能力，就必须懂得爱是什么，有健康的恋爱价值观，知道自己喜欢什么、需要什么、适合什么。心中有爱要敢于表达、善于表达，用自己的言行让对方感受到你的爱。当别人向你表达爱时，能及时准确地对爱做出判断，并做出接受、谢绝或再观察的选择，这是接受爱的能力。大学生要具有迎接爱的能力，就应尊重自己，相信自己，同时对他人、对事情保持敏感和热情，应主动关心他人，热爱他人。

（三）拒绝爱的能力

拒绝爱的能力包括两个方面：一是敢于理智地拒绝不希望得到的爱情。面对自己并不喜欢的异性，优柔寡断，或屈从于对方的穷追不舍的做法是有害的，因为爱情来不得半点勉强和将就，要勇敢地说"不"。二是要掌握恰当的拒绝方式。虽然每个人都有拒绝爱情的能力，但是珍重每一份真挚的感情是对他人的尊重，同时也是对个人道德情操的检验。值得注意的是我们在拒绝别人的示爱时，要给予对方充分的尊重，真切的关怀，同时运用一种充满关切、尊重和机智的方式来维护自己和他人的利益。不顾情面、处理方法简单轻率、甚至恶语相加,结果使对方的感情和自尊心受到伤害,这些做法是很不妥当的。

(四)发展爱的能力

苏联著名教育家马卡连柯说:"爱的力量只能在人类非性欲的爱情素养中存在。他的非性欲的爱情范围愈广,他的性爱也就愈为高尚。"发展爱的能力,并不是非要具体到对某一异性的爱,可以是更广泛意义上的爱。我们的亲人、同学、朋友、祖国,都值得我们去热爱。发展爱的能力,就是要培养无私的品格和奉献精神,要培养善于处理矛盾的能力,有效地化解消除恋爱和家庭生活中的矛盾纠纷,对恋人负责,对社会负责,才能创造出幸福美满的婚恋。

(五)提高恋爱挫折承受能力

大学时期的恋爱受多种因素的制约,也会存在诸多的不稳定因素,因而在追求爱情的过程中遇到各种波折是在所难免的。比如单相思、爱情错觉、失恋等恋爱心理挫折对我们每个深陷其中的人的心理承受能力就是一种考验。如果承受能力较强,就能较好地应对挫折,否则就有可能造成不良后果。

爱情,当它变成一种具体的行为时,需要时间和精力去了解,去努力,但无论怎样使劲,仍有碰运气的成分,它与追求金钱的人需要冒险一样,也是有输有赢,如果对方不爱你了,或者他也不值得你爱,那就从头开始,不必视如洪水猛兽,也不必因此改变自己的做人原则,更不必捶胸顿足地无法理解,这是很正常的事。①

三、树立成熟的爱情观

(一)敢爱敢不恨

心理学家根据恋爱中对爱情的追求,进一步把爱情分为健康的和不健康的两类。健康的爱情表现在:不过分痴情,不咄咄逼人,不显示自己的爱情占有欲,能够充分尊重对方;将爱情给予对方比向对方索取爱情更使自己感到欢欣,并以对方的幸福为自己的满足;是彼此独立的个性的结合。不健康的爱情表现在:过高地评价对方,将对方的人格理想化;过于痴情,一味地要求对方表露爱的情怀,这种爱情常有病态的夸张;缺乏体贴怜爱之心,只表现自己强烈的占有欲;偏重于对外表的追求。

恋爱产生的最初的确是一种感觉及冲动,所以被对方所吸引。但恋爱的维持,必须靠双方的努力经营,特别是我们要清楚,我跟对方是不是"适合"? 我们要选择的,是一个跟我适合的人,而非去找一个"最好"的人。要先建立的前提是两个适合的人。对的人、对的时间、对的地点。任何一者没配合好,恋爱就很难成功,就是天时、地利、人和。很清楚双方在一起的理由,双方是不是对的人,适不适合在一起。如果已经在一起,而发现彼此不适合,那也应该庆幸。至少已经有机会证实,两个人不适合当男女朋友了。

---

① 呼志强:《真爱无语》,金城出版社,2008 年版,第 1 页。

爱情并非一帆风顺,遭受挫折是常见的事。在恋爱过程中,也常常出现以下现象:有的人常常会觉得对方高不可攀,把自己的感情深藏在心中、自我折磨,而对方并不知道有人在爱他(她)。其实,在条件相当的时候,我们不妨大胆地向表白自己的爱。然而,倘若明知对方根本不爱你,还是要把满腔的热情和爱奉献给对方,遭到回绝,仍一往情深,出现关注、亲物、幻想、错觉等心理倾向。这样往往会很痛苦,造成一种很严重的心理抑郁。有的人会因为恋爱对象否认或中断了恋爱关系而感受到巨大挫折,会产生孤独感、虚无感及对爱的绝望感等心理体验,甚至没有及时摆脱这种挫折,而表现为焦虑与冷漠,进而导致自杀、报复或抑郁。

爱情是很重要的,但它毕竟不是生活的一切,人生更重要的是对理想、事业的追求。一次爱情的失败,并不意味人生的失败或幸福的毁灭,何况还有以后的感情生活及别的追求,不必加大自己的不幸,随着时间的推移,你还会找到称心的恋人。倒是应趁此反省一番遭挫折的缘由,并从中获得启迪。我们不妨问一下自己:"分手,是最可怕的事吗?"不是。最可怕的是,你连为什么要在一起都不清楚,当然也不明白为什么分手。"不爱你了,是最可怕的事吗?"不是。可怕的是,对方根本没有爱过你。"失恋了,是最可怕的事吗?"不是。最可怕的是,没有从失败中得到教训及成长。"没有学会分手,就没有资格恋爱。"不论是校园内,还是实习实践、毕业后工作,很多时候情爱对于我们,会因各种不同的复杂因素,而不得不"分手"。可是,不论何时,都不要被阴云挡住了内心的阳光,该如何做到"不恨"呢?

有人说一个故事的结束也是另一个故事的开始。有人说一朵花的枯萎也是另一朵花的诞生。放弃一段没有结果的爱情,其实也是对自己的救赎。虽然之前对那段爱情投入的太多太多,"恨"或放不下的原因,是因为没有得到吗?投入太多没有回报吗?可是你是否还记得,真正的爱是无条件的、无条件的关注、无条件的尊重、无条件的认可。像《失恋33天》里王小贱一样,"无愧于这段爱情",这是你对爱情负责,同样也是对自己负责。

恨一个人,反而是对自己的消耗,是给自己套了个枷锁,又何必拿别人的错误惩罚自己,所以更应该去善待自己。"我曾爱过你,满腔热血,一心一意,后来,热情耗尽,我终于决定将你好好地还回人海里。"当对方要转身离开时,你能转身回到自己的世界,"你在我很开心,你不在,我也有自己的世界",你要依然相信,真爱会降临,并依然认真对待感情,认真对待感情的人才值得真爱你的人出现。也许晚了些,没有关系,因为他/她到时候会说,"我遇见你很晚,但我会陪你很久"。

学会用理智来驾驭感情,通过增强理智感,分析原因,总结经验教训,寻找解决问题的方法和途径,感谢对方给予自己这段感情的成长,因为对失恋的应对方式反映了一个人的心理成熟水平和恋爱观。一个人能够理智地从失恋中解脱出来,往往会使自己变得成熟起来。让我们成熟的来谈成熟的恋爱,当一段爱失去时能够敢爱敢不恨。

(二)正确处理性爱与情爱的关系

谈到爱情,不能不谈到性。饮食男女,生殖繁衍,性是非常自然的事情。然而,人类作为这个世界的高等动物,随着文明的不断进步,但有些行为却落入了一个怪圈。

2018年为深入了解网络对我国青少年性行为的影响,中国红丝带网"青少年全力以赴"新媒体平台,在中国疾病预防控制中心、性病艾滋病预防控制中心、中国性病艾滋病防治协会等机构的指导下,针对15—24岁的青少年,展开了为期半年的网约性行为现状调查。在收集的8 771份来自各个年龄层的样本中,共有1 177人有过网约性行为,占13.4%。在有过网约性行为的样本群体中,15—24岁的青少年有730位,占62.03%,本人或性伴侣意外怀孕的,约占3%,遇到感染性病艾滋病问题的,约占4%。①

《上海社会发展报告(2019)》蓝皮书的"生育与青少年发展"章节中,发布了上海社科院针对上海青少年性健康调查报告。调查组对上海1958名青少年开展问卷调查后发现:青少年性行为低龄化已经是一个普遍的趋势。初中生有过恋爱经历的比例为9.9%,高中生比例为37.2%,大学生比例为53.9%。初中生中有过接吻体验的比例8.7%,高中生的比例为24.9%,大学生的比例为40.6%;有过性交体验的高中生的比例为8.3%,大学生的比例为13.7%。认同"结婚之前,应该守贞洁"的男女生比例分别为55.8%和65.5%,而1999年,这一数据是60.6%与74.9%。这说明青少年对婚前性关系接受度正在提升。在调查中认为"即使没有爱情,也可以发生性关系"男女生比例分别达到20.5%和7.2%,而1999年的这一数据为4.8%与0.9%。

郑晓江教授在《生命教育演讲录》一书中,运用了生命哲学知识对"性爱"与"情爱"做了深入剖析:

人之生理层面的"性"是感性生活的,是一种肉体的生理性的享受;而男女相爱出现的两情相悦引发那种极度的幸福感则是心理层面的,是一种生命的精神性享受。如果人们能够在男女爱情基础上走向"性",那么,这是一种正常且合理的状态,可以使人们获得身与心、感性生活与精神生命的同步享受;可是,现在的情形却往往是,许多人只重男女性爱的感性生活的一面,而漠视甚至抛弃了生命与精神层面的爱情,走向了纯粹的肉欲。因此当今社会就出现了大量的所谓"一夜风流"的现象,很多青年男女抱持着"玩的就是心跳""爱得糊里糊涂"等观念,性成为游戏人生的方式,而并非生儿育女的责任。种种现象皆造成大学生们在爱情方面、男女性的方面的种种问题,甚至给他们造成极大的困惑与痛苦。

我们每个人都应该了解,男女的情爱是人之内在生命之事,男女之"性"是外在感性生活之事,在情爱基础上的性爱才是人之身与心的完美结合,才是人生当下存在的感性享受与恒长久远幸福的结合,如此,才会有真正的人生幸福。一旦分裂二者,把爱情弃之如敝屣,只沉溺于肉欲的欢乐之中,人之完整的人格便遭到分裂,人生断为两截,生理感性与心理精神也被迫分离,这是一种非常糟糕的人生状态,也可以说是

---

① 可参见:青少年性行为调查报告,http://k. sina. com. cn/article_2693866973_a09125dd0010079az. html。

一种病态的人生,终必引发人的生存危机与人生的痛苦。

在情爱生活中一定要明白一个基本的道理:性欲是本能的产物,而爱情是文明的产物。也就是说"性"是生活感觉之事,"情"是生命安顿之事。这就要求我们不应该先从生活感觉之"性爱"再到生命安顿之"情爱";而应该先从生命安顿之"情爱"再到生活感觉之"性爱"。这是解决大学生情爱生活问题的根本途径。

我们若只追求以性欲为全部基础的情爱,那就犹如动物与食物的关系;若只求以物质金钱为全部基础的情爱,那就犹如商人与顾客的关系;但我们若追求以精神为全部基础的情爱,则又犹如信仰与信徒的关系。这三者都存有偏颇,其中任何一种单独的基础都永远无法支撑起神圣、崇高与甜蜜的爱情。

生活感性之"性"与生命安顿之"情"的结合才是人生大美之事。我们大学生一定要区分所需之"性"与所欲之"性",在此基础上,从纯粹的求生活感性之"性"走向生命精神之"爱",由"爱"而得"性"。如此才可能既有肉体的快乐,又有发自灵魂的幸福,真正获得生理与心理、感性与精神、生活与生命的统一,获得生存的良好状态,也使自我的人生得到发展的动力与幸福。

(三)正确处理真爱与婚姻的关系

每个人都梦想获得真爱,真爱是世界上最美妙的东西,正是因为它的存在,才使我们的生活充满了温暖,我们的心灵充满了温情。真爱是成熟的爱。当你真正爱一个人时,你所想的不是对方能给你什么,而是你可以给他什么,你可以给他所需要的感情吗? 你可以给他快乐和幸福吗? 你可以快乐着他的快乐,幸福着他的幸福吗?

在情爱生活中,我们一定要明白:"性"在情爱生活中是有其存在之必然,欲是本能的产物,而爱情是文明的产物。"性"是生活感觉之事,"情"是生命安顿之事。"性"在情爱生活中是有其存在之必然性与合理性的,但要获得健康的情爱,恋人之间就存在感情磨合的问题。

大学生的性生理发育虽然基本成熟,但心理发育相对滞后,人生观还不够稳定,学识基础也并不牢固,同时,社会阅历相对缺乏,经济基础尚未独立。大学生迫切需要爱情,但未必懂得爱情、未必能把握爱情。因此,引导大学生理性地认识真爱与婚姻,具有重要的现实意义。

心理发展相对成熟是真爱与婚姻同行的必备条件。不成熟的心理,决定了恋爱观和择偶观的不稳定性和对恋爱时机把握的不准确性,也容易将爱情简单化、片面化、理想化和浪漫化,并因此造成一些令人担忧的问题。因此,心理发展成熟是真爱与婚姻同行的一个必要条件。

人生观相对稳定是真爱与婚姻同行的标志之一。恋爱的行为要承担社会责任、家庭义务以及道德约束,因此真爱与婚姻同行要具备充分的思想准备和心理承受能力。

社会阅历相对丰富是真爱与婚姻同行的社会基础。相对丰富的社会阅历能够适当增强挫折承受力,抵御社会不良影响,增加恋爱过程中现实主义色彩,理性地对待爱情。

要学会处理好真爱与婚姻的关系，尊重爱情，平等履行义务，遵守恋爱道德，对自己负责，对对方、家庭、社会负责，将真爱、婚姻、责任、义务联系起来，真正做到让真爱与婚姻同行。

 聚焦提升

1. 爱情是人间最美丽、最永恒的情感之一，不容玷污，值得我们每个人去追求。

2. 爱的本质是奉献、包容、尊重、责任与坚守。

3. 当爱像大潮般迎面扑来时，请学会勇敢迎接爱，并在过程中进一步体悟真爱，以走出爱情迷途。

4. 成熟的人谈成熟的恋爱，在恋爱中经历生命的成长，成为更好的自己。

5. 有一种爱叫作"放手"，学习敢爱敢不恨。

6. 应从纯粹的追求生活感性之"性"走向生命精神之"爱"，由"爱"而得"性"。

 思考感悟

请赏读郝广才的绘本《好好照顾我的花》，谈谈你如何理解这个关于"真爱与成长"的故事，如何在爱中互相尊重，照顾好彼此心中的花？

 能量补给

1. 品读书籍

汪丽华，何仁富. 爱与生死：唐君毅的生命智慧[M]. 北京：中国广播电视大学出版社，2015.

郝广才. 好好照顾我的花[M]. 乌鲁木齐：新疆青少年出版社，2014.

2. 影视赏析

《失恋33天》改编自鲍鲸鲸的同名人气网络小说，由滕华涛执导，文章、白百何领衔主演。影片讲述了女主角黄小仙从遭遇失恋到走出心理阴霾的33天。影片于2011年11月8日上映。

《真爱至上》由理查德·柯蒂斯执导，休·格兰特、比尔·奈伊等联袂出演。电影主要讲述10个爱情故事串成的喜剧杂烩。影片于2003年9月7日在加拿大多伦多电影节率先上映。

逆风飞翔　直面困境

扫码查看
相关资料

> 不因幸运而故步自封，不因厄运而一蹶不振。真正的强者，善于从顺境中找到阴影，从逆境中找到光亮，时时校准自己前进的目标。
>
> ——亨利克·约翰·易卜生①

 专题导语

　　人生的道路有宽阔的坦途，也有崎岖不平的山路，有成功的喜悦，也有失败的痛苦。很少有人一辈子都遇不到困难和挫折。当遇到挫折，陷入困境之时，该将如何应对？孟子所言给予我们一定启发："故天将降大任于是人也，必先苦其心志，劳其筋骨，饿其体肤，空乏其身，行拂乱其所为，所以动心忍性，曾益其所不能。"本专题将与你一同认识挫折，理解挫折是生命成长中的一部分，学会看到挫折的意义，唤醒挫折里的复原力，学习应对挫折的生命智慧，不断增强生命的韧性。

---

① 亨利克·约翰·易卜生(Herik Johanlbsen)(1828—1906)，生于挪威希恩，是一位影响深远的挪威剧作家，被认为是现代现实主义戏剧的创始人。

 **知识地图**

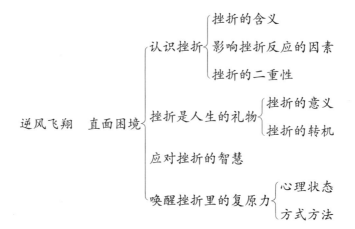

逆风飞翔　直面困境
- 认识挫折
  - 挫折的含义
  - 影响挫折反应的因素
  - 挫折的二重性
- 挫折是人生的礼物
  - 挫折的意义
  - 挫折的转机
- 应对挫折的智慧
- 唤醒挫折里的复原力
  - 心理状态
  - 方式方法

 **体验活动**

口足书法家

不用双手的情况下,用最短的时间,在白纸上写出自己的名字。

讨论分享:

与小组成员讨论游戏中的感悟。

其实,人生也会如游戏一样,常常遇到困难和挫折,关键是我们如何认识挫折,应对挫折。

 理论学习

一、认识挫折

南宋词人辛弃疾曾写道:"叹人生,不如意事,十常八九。"挫折普遍存在于人生的各个阶段。

(一) 挫折的含义

从心理学的角度看,挫折有广义和狭义之分。广义的挫折,泛指一切能够引起人们精神紧张、造成苦恼和心理变化的刺激性生活事件。狭义的挫折是指人们在某种动机的推动下,在实现目标的活动中,遇到了难以克服或自以为无法克服的困难和阻碍,使其动机和需要不能获得满足时所产生的消极情绪反应,如焦虑、失望、愤懑、沮丧等。

挫折包含三个方面的要素：一是挫折情境；二是挫折认知；三是挫折反应。挫折情境是对人活动的动机、目的造成内外障碍或干扰的具体客观环境，可分为自然环境、社会环境等。挫折认知是指对挫折情境的知觉、认识、评价与情绪、行为反应，属于人认知的主观范畴。挫折反应是个体陷入挫折状态后，基于自身认知而启动的一系列心理、生理和行为上的反应。在三个要素中，挫折认知是最重要的，挫折情境与挫折反应没有直接的联系，它们的关系要通过挫折认知来确定。如果出现了挫折情境，但个人并没有意识到，或意识到了但并不认为是严重的阻碍，那么也不会产生强烈的挫折反应。换个角度，面对相同的挫折情境，不同的应对方式可能会产生不同的挫折反应，从而引起不同的后果。

（二）影响挫折反应的因素

挫折是人的一种自我的内心感受。不同的人对待挫折有不同的态度和反应形式。对有些人，它可能是走向成功的起点；但对另一些人，也许会成为意志沉沦的开端。那么，影响挫折反应形式和程度的因素有哪些呢？归纳起来，主要有以下8种：

1. 生理因素

这里主要指身体机能的状况。在现实生活中，疾病、生理缺陷以及身材、容貌等方面的限制，往往是挫折产生的主要因素。神经系统类型属于强、均衡、灵活的人比弱型的人抗挫力强。在其他条件同等的情况下，身体健康、健全者比病残者更能抵抗挫折。

2. 生活经历因素

阅历丰富、饱经风霜者抗挫力强。他们在生活中得到较多的锻炼，学会了如何对待和处理挫折。而那些阅历简单、涉世未深、从小娇生惯养的人，对挫折的反应往往比较强烈，应付挫折的能力也较差。

3. 思想因素

有崇高的生活目标和乐观向上的生活态度的人抗挫力强，相反，缺乏理想和信念，对人生持消极态度的人，往往经不起挫折的打击。具有科学的人生观，这是挫折承受力的核心。个体的人生观不符合社会的要求，也常常会成为挫折的来源。

4. 个性因素

个性是一个人所具有的意识倾向性和较稳定的心理特征的总和。性格是个性中的核心成分，一个人的性格影响着他对挫折的态度和适应性。一般说来，一个胸怀宽广、意志坚强、乐观开朗、自信心强的人，往往比那些心胸狭隘、意志脆弱、抑郁孤僻、盲目依赖的人更能面对挫折。

5. 认知因素

对挫折情境有正确的认识、对挫折损失能作出客观评价的人，不容易"一叶障目，不见泰山"，往往比那些对挫折判断有误、认识偏颇的人更能适应挫折。对挫折有心理准备和思想准备，将挫折的出现视为意料之中的人，比对挫折毫无防备、感到突然的人更能接受挫折。

6. 自我期望因素

一个人的期望值越高，当实际有效行为达不到时，所感受到的挫折打击也就越大。一般来说，挫折情境出现后，挫折感的大小与自我期望值成正比，与实际有效行为成反比，可用下式表示：

$$挫折感 = \frac{自我期望值}{实际有效行为}$$

7. 心理防御能力因素

能及时运用心理防御机制并倾向于采取积极方式的人，有更强的抗挫力。善于运用积极的心理防御机制如仿同、补偿、升华、幽默的人，在挫折面前会减轻痛苦与不安，恢复情绪稳定，达到心理平衡。

8. 社会支持因素

一个人遇到挫折时，如果能够得到社会及时而有效的支持，就可以增强抗挫力。社会支持是一种以良好的人际关系表现出来的社会联系。俗话说："一个篱笆三根桩，一个好汉三个帮。"一个人受挫时，得到了社会的关心、照顾、爱护和尊重，就会减弱挫折反应的强度，提高战胜挫折的勇气。

 案例研讨

请观赏新加坡电影《跑吧孩子》片段（扫描本专题二维码获取），讨论分享：

（1）是什么力量使得片中的兄妹俩克服困难到达终点的？

（2）你如何理解歌词"什么都没有"又"什么都拥有"？

（3）此片给你最大的感受是什么？

（4）你有没有遇到过使自己受挫的事？你是怎样面对的？

相信我们都被片中妈妈和女儿，哥哥和妹妹之间最真挚的情感所感动，当心中有爱的信仰，便可以克服重重苦难，在跌倒、恐惧、泥足深陷、遍体鳞伤的时候，不会轻言放弃，虽然小兄妹生活困苦，兄妹俩要共用一双鞋子上学。就物质生活而言，他们"什么都没有，也没有轻易地低头，也没有放弃的念头""只要我们的心，紧紧相扣我们就什么都拥有。"想想其实我们拥有的比失去的要多了很多。其实，人生的每一次的胜利和失败都不是最后的结局，它只不过是另一个比赛的开始，所以，跑吧！孩子……永不停歇。

那么你是否碰到过受挫的事？你是怎样面对的？是否愿意回忆、反思自己关于挫折的故事？

（三）挫折的二重性

一天，一只茧上裂开了一个小口，有一个人正好看到这一幕，他一直在观察着，蝴蝶在艰难地将身体从那个小口中一点点地挣扎出来，几个小时过去了……

接下来，蝴蝶似乎没有任何进展了。看样子它似乎已经竭尽全力，不能再前进一步了……这个人实在看得心疼，决定帮助一下蝴蝶：他拿来一把剪刀，小心翼翼地将茧破开。蝴蝶很容易地挣脱出来。但是它的身体很萎缩,身体很小,翅膀紧紧地贴着身体……他接着观察,期待着在某一时刻,蝴蝶的翅膀会打开并伸展起来,足以支撑它的身体,成为一只健康美丽的蝴蝶……然而,这一刻始终没有出现! 实际上,这只蝴蝶在余下的时间都只能极其可怜地带着萎缩的身子和瘪塌的翅膀在爬行,它永远也没能飞起来……这个好心好意的人并不知道,蝴蝶从茧上的小口挣扎而出,这是上天的安排,要通过这一挤压过程将体液从身体挤压到翅膀,这样它才能在脱茧而出后展翅飞翔……

从蝴蝶的故事中,可以看到挫折与成功是一个事物的两面,我们的生命中需要奋斗,在生活的漩涡中挣扎,逐渐超越自我。如果生命中没有障碍,我们就会很脆弱。也不会坚强地站起,更不会展翅飞翔。因此,需要充分认识挫折的两重性。

1. 挫折的消极作用

从挫折的消极一面来看,挫折会给人造成心理上的伤害:

(1)挫折使人前进的步伐受阻,产生愤怒、焦虑、沮丧、攻击、冷漠、固执、忧愁等消极情绪反应。

(2)挫折影响个体实现目标的积极性,降低个体创新性思维活动水平,从而导致行文上的偏差。

(3)挫折有损于人的身心健康,使人改变理想方向,易使人自暴自弃,造成成长环节上的缺陷。

2. 挫折的积极作用

从挫折的积极一面来看,挫折会给人带来生命的成长。

(1)挫折有利于增强韧性,磨砺意志,锻造顽强的品格。

(2)挫折能够增长人的聪明才智,最终走向成功。

(3)挫折可以激发进取精神。

(4)挫折可以提高个人的认识水平。

大量事实证明,人们成就事业的过程,往往也就是战胜挫折的过程。强者之所以为强者,并不是因为他们在生活中没有受到挫折的打击. 而是因为他们面临挫折表现得更加勇敢和顽强。奥斯特洛夫斯基说得好:"人的生命似洪水在奔流,不遇着岛屿和暗礁,难以激起美丽的浪花。"生活中相当一部分杰出的人才,是在挫折中磨炼成熟、在困境中苦斗崛起的。生活的磨难锻炼了他们的意志和体魄,激发了他们的智慧和潜能,使他们对错综复杂的环境和处境不利的自我具有一种超乎寻常的把握能力,因而做出超人的成绩。这就是挫折两重性的体现。

二、挫折是人生的礼物

(一)挫折的意义

有的人总认为自己生活得不愉快,没有别人生活得滋润,自认为自己是最不幸的人。其实,在这个大千世界上,与你相同遭遇的人何止千万? 人的生存和发展过程,实际上就是与困难、与挫折搏斗的过程。如果一个人没有困难和挫折,生活也就没有

了它的价值和意义。

 案例研讨

美国马萨诸塞大学阿默斯特分校曾经做过一个很有意思的"南瓜实验"。实验人员用很多铁圈将一个小南瓜箍住,以观察当南瓜逐渐长大时,对这个铁圈产生的压力有多大。最初他们估计,南瓜最多能够承受454斤的压力。实验的第一个月,南瓜承受了454磅的压力;实验到第两个月时,这个南瓜承受了1 361斤的压力;当它承受到1 814斤的压力时,研究人员必须对铁圈加固,以免南瓜将铁圈撑开。最后,整个南瓜承受了超过4 536斤的压力后瓜皮才产生破裂。研究人员打开南瓜,发现它已经无法再食用,因为它的中间充满了坚韧牢固的层层纤维;为了吸收充足的养分,以便于突破限制它生长的铁圈,它所有的根都往不同方向全方位地伸展,直到控制了整个花园的土壤与资源。

图 7-1 南瓜实验

看了"南瓜实验"的故事后,你最大的感受是什么?

相信你会为小小南瓜居然可以承受远超过实验人员预计近10倍的压力而惊叹。"小南瓜"在艰难的绝境中,不断地突破自己,发挥潜能,使挫折赋予了新的意义。你是否也能在逆境中看到挫折的意义呢?是否看到其实挫折之中亦包含着转机呢?

(二)挫折的转机

老子很早就提出:"祸兮福之所倚,福兮祸之所伏。"(《老子·五十八章》)这句话极富辩证哲理。"祸""福"在一定的条件下是可以相互转化的。一个意志坚强的人在处于祸福喜忧之中是不动心的。他在失败中总能寻找成功的因素,在成功时总能思虑危险的成分。"故达人当顺逆一视,而欣戚两忘。"

2022年3月9日,在北京冬残奥会残奥越野滑雪比赛中,中国代表团半小时内连得两金。一枚为杨洪琼所得,另一枚被郑鹏拿下,这是两人在本届冬残奥会上各自收获的第二枚金牌,郑鹏也因此成了中国冬残奥代表团历史上第一位"双金王"。

18岁时,郑鹏在某汽修厂做学徒,一次工作中的意外让他落下双腿残疾,不愿就此消磨人生的郑鹏在20岁时下定决心要成为专业运动员,报考了残疾人体校并开始接触滑雪运动。

2018年,在平昌冬残奥会上,郑鹏第一次参赛,获得了残奥越野滑雪男子坐姿15公里比赛第四名。为了站上领奖台,此后的四年,郑鹏每天坚持训练5至6个小时,克服一个个技术难点,最终大放异彩,包揽两金。[1]

罗兰说:"把你的苦难当作难得的经验,忍耐一时之痛去体会它,你将因为这些苦痛而比别人更了解人生。"是的,每一次磨难都是一次难得的人生阅历,它教我们练就坚强。

"中国天眼之父"——南仁东,辞去了日本国立天文台客座教授的职务,毅然回国参与祖国建设。为了给天眼选择合适的"家",南仁东跑遍了贵州的大小天坑,这一跑就是12年,直到2006年才找到了完美的台址。但当年我国落选了国际大射电国际合作项目。此时此刻,摆在眼前的路只有两条:要么放弃,要么争取国家立项自主建设。而自主建设,意味着我国必须自立承担全部的科研建设的投资,独立解决一切工程技术难题。为了推广天眼项目,他四处求人,为了省钱出差,跟人睡一张床的。屁股上长了个大疖子,疼了就坐在地上压着也不去医院,就怕去医院耽误时间,整个地板上血迹斑驳。他说:"我们没有退路,我们的国家也没有退路,我们只能从高科技当中冲出一条属于自己的路。"

2015年,天眼的索网终于胜利地完成了合拢。也就在那一年,南仁东病倒了,他被确诊肺癌晚期。半年后,南仁东回到了工地上,他一如既往地玩命工作,但是跟之前不一样的是,他不吃鱼了。问他为什么?他说,没有时间,没有时间去吐鱼刺了。2016年9月25号,经过了22年艰苦卓绝的努力,天眼落成启动,我国因此在天文研究领域达到了国际先进水平。依靠FAST项目,中国的科研人员先后发现了大量的脉冲星,得到了丰硕的研究成果。

大儒张载言:"贫贱忧戚,庸玉汝于成也。"面对人生中的种种挑战,应当坚持在危机中求变求发展的心态,将危机变为转机,将危机化解为人生向上的动力,在宏大理想的指引下一步步前行。

三、应对挫折的智慧

成功学大师卡耐基说,"苦难是人生最好的教育。"法国大作家巴尔扎克说:"苦难对于天才是一块垫脚石,对于能干的人是一笔财富,而对于弱者则是一个万丈深渊。""顺境显示高尚或邪恶,逆境显示坚韧或怯懦。"古今中外大量事实说明,伟大的人格

---

[1]　见曹嫒嫒、冷汐、杨琼、张晋:《奏响坚韧不屈的生命凯歌——北京冬残奥会运动员们背后的励志故事》,https://www.southcn.com/node_b5769d65fb/e87ddcfa69.shtml.

无法在平庸中养成，只有经历熔炼和磨难，愿景才会激发，视野才会开阔，最终走向成功。

其实，我们都不希望遭遇挫折，可当挫折到来时，是自暴自弃，还是勇敢地战胜挫折？生命哲学认为，人之生命作为有机体的存在，是过去、现在与未来的一条"流"。而人之生活作为有机体的感受，是当下存在的一个"点"。人之生活与生命虽然合一于人生，但两者的性质有着重大的区别，形成了相当紧张的关系。本来，生命是生活的基础，生活是生命的体现，两者应该完全合一。但是，在现实的人生中，生命表现为内在的，而生活是外在的；生命求的是稳定，生活求的是变化；生命是有机体的成长，而生活则是人生各种滋味的总和。于是，人之生命与生活实际上形成了一种内在紧张的关系，两者经常发生矛盾、摩擦、不一致等，这就是生命哲学中的"生命与生活紧张"的原理。

"生命与生活紧张"的原理提供给我们一种由"生活感觉"走向"生命存在"的方法，也就是说，要从生命的意义上去理解生活中的感觉。如果我们仅仅从生活的视角来看待与对待诸如挫折、痛苦与逆境，则往往无法超越，总是觉得生活太艰难了。因为这些人生中不好状态的出现几乎是必然且无法抗拒的。但是，如果我们从生活的感觉深入生命存在的层面，能够从生命的意义上去理解生活中的挫折与困难，那么，这些负面的状态就不过是我们人生积累经验的一个必经的过程而已。因为，如果把生活的感觉放到生命整个过程中去理解，各种生活的感觉都不过是生命过程中的一个环节、一个阶段而已。所以，我们若能够从生命的高度上理解当下生活中的困难、挫折，它们就转化成了促进我们人生成长的基础与因素。由此，我们便可以坦然地面对生活中的不顺与痛苦，并在生活与生命的互动中吸取经验与教训，不断地走向成熟。我们不需要为生活中"小利"的得失而斤斤计较，不再为一时的困难而举足不前，也不必为一时的成败或得意或沮丧。我们应站在一个更高的角度来看来理解人生的价值和生活中的现象，由"生命与生活的紧张"原理来树立一种正确地认识人生的积极心态，使我们在今后做人、做事时眼光更加长远，意志更加坚定，生活态度也能够更加豁达。

四、唤醒挫折里的复原力

2008年5月12日下午2点28分，北川中学高三学生代国宏和同学们被突如其来的大地震埋进了废墟。40多个小时后，代国宏被营救，但他却永远失去了双腿。

从小就喜欢体育的代国宏参加了省残联的运动员选拔，成为一名游泳运动员。没有了下肢，重心不稳的他在初期的训练中浮不起来，每次都是教练把他从池底抱上来。好强的代国宏没有认输，每天都花五六个小时泡在泳池里训练，先从上肢力量练起，一次次地划水，一次次地试验，坚持与刻苦让他从泳池里脱颖而出。

在2010年举办的全国残疾人游泳锦标赛上，代国宏一举夺得了百米蛙泳冠军和百米仰泳季军。代国宏在日记中写道："地震让我失去了双腿，但灾难的磨砺又让我长出了一对坚强的翅膀。"

代国宏的坚强乐观不仅给自己开辟了新的人生路,也深深感染着许许多多素不相识的人。一个名叫何珊的瑜伽教练来到了代国宏的身边,两颗年轻、勇敢的心灵碰撞出了爱情的火花。

　　"无腿蛙王"代国宏的故事告诉我们挫折、磨难也可以带来无可取代的宝贵经验,越来越多的研究发现:有磨难经验,而且能从当中走出来的人,他们的综合能力会提高。不仅如此,他们身上还会酝酿出几种成功的重要特质:能够迅速恢复精力、进步并成长;表现杰出,而且能维持表现;非常乐观;在必要时愿意冒险;有活力且坚强;能够敏捷地思考和解决问题;能够以创新的方法寻找解决之道。

　　那么,具体有哪些方法可以提升挫折里的复原力呢?

(一) 心理心态

　　遭遇挫折,要想一想、比一比、放一放、让一让。

　　想一想。经历挫折,换个角度讲,是对人的意志、决心和勇气的锻炼,也是对人综合实力的检验。失败乃成功之母,楚汉之争,刘邦屡败屡战,百折不挠,终于在垓下一战十面埋伏,将项羽打败。人是经过千锤百炼才成熟起来的,重要的是吸取教训,不犯或少犯重复性的错误。

　　比一比。与同乡、同学、好友相比,虽说比上不足,但可能比下有余。及时调整心态,不因小败而失信心,不因小挫而失锐气。要找出自己的优势和特长,想想是否都充分地发挥了;找找别人的长处,取长补短。人生转折点往往始于失败,失败会使人猛醒、冷静、理智和振作,使生命之帆重新扬起。

　　一位哲学家不小心掉进了水里,被救上岸后,他说出的第一句话是:"呼吸空气是一件多么幸福的事情。"空气,我们看不到,日常生活中也很少意识到,但失去了它,你才发现,它对我们是多么重要。据说后来那位哲学家活了整整100岁,临终前,他微笑着、平静地重复那句话:"呼吸是一件幸福的事。"言外之意,活着是一件幸福的事。

　　放一放。如果不是急事大事,索性放下不去管它,或许会有更清醒的认识、更合理的打算。重要的是把握好眼前的时光,莫让它白白流逝。必要时可放弃原来的打算,重新安排其他事情。有得必有失,想在方方面面都有建树很难,经过慎重选择后,得到时会心安理得,失去时会心甘情愿,没有紧张和焦虑,没有沮丧和失望。

　　飞速行驶的列车上,一位老人刚买的新鞋不慎从窗口掉下去一只,周围的旅客无不为之惋惜,不料老人毅然把剩下的那只鞋也扔了下去。众人大惑不解,老人却坦然一笑:"鞋无论多么昂贵,剩下一只对我来说就没有什么用处。把它扔下去就可能让捡到的人得到一双新鞋,说不定他还能穿呢。"老人看似反常的举动,体现了他清醒的价值判断,与其抱残守缺,不如果断放弃。这种坦然面对失去的豁达心态,令人顿生敬意,也令人深思。

　　让一让。常有这样的现象:狭窄的街口桥头,几辆汽车挤作一团,互不相让,谁也过不去。若有几辆车的车主懂得谦让,先退出来,则所有的车辆都可畅行无阻。人生也是这样,姿态低一些,眼光远一点,从长计议,不在一时一事上论长短,退一步海阔天高。

(二)方式方法

不良情绪的疏导,主要依靠自身进行。不良情绪的疏导方法很多,人们经常使用的有如下几种:

1. 痛哭

人在心情极不愉快时,以痛哭疏泄情绪,是一种心理保护措施。美国生化学家弗雷博士研究认为,人在哭泣时,眼泪可以帮助人将紧张、痛苦、悲哀时所产生的有害毒素排出体外,起到缓解心理紧张和痛楚的作用。弗雷博士认为,人在该哭的时候不哭,强把眼泪往肚子里咽,不让眼泪流出来,必然承受巨大的心理压力,会产生忧郁、苦闷、压抑、悲伤等消极情绪。如果这种不良情绪长期得不到合理且必要的宣泄,就会越陷越深而不能自拔,容易造成心理和人格损害。美学家朱光潜说:"从前我很疑惑何以剧情愈悲而读之愈觉其快意,近来才悟得这个泄与郁的道理。愁生于郁,解愁的方法在泄。"当然,哭不能没有,但也不能过度。

2. 怒吼

当内心压抑、心有不平时,会感到心中憋着一股气,不发泄出来不舒服。特别是遇到很大委屈,觉得肺都要气炸了。这时候,你可以走到旷野中向着大自然发出内心的呼喊。呼喊时要尽量吐露内心感到压抑的内容。怒吼宣泄有利于缓解人的心理压力。虽然怒吼来势凶猛,但也要尽可能注意理智。一般来说,怒吼以不伤害别人和自己为限度,不能无缘无故对他人破口大骂,也不能毫无节制任自己吼叫不休。有的人不注意场合、不考虑时间随意怒吼,过分情绪化,表现出其人格不成熟的弱点。

3. 倾诉

一个人遭受挫折和失败时,往往有许多委屈和苦衷,找志趣相投的知己朋友倾诉一番,一吐为快,也是一种很好地保持心理平衡的疏泄方法。美国一项官方研究成果表明,一个人如果有朋友圈子,就能长寿 20 年。足见朋友对个人生活的重要性。向朋友倾诉,听听朋友的见解,可以增强自我认识、完善个性,可以增强自我价值感和力量感,降低挫折感,缓解内心的冲突和苦闷。美国心理学家潘尼贝克说:"人们只要把他们最痛苦的经验诉诸语言或文字向别人倾诉,或是把它们写下来,但不拿给别人看——就可以大幅度减少他们身体的压力征兆,并且觉得比以前更快乐。"所以,当自己遇到挫折和失败时,不要孤独地沉浸在烦恼和忧愁之中,要勇于求助。不管遇到任何困难,一定会有能够帮助你的人。只要有人能倾听你说话,就会对你有所裨益。

4. 咨询

在充满压力和竞争的社会生活中,"苦恼人"越来越多。如果自身心理素质不良、心理社会支持系统不够,就有可能产生不同程度的心理障碍。可以说,任何人都无法完全避免剧烈的心理震荡。此时,可以寻找专业心理咨询人员寻求帮助。有的人不习惯心理咨询,自己情绪不良,不敢求医或羞于启齿。其实,我们需要转变求医求健的传统概念。现代社会健康包括身体健康和心理健康,一个人关心自己的心理健康是现代文明的体现,是维持身体健康所必需的环节。在现代社会,向医生、专家进行心理咨询是很普遍的,就像发热、咳嗽去看医生一样,并不是见不得人的事情。

5. 娱乐

早在战国时期的《吕氏春秋·古乐》篇中已有记载："民气郁阏而滞者,筋骨瑟缩不达.故作舞以宣导之。"这实际上就是采用娱乐活动疏导的方法。根据中医阴阳学说,对患者进行"辩证施乐",有阳刚性娱乐与阴柔性娱乐之分。凡能导致神经系统兴奋的娱乐活动,如舞蹈、唱歌等属阳刚性娱乐;凡能导致神经系统安谧的娱乐活动属于阴柔娱乐。舞蹈不仅仅是人生的一种直接的表达和呼唤,而且它本身就是人生存在的一种具体的方式,可以激发起人们深刻的审美意识和丰富的情感体验,对强化身心健康大有益处。唱歌从来就是解除紧张、激扬情绪的有效手段。选择适合自身的娱乐方式,可有效疏导挫折带来的不良情绪。

6. 郊游

许多人乐于投入郊外大自然的怀抱,调整一下自己的身心。在那里,寻觅一处净土,独处一块绿地,尽情地呼吸新鲜空气,能够享受欣赏自然美的无限情趣。郊游,是一种积极的身心调整。受到大自然潜移默化的熏陶,自然而然也就能够放松,生命更加潇洒。郊游,是一种生活的方式,一种高雅的文化,一种心情的放飞。尤其是作为大学生,一定要多走多看,体察万物的变化,拓宽自己的视野,这样人的精气神就不会拘泥于一地一物,而是能以更宽广的心胸和宏大的视角去求学求真。

7. 读书

当你遇到困难和挫折时,不妨读读历史、传记、游记、诗歌等各类书籍。在书籍的世界遨游时,你会渐渐把一切忧愁悲伤抛到九霄云外。读书是一种层次较高的文明的疏泄方法。赫尔岑指出:"书籍是最有耐心最能忍耐和最令人愉快的伙伴。在任何艰难困苦的时刻,它都不会抛弃你。"

8. 静思

以静思的方式疏泄心头的怒气、排解沉重的压抑,当情绪不佳时,或者冷静地反省自查,或者安静地回忆往事,或者沉静地闭目冥想,或者平静地散步沉思。冷静地反省自查,可以避免一时气盛、盲目冲动。凡事都要设身处地考虑一番,要是自己处于别人的处境会怎么对待,这样就会多一分理解,少一点遗憾,心头的怒气自然也就容易平息。老子言:"祸兮福之所倚,福兮祸之所伏。"在辩证的思考中看待问题,能够在一定程度上抵消挫败感。

综上,我们介绍了很多应对挫折的方式方法,其实最重要的是选择自己适合的方法。面对挫折,要学会发掘自身的生命能量,培养自己面对困难的勇气和坚强的意志;学会与他人建立联系,学会向他人求助,获得他人的支持与鼓励,在逆境之中不抛弃不放弃,唤醒挫折里的复原力,增强生命的韧性!

一位风烛残年的老渔夫一连八十四天都没有钓到一条鱼,但他仍不肯认输,而是充满着奋斗的精神,终于在第八十五天钓到一条身长十八尺,体重一千五百磅的大马林鱼。大鱼拖着船往海里走,老人依然死拉着不放,即使没有水,没有食物,没有武器,没有助手,左手抽筋,他也丝毫不灰心。经过两天两夜之后,他终于杀死大鱼,把它拴在船边。但许多鲨鱼立刻前来抢夺他的战利品。他一一地杀死它们,到最后只剩下一支折断的舵柄作为武器。结果,大鱼仍难逃被吃光的命运,最终,老人筋疲力尽地拖回一副鱼骨头。他回到家躺在床上,只好从梦中去寻回那往日美好的岁月。

老渔夫圣地亚哥在恶劣的环境下顽强地奋斗,看似最后一无所获,但人生道路上谁不会遇到一些挫折呢?人生的价值和意义就在于敢于行动,不做命运的奴隶,在体味挫折和逆境中获得新的成长和重生。只有经过生活的磨砺,才能立业成才。正如欧阳修所说:"轮曲揉而就,木直在中绳。坚金砺所利,玉琢器乃成。"未来的竞争是知识和能力的竞争,更是意志和品质的竞争。人生之路,机遇与挑战并存,成功与失败结伴而行。我们所应做的就是善待人生,向往追求成功,但丝毫也不惧怕失败。我们不一定能拥有一个个美丽的风景,但完全可以创造一个美好的心境,成为勇敢无畏的雄鹰展翅翱翔、搏击长空、逆风飞翔!

 聚焦提升

1. 挫折并不可怕,可怕的是一"挫"就"折"。
2. 挫折是人生最好的老师,它能激发出无限的生命潜能。
3. 世界上最富有的人,是跌倒最多的人;世界上最勇敢的人,是每次跌倒都能爬起来的人!
4. 所有的挫折其实都是让心灵成长和生命走向成熟的机会。
5. 感谢逆境、感谢挫折、善待自己、珍惜生命! 让我们的生存更为顺畅,我们生活更为幸福,我们的人生更加光明。

 思考感悟

1. 思考并分享自己克服挫折,增强生命韧性的方法。
2. 当别人遇到挫折,向你寻求帮助时,你打算怎么做呢?

 拓展延伸

1. 品读书籍

路遥. 平凡的世界[M]. 北京:北京十月文艺出版社,2012.

黄扬. 许我以微笑的问候[M]. 长沙:湖南文艺出版社,2013.

尼克·胡哲. 人生不设限——我那好得不像话的生命体验[M]. 彭蕙仙,译. 武汉:湖北教育出版社,2015.

2. 影视赏析

《潜水钟与蝴蝶》是由朱利安·施纳贝尔执导,马修·阿马立克、艾玛纽尔·塞尼耶、玛丽-乔西·克罗兹主演的剧情片。该片讲述了让·多米尼克·鲍比突发性血管疾病陷入深度昏迷,身体机能遭到严重损坏后用眼皮与世界交流的故事。影片于 2007 年 5 月 22 日在法国上映。

《跑吧,孩子》是由梁智强执导,李创锐等人主演的一部剧情片。影片讲述了阿坤决定要参加一次越野比赛,希望能得到鞋子作为奖品,要送给妹妹的故事。2003 年 08 月 07 日在新加坡上映。

《海蒂和爷爷》是阿兰·葛斯彭纳执导,阿努克·斯特芬、安娜·申斯、莉莲·奈福、布鲁诺·

甘茨、克里斯托夫·高格勒、昆林·艾格匹、丽贝卡·因德穆等主演的德国剧情电影。影片主要讲述天真善良、聪明可爱的 8 岁小姑娘海蒂(阿努克·斯戴芬饰演)被姨妈送到山上,跟性情古怪孤僻的爷爷(布鲁诺·甘茨饰演)住在一起的故事。该片于 2015 年 12 月 10 日在德国上映,2019 年 5 月 16 日在中国内地上映。

专题八

保健自强　珍爱生命

扫码查看
相关资料

> 健康之神不在天上,而在人间,它正是你本人。
>
> ——赫拉克利特①

 **专题导语**

　　健康,是人类发展史上的一个永恒话题,是从古至今人类神往且不断追求的共同目标。现今,健康不仅是人们在生活来往中互致问候时最常用的祝福语,同样是国家发展战略中必不可少的组成部分。习近平总书记指出:"人民的获得感、幸福感、安全感都离不开健康,要大力发展健康事业,要做身体健康的民族。"然而什么是健康,并不是每个人都能够全面正确理解。本专题将从"二维四重生命观"的视域去理解世界卫生组织所提出的"四维健康观",从而唤醒尊重身体的智慧,珍视生命的存在,维护生命的健康,学会生活,健康养生。

---

　　①　赫拉克利特(Heraclitus)是一位富传奇色彩的哲学家,是爱菲斯学派的代表人物。他出生在伊奥尼亚地区的爱菲斯城邦的王族家庭里。他本来应该继承王位,但是他将王位让给了他的兄弟,自己跑到女神阿尔迪美斯庙附近隐居起来。据说,波斯国王大流士曾经写信邀请他去波斯宫廷教导希腊文化。著有《论自然》一书,现有残篇留存。

知识地图

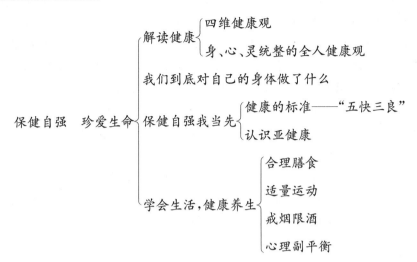

体验活动

动物狂想曲

伴随音乐按照指导语做动作:

屈:想象自己是一条蛇,为了躲避天敌而蜷缩身体。

伸展:想象自己是大象或是猴子,让肢体呈现不同的变化。

摆动:想象自己是一只企鹅,自然地让身体摆动。

讨论分享:

透过游戏进行身体的探索,你是否可以感受到自己肢体表达与身体的智慧?

理论学习

认识自己先要了解自己的身体,然后学习如何维护养护身体。《说文解字》中说:"人,天地之性最贵者也。""人"之所以为"天下贵",是因为人有"灵气",是采天地日月之精华、集阴阳五行之灵秀,并在宇宙万物亿万年的历史进化中形成之最优者。作为万物之灵的人,从呱呱坠地到撒手人寰,时刻离不开肉体的支撑,而肉体的健康状态决定了这一切。如果我们想幸福地生活在这个世界上,生儿育女,享受幸福美满的生活。那么唯一的解决方法就是维护健康,保养好身体这部"机器",并把握好健康知识这把"钥匙",自由地驾驶身体这辆"汽车",去爱家人、朋友及身边的人。从这个意义上讲,健康就成了一种责任。

一、解读健康

健康是什么？这可能是每个人都会思考的问题。从宏观上看,健康是促进人全面发展的必然要求,是经济社会发展的基础条件。实现国民健康长寿,是国家富强、民族振兴的重要标志,也是全国各族人民的共同愿望。从微观上看,健康,是生活质量的基础,是生命存在的最佳状态,是实现长寿的前提,是我们希望拥有的最重要、最宝贵的财富。基于不同的时期及医疗模式下,我们对健康也有不同的理解和诠释。比如19世纪人们认为没有"病"就是健康,身体胖就是没有病,这反映出人们片面地把躯体结构健全作为衡量人体健康的唯一标准。但随着时代的发展及人们观念的更新,对于健康的定义愈发细致且全面。

1978年,世界卫生组织在国际初级卫生保健大会上发表的《阿拉木图宣言》中重申:健康不仅是没有疾病或不虚弱,而且是身体的、精神的健康和社会适应良好的总称。该宣言指出:健康是基本人权,达到尽可能的健康水平,是世界范围内一项重要的社会性目标。

(一)四维健康观

1989年,世界卫生组织又提出了21世纪健康新概念:"健康不仅是没有疾病,而且包括躯体健康、心理健康、社会适应良好和道德健康的四维健康观。"在这里将道德修养纳入了健康的范畴可以诠释为,21世纪人类的健康应该是生理的、心理的、社会适应和道德的完美整合,这与"二维四重"的生命观完全吻合。

1. 生理健康

生理健康是指身体健康,就是人体的各个系统、组织、器官的功能正常,没有疾病,躯体无残缺,而且体能良好。古人认为:"人生有形,不离阴阳。"五脏为阴,六腑为阳,形成阴阳调和的有机整体。在新的健康观中,可以看出这里强调生理的健康水平与心理、社会适应和道德品质是相互依存相互促进的。生理健康是物质基础,心理健康与良好的社会适应,是在生理健康的基础上发展起来的,并反过来促进生理的健康,道德健康则是整体健康的统帅。

生理健康的新标准:

(1)有充沛的精力,能从容不迫地担负日常工作和生活,而不感到疲劳和紧张;

(2)积极乐观,勇于承担责任,心胸开阔;

(3)精神饱满,情绪稳定,善于休息,睡眠良好;

(4)自我控制能力强,善于排除干扰;

(5)应变能力强,能适应外界环境的各种变化;

(6)体重得当,身材匀称;

(7)牙齿清洁,无空洞,无痛感,无出血现象;

(8)头发有光泽,无头屑;

(9)反应敏锐,眼睛明亮,眼睑不发炎;

(10)肌肉和皮肤富有弹性,步伐轻松自如。

2. 心理健康

心理健康是指一个人能够适应发展着的环境,具有完善的个性特征,并且其认知反应,情绪反应,意志行为处于积极状态,有较好的自控能力,且能保持心理上的平衡,能自尊、自爱、自信而且有自知之明。

《黄帝内经》中将"以恬愉为务"作为心理养生的一条重要标准,"恬愉"即喜悦、和悦。心理健康是由多方面因素决定的,衡量心理健康水平也要从多方面进行思考。马斯洛和密特尔曼提出心理健康的十条标准:

(1)是否有充分的安全感;

(2)是否对自己有较充分的了解,并能恰当地评价自己的能力;

(3)自己的生活和理想是否切合实际;

(4)能否与周围环境保持良好的接触;

(5)能否保持自身人格的完整与和谐;

(6)是否具备从经验中学习的能力;

(7)能否保持适当和良好的人际关系;

(8)能否适度地表达与控制自己的情绪;

(9)能否在集体允许的前提下,有限度地发挥自己的个性;

(10)能否在社会规范的范围内,适度地满足个人的基本需求。

国内许多学者,如中国著名心理学家王极盛、樊富珉、王效道、李百珍教授等都提出了心理健康的标准。其标准的共性特点有以下几方面:

(1)要了解自我、接纳自我,能体验自我存在的价值;

(2)要正视现实、接纳他人;

(3)能协调好各种关系、有良好的自制力,情绪健康,对自己的情绪、情感、思维等心理活动具有良好的自我控制和调节能力,从而维持整个机体功能的协调,心境良好;

(4)精力充沛,积极向上的、有现实的人生目标;

(5)要有强烈的责任感,对社会有责任心;

(6)要心地善良,对他人有爱心;

(7)良好的适应能力。

(8)反应适度、心理特点符合年龄。

以上是心理健康的主要特征,但是心理健康并非是超人的非凡状态,只要在生活实践中,能够正确认识自我,自觉控制自己,正确对待外界影响,使心理保持平衡协调,就已具备了心理健康的基本特征。

3. 社会适应健康

社会适应健康表现为积极参加社会实践,正确地认识社会的发展变化,积极地适应社会的发展变化。[①] 范仲淹曾言:"不以物喜,不以己悲。"不论是对内自省还是对

---

① 刘靖南、王家林、谢翔:《体育文化与健康教程》,广西师范大学出版社,2007年版,第73页。

外求索都需保持淡然平静的心态。

社会适应健康标准有两方面的诠释。一是以人的心理和行为是否严重违背社会公认的道德规范和行为准则为标准。如果一个人的心理活动和行为表现与一定社会公认的道德规范和行为准则相比较,显得过于离奇,不相适应,不为常人所理解和接受,对其本人的身心健康和社会生活产生不良影响,那么这个人的心理和行为就被认为是异常的、不健康的。比如,一个成年人在大庭广众之下赤身裸体、欣喜若狂、手舞足蹈,其心理和行为与其年龄、身份和社会规范明显不符,而其本人却不以为然,完全没有羞耻感,这就是心理异常的表现。二是以某个人一贯的心理活动和行为表现为依据。比如,一个人一向乐观开朗、活泼好动,然而在一个时期突然变得郁郁寡欢、沉默少语,甚至绝望轻生;或者相反,一向沉默寡言,喜静不喜动,突然一反常态,变得十分活跃,表现欲望十分强烈、夸夸其谈、口若悬河、自我感觉良好,如此等等都表明这个人的心理和行为发生了异常的变化,是病态心理。

社会方面的健康主要体现在个体的社会适应能力上,良好的社会适应需具备以下条件。

(1)和谐的人际关系。人具有社会属性,人生活在社会中,就要善于与人友好相处,助人为乐,建立良好的人际关系,心情愉快地进行各项社会活动,在取得成绩时使自己感到欣慰。相反,一个性格孤僻、情绪不稳、心胸狭窄、富有敌意的人,不仅自己心情不快,生活乏味,而且还会给他人造成不良影响。

(2)能恰当地承担自己的社会角色和社会职能。人的一生中,在不同时期,不同场合,不同工作岗位上,都扮演着不同社会角色并履行相应的社会职责。例如,一个中年男子在家里是丈夫、父亲,有关心妻子、养育孩子的义务;在工作岗位上可能是工人、农民、军人、医生、教师等,分别有做工、种田、站岗放哨、治病救人、教育学生等职责。相反,一个在家里没有家庭责任感、在社会上游手好闲、无所事事的人肯定不是健康的人。

(3)正常的社会承受能力。在现实社会生活中,不可避免会遭受一些令人不愉快的事件,如自然灾害、家庭不幸、工作变动、事业受挫等等。对于这些,人人都会产生焦虑和不安。但有较强承受能力的人能够理性对待,在较短时间内调整过来,恢复到正常的心理状态。相反,一个社会承受能力较差的人可能因此而产生严重的心理压力,出现心理障碍或精神疾病。

4.道德健康

道德健康主要指能够按照社会道德行为规范准则约束自己,并支配自己的思想和行为,有辨别真伪、善恶、美丑、荣辱的是非观念和能力。把道德纳入健康范畴是有科学依据的。医圣孙思邈指出:"性既自善,内外百病皆悉不生,祸乱灾害亦无由作,此养性之大经也。"一般来说,品行善良,心态淡泊,为人正直,心地善良,心胸坦荡者,则心理平衡,有助于身心健康。良好的心理状态,能促进人体内分泌更多有益的激素、酶类和乙酰胆碱等,这些物质能把血液的流量、神经细胞的兴奋度调节到最佳状态,从而增强机体的抗病力,促进人们健康长寿。而有违于社会道德准则,胡作非为者,则会导致心情紧张、恐惧等不良心态,有损健康。据测定,这类人很容易发生神经系统和内分泌系统功能失调,其免疫系统的防御能力也会减弱,最终会在各种身心疾病的折磨下早衰或者早亡。因此,做一个道德完善的人,必然心理健康、心地善良、心态安定,也就能与社会和谐、家庭和睦,适应社会的变化,达到"仁者寿"的生活目的。

综上所述,世界卫生组织提出的健康新概念,明确了所谓健康不仅仅是不得病,还应包括心理健康以及社会交往方面的健康。从这个新概念上可以看出,健康是多维的,由过去单一的生理健康(一维)发展到生理、心理健康(二维),又发展到生理、心理、社会良好(三维),再发展到生理、心理、社会良好、道德完善(四维),这里的四维健康新概念就是当代人们应具备的新的健康意识。

(二)身、心、灵统整的全人健康观

身、心、灵,三个字的字面意义分别是:"身",指躯体;"心",即心理,主要指情绪;"灵"主要指精神或精神状态,即人的意识、思想、思维活动等。"身、心、灵"作为一个整体,具有两层含义,其一是指"身、心、灵"三个层面,也就是说,该模式是在这三个层面上进行介入为主要形式;其二,指三者之间存在的互动关系,即该模式的目标是促进"身、心、灵"三者关系的良性发展,进而实现全人健康的目标。

身、心、灵,在全人生命教育中注重的是三个方面的统一与和谐,把人看作是身心灵的统合体,以寻求整体健康与精神成长。身、心、灵的本质就是自我、本我和超我。而"身、心、灵"健康包括身体健康、心理健康和精神灵性健康。心理健康和精神健康有着密切的关系。心理与思想是人的精神活动,是人脑对客观外界的反映。

在社会生活中,一个人的心理健康水平容易受到思维活动和各种观念的影响,而良好的自我意识、理性的思维习惯和坚定、乐观的人生目标则是保障心理健康的内在基础。身心灵理论认为,精神健康的人是一个自尊感高、可以自我完善、能与大自然融合、能感受生命喜悦,并能建构有意义人生目标的人。

生命教育的视野下的全人健康目标是指,第一,"身"层面的目标:健康地活着、快乐地活着、有希望地活着,延展生命的长度。第二,"心"层面的目标:实现自我同一、实现自我价值、实现人我和谐,拓展人文素养,扩充生命的宽度。第三,"灵"层面的目标:学会赋予生命意义、建构正向价值系统、确立积极人生信念信仰。提升人格,增加生命的高度。

二、我们到底对自己的身体做了什么?

请观看《于娟——活着就是王道》视频(扫描本专题二维码获取)。于娟,女,出生于 1978 年,上海复旦大学青年教师。2009 年 12 月确诊患乳腺癌后,写下一年多病中日记,在日记中反思生活细节,并发出"在生死临界点的时候,你会发现,任何的加班(长期熬夜等于慢性自杀),给自己太多的压力,买房买车的需求,这些都是浮云。如果有时间,好好陪陪你的孩子,把买车的钱给父母亲买双鞋子,不要拼命去换什么大房子,和相爱的人在一起,蜗居也温暖"的感叹,引起网友关注和热议。2011 年 4 月 19 日凌晨三时许,于娟辞世,留下 70 多篇癌症日记。

讨论分享：

1. 谈一谈看过视频后你的感悟是什么？

2. 你是怎样看待生命与健康的？你现在有哪些不健康的行为呢？

3. 为什么我们要保健自强我当先呢？

感受于娟用生命写下的文字，相信我们都会意识到，原来疾病不是老年人的专属，即便你再年轻，如果肆意地透支健康的话，后果依然是不堪设想的。

我们总会轻易地将某些事情归结于意外，却不知道很多意外其实都是积攒已久的突然爆发。我们总在奋不顾身的时候，忘记其实活着比什么都重要。生命，有时候脆弱的就像一个彩色的泡沫，可能你一不小心，它就破了，再也回不去原样。

有人用数字来形容健康与人们所追求的东西的关系，即"1+0 定律"：我们把一个人的健康比作 1，一个人的妻子为 0，孩子为 0，房子为 0，车子为 0，位子为 0，票子为 0，前途为 0，事业为 0⋯⋯当你健康的时候，1 的大旗高高飘扬，1 和 0 可以组成 1 000，10 000，100 000。假如有一天健康的大旗倒了，没有 1，就一切归 0 了。所以说：健康虽不是一切，但失去了健康就失去了一切。

生命对于每一个人只有一次，因此生命才如此的弥足珍贵！如若，以个体生命的出生与存活为前提的话，那么，自我生命的长度和厚度，质量和品质，则应以健康、安宁、丰厚为主要前提。然而，我们总是渴了才喝水，困了才睡觉，累了才歇息，病了才医治，我们把自己身体的新陈代谢、饮食起居完全建立在非理性的主观渴求的基础之上，而每当家人或自己遭遇疾病，便慌乱紧张、束手无策，惯性地将家人或自己的生命健康交付给并不完全了解病因的医生，完全放弃了自己对自己生命健康的责任。我们习惯于信赖药物、信赖手术、信赖医生，平日里却不肯拿出一点点时间来了解自己的生命与健康。陶行知说："忽略健康的人，就等于在与自己的生命开玩笑。"自认为年轻的我们是否做出了很多伤害自己身体，透支健康的行为？

（一）破坏健康的行为

1. 网瘾问题

网瘾，是指在无成瘾物质作用下对互联网使用冲动的失控行为，表现为过度使用互联网后导致明显的学业、职业和社会功能的损伤。随着互联网对人们生活的影响力加深，人们越来越依赖网络。2020 年中国互联网网络信息中心发布的《中国互联网络发展状况统计报告》上显示：目前网民人均每周上网时长达 30.8 小时，其中学生占有率达到 26.9%。大学生网民作为学生网民的绝大部分，大学生网络成瘾的人数比例也远高于其他年龄阶段网络成瘾的人数比例。

判断网瘾的标准主要是两点：一是依赖症状。生活中对网络形成过度依赖，不分时间、场合频繁使用，对正常生活、学习、工作造成较严重的干扰及影响；二是依赖戒离症状。一旦在某时间段离开网络，即会出现一系列心理和生理上的不适应，严重时甚至出现情绪烦躁、手脚发麻、心悸、头晕、出汗等过度紧张的表现。

一位在大学玩游戏的"高手"说："本人玩了 7 年的网络游戏，现在想起来很后悔的。在游戏里我没有获得任何知识，没有提高任何能力，现在看来游戏中有过的快乐比起失去的青春年华一文不值。对于现在仍然沉迷于游戏的大学生来说,可能我怎么说你也不会觉醒。但当你醒来的那一天你会发现,从前自信满满的你依然停留在那个时候,而时光已经不能挽回。"

2. 吸烟问题

"大学生吸烟越来越多,控烟形势很严峻。"有研究团队对国内 5 所高校的 782 名学生进行匿名调查,结果显示高校大学生的吸烟率为 18.2%。另有研究显示,在大学生吸烟行为中,28% 为缓解压力,17% 为社交需求,13% 为周围影响,13% 为精神依赖,11% 为感情影响,11% 为好奇心理,6% 为追赶潮流。很多人不认为吸烟会对身体带来太多的伤害。然而,事实并非如此。

根据世界卫生组织报告,每 3 个吸烟者中就有 1 个死于吸烟相关疾病,吸烟者的平均寿命比非吸烟者缩短 10 年。烟草对健康的危害已经成为当今世界最严重的公共卫生问题之一。我国现有吸烟者逾 3 亿,迫切需要对烟草危害加以预防。每年因吸烟相关疾病所致的死亡人数超过 100 万,因二手烟暴露导致的死亡人数超过 10 万。

大学阶段的我们人体各系统器官尚未完全成熟,对环境中有害因素的抵抗力较弱,香烟烟雾中有害物质微粒容易达到细支气管和肺泡,毒物容易被吸收,人体组织受损害会比较严重。大学生过多吸烟会感到精力不集中,出现头痛、头昏现象。久而久之,大脑受到损害,使思维变得迟钝,记忆力减退。俞锋医师认为:"大学生神经系统长期受到尼古丁毒害,最主要表现是精神萎靡。"

同时,香烟烟雾中含有多种已知的致癌物,有充分证据表明吸烟可以导致多种恶性肿瘤,还会导致呼吸系统和心脑血管系统等多个系统疾病。吸烟还会引起骨质疏松,吸烟者骨量丢失率约为正常人的 1.5—2 倍,吸烟对肾上腺皮质及性激素的代谢都会有所改变,吸烟还可以使钙的吸收减少。而尼古丁能破坏血管内皮细胞完整性,并增加血液黏稠度,导致血压升高、心跳加快、动脉硬化、中风或心肌梗死等疾病。

3. 饮酒问题

世界卫生组织 2018 年报告显示,饮酒依然是一个非常严重的公共卫生问题,其导致的全球疾病和损伤比例达到 5.1%,且在 20—39 岁青年群体的死亡和残疾案例中,13.5% 与酒精使用有关。按照饮酒者日均酒精摄入量≥15g 定义为过量饮酒,2015—2017 年数据显示,中国男性和女性饮酒者过量饮酒量分别为 56.8% 和 27.8%。研究者发现,饮酒在大学生健康危险行为中排第一,其发生率达到了 58.49%。

4. 饮食问题

没有了早起的要求,大学中"流行"着晚上睡得晚、早晨起得迟的现象。来不及吃早饭便去上课,在课间饿的时候随便买些饼干、方便面之类的零食充饥的情况比比皆是。有的大学生索性不吃早饭,养成了常年不吃早饭的不良习惯,还有男生暴饮暴食。小刘是南京某高校的一名在校大学生,平日的课程并不十分紧张,生活相对自由。他认为自己在校期间睡醒了吃,吃完了玩,玩累了睡,想干什么干什么。就这样,小刘从入校时一个阳光帅气的少年,慢慢变成了一个慵懒的胖子。但这似乎没有引起小刘的在意,仍然暴饮暴食。有一次,小刘正准备参加体育课 1000 米跑测试,可仅仅做了简单的准备运动后小刘便大汗淋漓,捂着胸口疼痛难忍,然后突然晕倒在地。老师同学见状赶紧拨打了 120,将小刘送到了江苏省中医院。心内科主任王振兴判断小刘为急性心肌梗死,随后制订了精细的治疗方案。经过治疗,小刘病情趋于稳定,醒来后的小刘感觉自己像做了一场梦,不知道怎么回事自己就躺在了医院,而且得的是"老年病"——心肌梗死。

大学生正处于长身体的关键时期,对营养的需求比其他人都多,因此平衡营养与膳食显得尤为重要。一旦违反了正常的饮食规律,将会严重伤害自己的身体。

5. 睡眠问题

马尔克斯在《百年孤独》里写道:"失眠症是时疫性疾病。"目前全球 27% 的人存在不同程度的睡眠问题,而我国约有 4 亿多人受睡眠问题困扰。2016 年《中国大学生睡眠质量调研报告》显示,超过四分之三的大学生对自己的睡眠质量评分低于 80 分,37.75% 的大学生半夜十二点依然未休息,仅 17.83% 的大学生睡醒后感觉精神状态良好。这里存在的问题值得反思,在高中时学生们的作息时间都很规律,但上了大学之后,随着可支配的时间增多,很多人一时间无法合理分配。一些宿舍玩游戏经常到凌晨,看电影、开卧谈会的情况比比皆是,然后第二天上午逃课睡觉,长此以往,形成恶性循环,导致学业和健康均得不到保障。更为关键的是,一些研究数据说明睡眠时长和抑郁症存在关联。一项加拿大的研究表明,较短睡眠时间是大学生尤其是导致女生抑郁症状的一个非常高危因素。

6. 过劳问题

英国科学家贝弗里奇说:"疲劳过度的人是在追逐死亡。"从医学上解释"过劳死"是因为工作时间长,劳动强度加重,心理压力大,存在精疲力竭的亚健康状态,由于积重难返,将突然引发身体潜在的疾病急性恶化,救治不及时而引发猝死。根据国家心血管病中心发布的《中国心血管病报告 2018》数据,我国每年猝死人数高达 55 万,而医院外发生猝死的救治成功率仅有 1% 左右。尤其随着中青年社会群体"内卷化"日益严重,时常会在媒体上见到猝死的报道。

以上列举的 6 种生活方式,显然是不健康的,但却在人们的生活中或多或少存在着,且长期未得到重视。如任由其继续的话,将对我们的生命造成多么大的威胁?

三、保健自强我当先

一直以来,联合国世界卫生组织不断在倡导健康医学观念,并于 1996 年宣布:"21 世纪的医学不能继续以疾病为主要研究领域,而应该以人类的健康为主要研究方向。"

20 世纪 90 年代在美国召开的"医学目的的再审查"会议指出:"世界性的医疗危机,是源于近代医学模式造成的长期以来技术统治医学的结果。如果说 21 世纪的医学将如何治愈疾病转向如何维护健康,那么我们是否也应该不再作为一个健康的旁观者,而要肩负起对自我健康管理的责任呢?"

那么,健康的标准又是什么呢?

(一)健康的标准——"五快三良"

1."五快"

食得快。吃饭时有很好的胃口,不挑剔食物,食欲与进餐时间基本一致,这证明内脏功能正常。

便得快。有便意时,能很快地排泄大小便,且感觉轻松自如,身体有一种良好的感觉,说明胃肠功能良好。

睡得快。晚间有自然睡意,上床能很快入睡,而且睡得很深。醒后头脑清醒,精神饱满。

说得快。说话流利,语言表达正确。说话内容有中心,合乎逻辑,能根据话题随机应变。

走得快。行动自如、协调,迈步轻松、有力;转体敏捷,反应迅速,动作流畅。

2."三良"

良好的个性。性格温和,言谈举止得到别人的认可,能够在适宜的环境中充分发挥自己的个性特点,没有经常性的压抑感和冲动感,意志坚强,自我发展目标明确,工作、学习具有自觉性和持续性。

良好的处世能力。看问题客观、现实,具有自我控制能力,与人交往的行为方式能被大多数人所接受。

良好的人际关系。有与他人交往的愿望,有选择地交朋友,珍视友情,尊重别人的人格。

(二)认识亚健康

亚健康状态是机体介于健康与疾病之间一种生理功能低下的特殊状态,是机体尚无器质性病变仅有某些功能性改变的"灰色状态",或称"病前状态"、亚临床潜病期等。

过去人们认为亚健康主要发生于高压力的职业人群,但现有的研究显示青少年作为社会中的一个特殊群体,已成为亚健康的高发人群。亚健康不仅会引起机体免疫功能下降,影响工作和学习效率,更是多种成年期慢性疾病的病前状态,影响健康甚至寿命。

以下是"十大亚健康症状",当你的身体出现类似信号,请不要忽视:

(1) 精神紧张,焦虑不安;(2) 记忆闭塞,熟人忘名;

(3) 精力下降,动作迟缓;(4) 头昏脑涨,不易康复;

(5) 腰酸背痛,此起彼安;(6) 味觉不灵,食欲不振;

(7) 便稀便秘,腹部饱胀;(8) 胸痛胸闷,心区压感;

(9) 心悸心慌,心律不齐;(10) 不易入眠,多梦易醒。

四、学会生活,健康养生

生命教育不仅要关注生命本身,还要关心生存能力培养和生存品位的提升,即学会生活,做到生活安排合理和科学。世界卫生组织指出:健康长寿的影响指数中,遗传占15%、社会占10%、医疗占8%、气候占7%、自我保健占60%。人类正面临健康危机,内因及遗传因素所占的作用并不是主要的,只占15%—20%,80%—85%的外因造成的。外因可以调控,用科学的生活方式来应对,确保机体处于健康状态。

世界卫生组织针对严重影响人们健康的不良行为与生活方式,提出了健康四大基石的概念,并指出如果做到这四点,便可解决70%的健康行为问题,使平均寿命延长10年以上。健康的四大基石是:合理膳食、适量运动、戒烟限酒、心理平衡。2016年,中共中央、国务院印发《"健康中国2030"规划纲要》,提出了今后15年我国推进"健康中国"建设的行动纲领,其中也体现了四大基石的相关内容。

(一)健康的四大基石

1. 健康第一基石:合理膳食

全球疾病负担研究显示,不合理的膳食是中国人疾病发生和死亡的最主要因素。中国营养学会对我国第四版《中国居民膳食指南(2016)》进行修订。中国居民平衡膳食宝塔(2022)和中国居民平衡膳食餐盘(2022),阐释了平衡膳食的主旨思想和食物组成结构,利用塔形和太极图形,很好地突出了中国文化特色和平衡理念,也方便大众记忆和理解。膳食指南包括以下八条:① 食物多样,合理搭配;② 吃动平衡,健康体重;③ 多吃蔬果、奶类、全谷、大豆;④ 适量吃鱼、禽、蛋、瘦肉;⑤ 少盐少油,控糖限酒;⑥ 规律饮食,足量饮水;⑦ 会烹会选,会看标签;⑧ 公筷分餐,杜绝浪费。

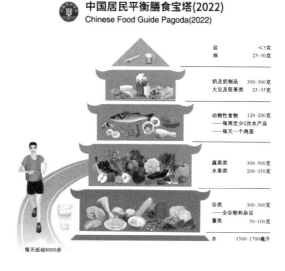

图8-1 中国居民平衡膳食宝塔(2022)

膳食宝塔共分五层,包含每天应摄入的主要食物种类,利用各层位置和面积的不同反映了各类食物在膳食中的地位和应占的比重。谷薯类食物位居底层,每人每天应摄入谷薯类食物250 g—400 g。蔬菜和水果居第二层,每天应摄入300 g—500 g和200 g—350 g。畜禽、水产、蛋类等动物性食物位于第三层,平均每天摄入总量120 g—

200 g。奶及奶制品、大豆及坚果类食物合居第四层,每天应吃相当于 300 g 液态奶的奶类及奶制品和 25 g—35 g 的大豆及坚果类制品。第五层塔顶是烹调油和食盐,成人每天烹调用油 25 g—30 g,食盐不超过 5 g。新的膳食宝塔图把饮水、零食及饮料膳食列入,使内涵更加丰富全面,强调每人每天饮水量应在 1 500 ml—1 700 ml,要求成年人每天进行累计相当于步行六千步以上的身体活动。

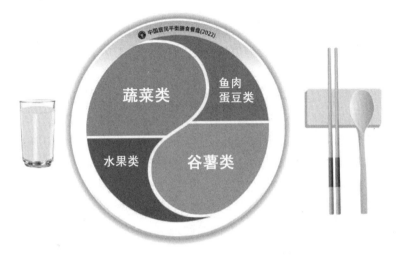

图 8-2　中国居民平衡膳食餐盘(2022)

中国居民平衡膳食餐盘(2022)是按照平衡膳食原则,描述了一个人一餐中膳食的食物组成和大致比例。餐盘更加直观,一餐膳食的食物组合搭配轮廓清晰明了。餐盘分成 4 部分,分别是谷薯类、动物性食物和富含蛋白质的大豆及其制品、蔬菜和水果,餐盘旁的一杯牛奶提示其重要性。此餐盘适用于 2 岁以上人群,是一餐中食物基本构成的描述。

与膳食平衡宝塔相比,平衡膳食餐盘更加简明,给大家一个框架性认识,用传统文化中的基本符号,表达阴阳形态和万物演变过程中的最基本平衡,一方面更容易记忆和理解,另一方面也预示着一生中天天饮食,错综交变,此消彼长,相辅相成的健康生成自然之理。2 岁以上人群都可参照此结构计划膳食,即便是对素食者而言,也很容易将肉类替换为豆类,以获得充足的蛋白质。[①]

2. 健康第二基石:适量运动

动则有益,贵在坚持。大学生正处在人生经历中最为重要的阶段,此阶段是各种生活习惯养成的关键时期,良好的运动习惯可以增强体质和及早预防慢性病的发生。选择适合自己的运动方式、强度和运动量,减少运动风险。鼓励每周进行 3 次以上、每次 30 分钟以上中等强度运动,或者累计 150 分钟中等强度或 75 分钟高强度身体活动。日常生活中要尽量多动,达到每天 6 000—10 000 步的身体活动量。一次完整

———————————

① 可参见,中国营养学会:《中国居民平衡膳食宝塔、餐盘(2022)图示修订和解析说明》,http://dg.cnsoc.org/article/04/ya2PbmF0S_CNY0z_Vd9HGQ.html。

的运动包括准备活动、正式运动、整理活动。同时,减少久坐时间,每小时起来动一动,尤其是课间,在教室内外进行简单活动。吃动平衡,让摄入的多余能量通过运动的方式消耗,达到身体各机能的平衡。

2018年国家体育总局发布并推广《全民健身指南》,针对不同人群、不同健身目标给予科学健身指导。其中建议,以"三二一"的运动原则规划运动健身:"三"是指一周的运动安排中应该包括有氧运动、力量练习和牵拉练习三种运动方式,一次运动安排中可进行一种运动方式,也可以安排多种运动方式;"二"是指运动强度以中等强度为主,身体条件好的人,可以做大强度运动;"一"是指每天运动一小时左右。

3.健康第三基石:戒烟限酒

烟和酒作为影响人身体健康的两大杀手,是我们生命成长过程中的重要障碍。尤其是作为未来的教师,要充分了解吸烟和二手烟暴露的严重危害。不吸烟者不去尝试吸烟。吸烟者尽可能戒烟,戒烟越早越好。同时,在禁止吸烟场所劝阻他人吸烟,依法投诉举报在禁止吸烟场所吸烟行为,支持维护无烟环境。

要充分了解过量饮酒的危害,用科学、理性的态度面对饮酒问题,严格控制饮酒次数,每月限制饮酒数量,着重于提高饮酒质量,而不是简单地追求刺激情绪和片面地满足社交需要,避免出现劝酒、拼酒、醉酒的现象。

4.健康第四基石:心理平衡

心理平衡是指一种良好的心理状态,即能够恰当地评价自己,能够应对日常生活中的压力,有效率地工作和学习,对家庭和社会有所贡献的良好状态。保持平常心,人就会心情舒畅,人脑就会分泌出增强体质的益性荷尔蒙——β-内啡肽,心情烦闷则会产生影响健康的毒性荷尔蒙。所以心理平衡是我们保健最主要的措施。

学会使用科学的方法缓解压力。保持乐观、开朗、豁达的生活态度,合理设定自己的目标。世界上没有最差的处境,只有最坏的心情。《老子》中提到"祸兮,福之所倚;福兮,祸之所伏。"我们要汲取先贤的这种文化基因,调整心态,做三乐之人。一要助人为乐,二要知足常乐,三要自得其乐。要善待自己,享受工作和生活,全面了解自我、悦纳自我。人无完人,不要过分苛责自己。正确认识重大生活、工作变故等事件对人的心理造成的影响,学习基本的减压知识,学会科学有益的心理调适方法。

合理膳食、适量运动、戒烟限酒、心理平衡,这四大基石缺一不可。可口可乐总裁Brain Dyson曾说:"生活如同一项掷球比赛。你的双手必须轮流抛掷工作、家庭、健康、朋友与心灵五颗球,不能让任何一颗落地。而五颗球中,工作是一颗橡皮球,掉下去会再弹起来。而另四颗球——家庭、健康、朋友与心灵都是玻璃做的,落下就会破碎。"重要的是健康还是一种责任,对社会,对群体,对家庭,对自己要全面地负责任,请你认识健康、保护健康、提升健康、快乐生活。

 聚焦提升

1. 从二维四重生命观看现代四维健康观,知晓个人保健的目标与责任。

2. 从四维健康的标准中,看到健康生活行为方式养成的重要性。

3. 透过网瘾、吸烟、酗酒、过劳等不健康生活案例分析,深刻理解"1"与"0"的关系。

4. 保健自强,健康养生,健康管理,是我们的责任,更是我们必备的能力。

 思考感悟

1. 根据"亚健康状态自评表(SRSHS)"进行自测。

序号	题目	没有	轻度	中度	偏重	严重
1	近来时常觉得打不起精神,对什么都没有兴趣	1	2	3	4	5
2	近来常有恐慌之感,似乎有灾难要发生	1	2	3	4	5
3	后背痛,肌肉酸痛	1	2	3	4	5
4	日子过得挺灰暗,常感到压抑	1	2	3	4	5
5	心跳得厉害,呼吸也不顺畅	1	2	3	4	5
6	工作1小时后,就感到身体倦怠,头脑也变得迟钝	1	2	3	4	5
7	不想面对同事和上司,有逃避的愿望	1	2	3	4	5
8	工作感受不到乐趣和成就,完全成了一种负担	1	2	3	4	5
9	睡眠质量差,且早上起床后仍感到头脑昏沉	1	2	3	4	5
10	工作效率下降,上司已表示了对你的不满	1	2	3	4	5
11	食欲减退,即使符合自己胃口的饭菜,也感到索然无味	1	2	3	4	5
12	常感到疲惫,渴望休息,通过休息也难以恢复	1	2	3	4	5
13	体重明显减轻,早上起床后常是眼眶深陷,下巴突出	1	2	3	4	5
14	熟悉的工作感到困难重重,自己也感到什么地方出了毛病	1	2	3	4	5
15	不再热衷于朋友的聚会,以至于许多好朋友长时间不来往	1	2	3	4	5
16	早上起床后,有持续的头发掉落,近期经常如此	1	2	3	4	5
17	感到火气很大,一脸愤愤不平的样子	1	2	3	4	5
18	手脚总是冰凉的	1	2	3	4	5
19	昨天想好的事,今天怎么也想不起来了,这样的事近来总发生	1	2	3	4	5
20	常怀疑自己的能力,不敢尝试新事物,对他人的成功则是既羡慕又嫉妒	1	2	3	4	5
21	社会发展得太快,感到无所适从,认为时代已将自己抛弃	1	2	3	4	5

（续表）

序号	题目	没有	轻度	中度	偏重	严重
22	性欲减退,对配偶的亲昵动作无动于衷,暗自怀疑自己的性能力	1	2	3	4	5
23	感到孤独,满腹的心事,却找不到倾诉的对象	1	2	3	4	5
24	感到自己挺可怜,希望有人能保护自己	1	2	3	4	5
25	事情一多就感到心情烦乱,有应付不了的感觉	1	2	3	4	5
26	配偶和孩子对自己不满意	1	2	3	4	5
27	生活没有了激情,很少碰到使自己开心的事,整日茫然地过日子	1	2	3	4	5
28	容易感冒,流感一来,自己必感冒	1	2	3	4	5
29	对城市的污染、噪声、拥挤非常敏感,实在难以忍受,渴望清静	1	2	3	4	5
30	感到事情变得很糟糕,且看不到改善的征兆	1	2	3	4	5

评分标准:

较完满状态:30—39 分

亚健康状态:40—69 分

轻度亚健康状态:40—49 分

中度亚健康状态:50—59 分

重度亚健康状态:60—69 分

疾病状态:70 分以上

2. 拟订《个人保健计划书》,请尝试从以下七个方面来设定增进健康的行动计划书(饮食习惯、运动项目与计划、健康检查时间表、生活方式与态度、抗压方法、用药习惯、其他)。

 拓展延伸

1. 书籍品读

于娟. 此生未完成[M]. 武汉:湖南科技出版社,2011.

中国营养学会. 中国居民膳食指南(2022)[M]. 北京:人民卫生出版社,2022.

威廉·李. 吃出自愈力[M]. 路旦俊,蔡志强,译. 长沙:湖南科技出版社,2021.

2. 影视欣赏

《超码的我》(原名:Supersize Me),由美国导演摩根·斯普尔洛克执导的纪录片,此片是斯普尔洛克执导的第一部电影作品,此前他一直从事节目策划和编剧工作,并获得第24届圣丹斯电影节纪录片的导演奖。片中他以自己的身体当成白老鼠做实验,连续30天,三餐只能吃麦当劳所卖的食物。让我们看到了虽然放大但依然惊人的快餐恶果。选择的权利在你,但你有权知道后果。

扫码查看
相关资料

专题九

责任担当　厚重生命

> 　　有责任的人生是美好的，每一分每一秒，我们都可以在无声的工作中，感到生活的甜蜜和踏实！
>
> ——维克多·雨果①

 专题导语

　　生命，一个充满责任的旅程；责任，一个厚重的字眼。然而，人生本来就是一种使命，更是一种担当。正如著名哲学家康德所言："每一个在道德上有价值的人，都要有所承担，不负责任的东西，不是人而是物。"本专题从生命中责任担当的现象出发，透过观察分析，从中发现：一个人，只有承担起自己的责任，实现自我在社会中的价值，才能展现生命的意义；坚强的生命一旦与责任同行，就会铸就生命的辉煌。坚守责任便是根本的人生法则，生命因责任而精彩。

---

　　① 　维克多·雨果(1802—1885)，法国作家，19世纪前期积极浪漫主义文学的代表作家，人道主义的代表人物，法国文学史上卓越的资产阶级民主作家，被人们称为"法兰西的莎士比亚"。一生写过多部诗歌、小说、剧本、各种散文和文艺评论及政论文章，在法国及世界有着广泛的影响力。

知识地图

责任担当　厚重生命
- 解读责任
  - 何谓责任
  - 何谓责任感
- 自由与责任
  - 认识自由
  - 自由与责任密不可分
- 承担责任
  - 承担不可回避的三大责任
  - 承担选择的责任
  - 承担自律的责任
  - 承担信守诺言的责任
- 培育责任感与责任意识
  - 接纳角色、认真履行责任的义务
  - 学会归因,提高责任的内控点
  - 直面生活,感悟生命责任的价值
  - 积极实践,培养信守承诺的习惯
  - 勇于担当,不为过失找借口
- 生命因责任而精彩

案例故事

小白鼠的21天

有研究者采用成年小白鼠做了一项药物的毒性试验:在一群小白鼠中,有一只雌性小白鼠腋根部长了一个绿豆大的硬块,便被淘汰下来,放入一个塑料盒中,单独饲养。十几天过去了,肿块越长越大,小白鼠的腹部也逐渐大了起来,活动显得很吃力,推断是肿瘤转移产生腹水的结果。

有一天研究者发现,小白鼠不吃不喝,焦躁不安。想来,小白鼠大概寿命已尽,就准备解剖它,取些新鲜肿块组织来进行培养观察。正当研究者要打开手术包时,被眼前突然的一幕惊呆了:小白鼠艰难地转过头,死死咬住已有拇指大的肿块,猛地一扯,皮肤裂开一条口子,鲜血涌流出来,小白鼠疼得全身颤抖。它一口一口地吞吃着将要夺去它生命的肿块,每咬一下,都伴着身体的痉挛。就这样,一大半肿块被咬下吞食了。

第二天一早,研究者匆匆来到它面前,看着它是否还活着。让人吃惊的是,小白

114

鼠身下居然卧着一堆粉红色的小鼠崽,正拼命吸吮着乳汁。数了数,整整十只。

小白鼠的伤口已停止了流血,左前肢由于扒掉了肿块,白骨外露,惨不忍睹。不过小白鼠精神明显好转,活动也多了起来。恶性肿瘤还在无情地折磨着小白鼠。真担心这些可怜的小东西,一旦离去,要不了几天它的崽崽们也会饿死。

从这以后,研究者每天第一件事就是来到鼠盒前看它们。看着十只渐渐长大的子鼠没命地吸吮着身患绝症、骨瘦如柴的母鼠的乳汁,心里真不是滋味。

这一天终于来到了。在生下子鼠第 21 天后的早晨,小白鼠安然地卧在鼠盒中间,一动不动了。十只子鼠围满四周。

小白鼠的哺乳期是 21 天。也就是说,从今天起,子鼠不需要母鼠的乳汁、可以独立生活了。

讨论分享:

1.《小白鼠的 21 天》,给你带来的最深感受是什么?

2.《小白鼠的 21 天》让你联想到什么?

3. 是什么力量支撑小白鼠妈妈熬过了 21 天的?

4. 谈谈你对责任的认识。

我们看到小白鼠妈妈克服难以承受的痛苦,顽强地挨过 21 天,完成哺乳期对子鼠的养育,这样它的孩子们便可以生存下来,是做母亲的本能和责任支撑着它的生命。当它完成了使命,生命也随之安然地逝去。

 理论学习

一、解读责任

谈及责任与责任感,我们首先会想到在社会生活中,常常会听到这样的语言:"这是你的责任""你要对这事负责""这是我的责任""我该承担责任"等。那么,什么是责任与责任感呢?

(一) 何谓责任

在《现代汉语词典》中,"责任"的解释为:一是指分内应做的事;二是指没有做好分内应做的事,因而应当承担的过失。[①] 以上语义分析表明,在现代汉语中"责任"有两层含义。第一层含义是分内应做之事,对应于"职责"和"义务"。第二层含义是因不履行所负义务而应承担的不利后果。这两层含义体现着两方面的评价:一是主体的自我评价,对应前者;二是其他社会成员和社会对责任主体的评价,可称之为社会评价。就主体自我评价而言,它是个体对于集体社会所赋予的职责或义务的理解和认识。这一般涉及权利与义务的关系问题。就社会评价而言,一个人负有责任的行

————————————

① 中国社会科学院语言研究所词典编辑室:《现代汉语词典(第六版)》,商务印书馆,2012 年版,第 1627 页。

为和行为后果,必须会对他人和社会产生影响,也必然会受到他人和社会的审查与评价,它体现社会成员相互之间以及社会与社会成员之间的关系。

由此可见,关于责任可以归纳为两个层次:一类是因角色、承诺、过失而承担的义务、后果,属于个体由外界赋予的外在责任;另一类则是对他人需要的反应,是由个体内在产生而不受外界影响的内在责任。

外在责任是一种职责和任务,在社会生活中,一种角色往往意味着一种责任。责任产生于社会关系中的彼此承诺,如若没有预先承诺,便也没有责任。可以说,责任是履行诺言,或是给予他人承诺,因此,责任与诚信存在着密切的联系。

内在责任,弗洛姆认为,照顾和关心包含着爱的另一个方面,即责任。责任是一种完全自愿的行动,是"我"对另一个人的(表达的或未表达的)需要的反应。有责任感意味着有能力并准备"反应",对人对事尽心、尽力。

(二)何谓责任感

关于责任感,《现代汉语词典》有这样的解释:责任感是自觉地把分内的事做好,也说责任心。[①] 其对于"责任感",从不同的研究领域有多种不同含义。

综合各方不同观点,可将责任感定义为:主体对于责任所产生的主观能动意识,就是责任在人的头脑中的主观反应形式,这种主观意识与人的成长环境与所受教育有着密切的关系,责任感是主体对自己、对自然界和人类社会,主动实施的积极有益的作用的精神。它对于生命成长有如下重要意义:

(1)责任感是帮助我们做正确事情的前提。有句话说:"做正确的事情比正确地做事更重要。"只要事情正确,方法出现偏差不要紧,有责任感的人会适时调整方法,达成最终的目标;若因责任感缺失,就有可能做错误的事,那么即使方法正确也会使事情向糟糕的方向发展。

(2)责任感是决定一个人能否健康发展的核心品质之一。"核心品质"指的是在形成人的个性的各种特质中,有一些特质具有核心作用,围绕它们可以派生出许多其他特质。

责任感作为人格的核心特质之一,可以派生出诸如自律、守信、敢担当、忠实于信念和感情等许多健康人格特质。而这些人格特质不仅有助于个人,而且也有助于社会进入良性循环。因此,健康的生活是负责任地生活,是对自己、他人、社会,对过去、现在和未来负责的生活。

(3)负责的人会拥有广泛又深刻的人际关系。具有责任感的人给人以安全感和可信赖感,使人愿意和他交往。而且一个人对自己的行为负责也会激发别人对他负责,久而久之,自然会建立起来深刻而持久的良好人际关系。

(4)责任感有助于人与社会的持续发展和实现自身的潜能。正如列夫托尔斯泰所言:"一个人若是没有热情,他将一事无成,而热情的基点正是责任心。"一个缺乏责

---

① 中国社会科学院语言研究所词典编辑室:《现代汉语词典(第五版)》,商务印书馆,2012年版,第1702页。

任感的人往往容易向环境屈服,自我实现也就无从谈起了。从这个角度讲,一个人能否取得成功,首先取决于能否承担自己的责任。

一个人一旦懂得要对生命、对世间万物心存敬畏,潜藏于内心的责任感就会被调动出来;他会首先自觉地约束自己,绝不会做亵渎生命尊严的事;更会有捍卫生命、发扬生命的冲动,并且会将这份冲动付诸实践。因此,对于生命具有敬畏感和神圣感的人一定是一个有责任感的人。人的生命如果跟时代崇高的责任感联系在一起,自然就会感到它永垂不朽。

二、自由与责任

(一) 认识自由

自由是人类最深刻的人性需要。人类活动的目的之一,便是为了满足基本的自由需要、形成自由人格,追求精神自由,从而充分地展现自己生命的英姿,焕发出自己生命的朝气,绽放出自己生命的灿烂之花。

人的自由实际上是有条件的、相对的。个体生命的自由都是与他人生命自由并行的,每个人实现自由的条件均不应以牺牲他人的自由为代价。世界上从来没有,也不会有超然的个人自由。

(二) 自由与责任密不可分

自由是人的生命的最基本、最自然的要求,而责任也是人特有的存在方式,是人之为人的本质性规定,是人生幸福的源泉和途径,自由与责任作为生命个体的两个方面,是辩证统一的。人的个体生命不仅属于自己,也属于他人,更属于国家和社会,任何一个生活在社会中的人必须承担种种不可推卸的义务。

人的生命不仅是一个有机体的自由发展过程,更是一个提升道德、履行责任的过程。换言之,个人的生命形式是否是事实上的自由,不是以个人自身的感觉就能说了算的,而是以社会、他人的客观需要程度来确定的。这也就是说,一个人在自己的生命发展过程中,越表现出自己生命的自由性,他就越须承担对社会的责任。在现实生活中,自由意味着责任。存在主义哲学家萨特说:"人,由于命定是自由,把整个世界的重量担在肩上;他对作为存在方式的世界和他本身是有责任的。"①古希腊哲学家伊壁鸠鲁曾指出自由与责任是统一的,不仅在于对责任的要求本身就包含于全面正确地理解的自由之中,而且在于自由与责任的相互制约之中。

自由和责任是密不可分的,没有无责任的自由也没有无自由的责任,自由是责任的基础,责任是自由的前提条件和保障。自由与责任是相伴而来的,只有担当得起责任,才能享受得了自由。

步入大学我们都渴望获得更多的自由,希望按照自己的意志安排学习和生活,自主选择生活方式,自主选择学习方式和内容,追求思维人格的独立性。可是,许多人

---

① 让-保罗·萨特著,陈宣良等译:《存在与虚无》,三联出版社,1987 年版,第 708 页。

只关心自己的权利，忽略了自己的责任。"做人的责任"指的是不但要做人，还要做好人；不但对自己负责，还要对他人负责。这样的人才能拥有这个世界所能赋予他的最大自由——在不妨碍他人、不伤害他人的前提下做自己想做的任何事。只有我们自觉地将自由和责任很好地结合起来，使它们相互和谐、相互统一，才能够让我们在实践中观照自己的本质力量，证明自己生命意义的真实存在。

三、承担责任——生命成熟与圆满的试金石

为什么在责任面前，一些人会主动承担它，一些人被迫承担它，一些人却想尽一切办法推卸它？我们承担责任，树立责任感与自身生命成长、成熟、圆满又有着怎样的关系。

爱默生说："责任具有至高无上的价值，它是一种伟大的品格，在所有价值中它处于最高的位置。"责任，从本质上说，是一种与生俱来的使命，它伴随着每一个生命的始终。事实上，学会承担责任也是检验一个人成熟与否的主要标志。

然而，你是否总是推卸责任？你是否害怕负责任？你是否认为责任是一种负担，并且拖累了你？是肩头的重担，使你不能任意而为？我们中的一部分人确实"不想长大"，在心理学上将成人幼稚病称为"彼得·潘综合征"。彼得·潘是苏格兰作家巴里笔下的童话人物，他生活在梦幻般的世界里，永远也不想长大。后来心理学家们用彼得·潘来指代心理成熟有困难的群体。患彼得·潘综合征的人虽然在生理年龄上已进入成年，但在心理上还不能与之相适应。他们内心总有个长不大的孩子，总是企图逃避责任、逃避生活，拒绝走进成人世界。

遗憾的是，并不是像鸵鸟一样将头埋在沙土里，就能掩盖我们的身体已经长大了，而我们的父母在慢慢老去这个事实，我们无法推卸生命的责任。

那么，我们要承担哪些责任呢？

（一）承担不可回避的三大责任

梁启超说："人生须知负责任的苦处，才能知道尽责任的乐趣。"一个对生命负责的人会有一种对生命的使命感，会因为责任的存在而好好生活，珍惜自己的生命，追求生命的真谛，承担对他人和社会的责任，享受尽责带来的精神上的乐趣。

如前所述，人之生命具有"二维四重性"（如图 9-1），我们的生命之中包含着丰富的意涵，我们拥有的"关系性人文生命"中又包含着相互联系的三个方面，一是"血

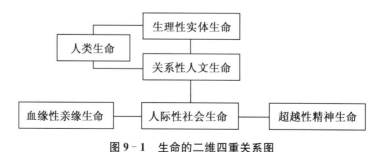

图 9-1　生命的二维四重关系图

缘性亲缘生命",二是"人际性社会生命",三是"超越性精神生命"。这也呈现出我们一生中要扮演的不同角色和需要承担的不同责任,其中有三大责任担当,会成为我们一生的功课。即家庭责任、职业责任以及社会责任。

1. 家庭责任

每个人一出生,第一个面对的就是家庭,人生第一次的社会互动就是与家庭的互动。家庭永远是我们的归宿与港湾。从"血缘性亲缘生命"中看到我们是父精母血孕育而就,由此传承了父母的血脉,也要繁衍子孙后代。可见,我们在传承父母血缘的同时,也传承了家庭的亲缘。血缘中包含的亲缘,告诉我们每个人都应在传承血缘性亲缘生命时承担责任。我们每个人都来自不同的家庭,而家庭责任是每个人直到死亡都必须要承担的责任,可谓是责任中时间最长的。家庭责任的核心是一种爱的责任。爱,是家庭成员承担所有家庭责任的动力源泉,所以,承担家庭责任的力量一般都来自人的情感力量和习惯力量。例如,孝敬和赡养父母、抚养教育子女等。家庭责任是我们一生中最重要的责任,也是绝大多数人在各种责任发生冲突时首选的责任。

杨怀保,1985年出生在陕西省汉中市勉县的穷困山村。他的母亲因两次手术无法干活,父亲在工地受重伤也失去劳动能力,还有一个年幼的弟弟需要照顾。12岁时,杨怀保就承担起了家庭重担。就是在这种情况下,2003年9月,杨怀保以优异成绩考入湘潭大学。

"我要靠自己的奋斗养活全家人,不能再让父母和弟弟受苦。"入学第二年,杨怀保把父母、弟弟从千里之外的陕西接到了湖南湘潭,在学校附近租了不足10平方米的小房子,开始了"背起一家人"的壮举。

在校期间,为了支撑这个家,杨怀保每天早上去买菜,安排好一家的油盐柴米,然后走进学校上课,课后再去做家教、当推销员。晚上回来,还要坚持学习到深夜。他利用自己兼职挣来的钱给父母治病,给弟弟交学费,最辛苦的时候,同时做了7份兼职。日复一日地求学、养家生活十分艰辛,杨怀保每天拖着沉重、疲惫的双脚奔走在校内外。然而,在奔忙中,他看到了希望,燃起了信念,并考取了湘潭大学研究生。①

2. 职业责任

职业责任是我们从学校跨入社会参加工作时必须要承担的责任,是每个人一生所承担的三大责任中的主要责任。人一生所面临的各种各样的责任中,职业责任作为主体责任,其数量是最多的。职业责任绝大多数是一种有利益产生的责任,是为促进社会的发展、创造社会财富而产生的责任。因此,承担工作责任是承担其他一切责任的基础。每个人的人生价值与才华实际上都是在承担职业责任中体现出来的,所以,承担职业责任是我们生存与发展的前提、人生奋斗的平台。

《中国教师报》曾报道江苏睢宁县王集小学教师朱永,用36年的坚守,把如火的青春献给了家乡的孩子,献给了乡村的美术教育事业。

① 帅才:《"小孝暖我家,大孝为天下"——记"中国青年五四奖章"获得者杨怀保》,http://www.xinhuanet.com/politics/2018-06/22/c_1123022566.htm。

1983年,朱永率先在农村开辟儿童画教育新天地,在他的努力下,王集中心小学成立了美术兴趣小组。为辅导学生创作,朱永把一腔心血都扑在了工作上,30余年的辛勤耕耘,收获了累累硕果。1 600余幅儿童画在国际上获奖,近200名孩子考入艺术院校,有的成了大学教授,有的成了美术优秀工作者,还有的长大后又回到学校,成了一个个新"朱永"。是什么能够让这样一个老师三十多年来坚守在乡村美术教育的阵地上呢? 他在自述中提到愿意在农村美术教育这片希望的原野上无怨无悔地走下去,用赤诚情怀和执着精神为家乡的美术教育事业贡献毕生精力。这背后反映出的是高尚的教育情怀,是对教育理想的追求和对家乡孩子的热爱。①

你是如何看待自己未来的职业的? 是否像朱永一样热爱自己的职业? 抑或是抱着"做一天和尚撞一天钟"的心态来看待自己职业呢?

有一个小和尚在一座寺庙担任撞钟之职。照他的理解,晨昏各撞一次钟,简单重复,谁都能做,钟声仅是寺院的作息时间,没什么大的意义。

半年下来,无聊至极,"做一天和尚,撞一天钟"吧。有一天,方丈宣布调他到后院劈柴挑水,原因是他不能胜任撞钟之职。小和尚很不服气,我撞的钟难道不准时,不响亮?

老方丈告诉他说:"你的钟撞得很响,但是钟声空泛,没什么意义。因为你心中没有'撞钟'这项看似简单的工作所代表的深刻意义。钟声不仅是寺院里作息的准绳,更重要的是要唤醒沉迷众生。为此,钟声不仅要洪亮,还要圆润、浑厚、深沉、悠远。心中无钟,即无佛;不虔诚,不敬业,怎能担当神圣的工作呢?"

是什么可以让我们战胜人性的懒惰和自私,超越一己得失,把工作做到完美呢? 答案是:内心的责任感和使命感。

使命是指所要奉行的命令,所要担当的任务;使命感是促使我们采取行动、实现理想的心理状态。人在现实中的职业和工作,就是一种天职,你要有这样的信念。当你视工作为生命中必须完成的重要使命时,当你视工作为必须虔诚坚守的职责时,你就会更容易认同你所从事的职业,并且长久地保持工作热情。

可以这样说,我们每个人的工作都是我们亲手雕刻的艺术品,是美丽还是丑陋,是可爱还是可憎,都是由我们自己创造出来的,正如我们的人生路是靠自己走出来的一样。一个人工作时,如果能拥有强烈的责任感、生生不息的精神、火焰般的热忱,并充分发挥自己的特长,那么不论他所做的工作怎样困难,他都不会觉得劳苦。事实上,一个人如果能以负责任的态度去做最平凡的工作,也能成为最优秀的人;反之,如果以不负责任的态度去做最高尚的工作,充其量也不过是平庸的办事员。没有体现个人理念的工作永远都不是自己的工作,因为任何人都可以做,甚至能做得更好。

在我们的生命中有近乎三分之一的时间都在工作。从某种意义上说生命就是在工作中度过的,因此我们应该让自己的生命更加色彩斑斓。所以把工作当成一种信仰,拥有一颗负责任的心,我们便不会虚度生命。

---

① 刘济良:《小学教师职业道德》,复旦大学出版社,2021年版,第68页。

3. 社会责任

我们是否还记得明末大儒顾炎武那句振聋发聩的名言"天下兴亡,匹夫有责"?社会责任是每个人一生所承担的三大责任中重要的基础责任,其中,遵守法律法规是每个人一生都要承担的主体责任。社会责任作为主体责任,除了法律法规外,其数量在人们生活中一般只占有很少的一部分。社会责任绝大多数是一种没有直接利益产生的责任,是为促进社会有序、和谐地运行和发展而产生的责任。所以,承担社会责任是承担其他一切责任的前提基础。

从"人际性社会生命"中看出,我们置身于社会之中,必与社会其他的人和组织结成复杂的关系,其生命必然打上社会的烙印。因而所有的行为都必须遵守各种社会规则,并受其约束。要维护"人际性社会生命"正常运转,我们就不可推卸社会责任。承担社会责任的核心内容就是遵守八大社会规则①(即社会民事规则、社会法律规则、社会习俗规则、社会道德规则、社会宗教规则、社会纪律规则、社会权利规则、社会舆论规则),这是我们一生中始终存在的主要社会责任。例如,遵守国家的法律法规、遵守社会道德规范、遵守当地社会风俗习惯等,都是我们必须要承担的社会责任。社会规则得到严格执行,社会秩序就会良好有序地运转。人们要做到遵守社会规则,让社会秩序有序地运转,就必须要做到"克己复礼",主动地承担起自己的社会责任。

在《感动中国》栏目的历史上,出现过两个代表城市良心的符号,一个是"微尘",一个是"炎黄"。1987年,江阴祝塘镇政府收到一笔用于敬老院建设的捐款,捐款人署名"炎黄",1 000元的捐款金额几近于当时一个人一年的工资。此后27年间,贫困学生、希望小学、敬老院、地震灾区都陆续收到了署名"炎黄"的捐款。"炎黄"到底是谁呢?

2014年11月,有位叫张纪清的老人在邮局汇款时突然晕倒。散落的汇款单暴露了他的秘密。人们发现,他就是江阴人寻找了27年的"炎黄"!

时年74岁的张纪清出身清苦,曾是改革开放后镇上的首个万元户。这些年,为了多做善事,他的房子越换越小,从3间变成2间,又从2间变成1间。"一不小心"暴露了身份,他还有点苦恼,"唉!没有隐藏好。"当别人为他的善举点赞时,他摇摇头说:"这都是小事,能帮就帮一把吧。"

2015年度《感动中国》写给张纪清老人的颁奖词是:"一个善良的背影,汇入茫茫人海。他用中国人熟悉的两个字,掩盖半生的秘密。他是红尘中的隐者,平凡的老人,朴素的心愿,清贫的生活,高贵的心灵。炎黄不是一个名字,是一脉香火,为我们点燃。他是江苏省江阴市市民张纪清,27年署名"炎黄"捐款,建敬老院、希望小学。"

遗憾的是人更懂得"趋利避害",许多人在面对"有利"与"不利"两种抉择时都会趋吉避凶。四川都江堰某中学的一名老师因为地震发生时丢下学生不管,自己第一个冲出教室跑到操场,有人将此事发在天涯论坛广而告之,这位老师因此事被网友群起攻之,送给他一个外号——"范跑跑"。继"范跑跑"之后,安徽省某中学一名教师因

---

① 金安:《责任》,四川大学出版社,2005年版,第128页。

为在上课时没有及时制止学生的纷争和推搡行为,致使一学生意外丧命,因此引来骂声一片,不少人将这两人相提并论,称其为"杨不管"。

避免或逃脱责罚是人类的一种强烈本能,但要知道我们在逃避责任的同时,也逃避了机遇与成功,更失去了良知。无论你是谁都不可能避开"责任"两个字。

从生命的"二维四重性"中直观的体悟到责任本就是我们生命中的一部分,承担责任是生命完满的必经之路,也是自身生命发展的必要条件。只有在保全生命存在的基础上,提供生命存在的能量,个体才能实现生命的最高价值。勇于承担生命的责任,才能以一个"人"的姿态堂堂屹立,我们生命的价值也正是在责任中逐渐体现从而得到升华。

(二)承担选择的责任

责任与选择有着密不可分的关系,生命的存在、成长、价值实现都离不开责任,没有负责任的生命,是很难担负起对生命存在、成长与价值实现负责的重任。负责任的生命能够在生命节点上做出最合适的抉择,并能为这个抉择承担后果。

当你选择的时候,请问问自己的内心:我是否已经选择了对自己、对环境的负责任的生活态度?我是否已经选择一种能够使个人和社会均能持续发展的生活目标。我对自己现在的生活状况满意吗?我应该用什么方法让自己对当前的生活满意(或者更满意)?

为自己的行为承担后果,就是"没人有义务承担你所应担负的责任;你要是不去银行缴费,没人会帮你缴;你睡着了,没人会把你叫醒……"没有永远活在梦幻岛的"彼得·潘",我们必须要学习长大,并为自己的行为负责。也许刚开始是痛苦的.但情况会越来越好。因为,每一个个体生命应努力成长为负责任的生命,只有负责任的生命才能对生命负责。

(三)承担自律的责任

无论是物质环境还是人文环境中,由于人类的不自律而产生的后果都是触目惊心的。所以,每当我们要采取重大行动之时,需要认真思考以下问题:

"我是否已经明确在哪些问题上需要自律?""我是否已经充分考虑到这些行为的后果?""我是否已经准备好为这个行为的结果承担责任?"

对他人而言,我们最需要承担的责任首先是要有做人的底线,不以任何的理由和名义去伤害他人。其次是需要对自己承担的责任尽职尽责。而对社会而言,我们必须遵守的底线是:决不能以任何名义去做伤害他人的事。此外,我们对自己的社会要尽职尽责。

责任是一个人人格的基石,人想要在社会上立足,就应当把责任融入自己的生活态度,无论在工作上,还是在生活上,都要严格约束自己的一言一行,时刻提醒自己要做一个负责任的人。

(四)承担信守诺言的责任

在与人交往中,负责任的最基本标志就是信守诺言。信守诺言是指能够按时的、很好地完成与别人约定的事。《史记·季布栾布列传》言:"得黄金百斤,不如得季布一诺。"季布是秦末汉初时楚地人,汉初担任河东太守,一生特别讲信用,只要答应办的事情就一定要办到,从没有失信于人。

然而,总有一些人说话很随便,很容易的许诺于人,却不去实施。譬如,明明答应了他人3点钟见面,4点还不到。一点都不考虑对方是多么的焦急,不考虑浪费了他人的时间,甚至还认为是"小事一桩""无所谓",这就是缺乏责任感的表现。

人是一个社会的人,你的任何社会活动都在表现着对他人、对集体、对社会的一种责任。人与人之间的关系能否正常地发展,很大程度上取决于人们对诺言的信守。而守信用本身就是一个人对于自己和他人负责任的重要表现。

四、培育责任感与责任意识

(一) 接纳角色,认真履行责任的义务

我们总是身兼多重角色,每个角色都有无法逃避的责任或义务。学习认真履行义务是培养责任感和内归因风格的基本前提。

一个人身兼多种角色,每个角色都有无法逃避的责任或者义务。与此同时,每一个人也都有一个主要角色,这通常由人的职业身份决定,如学生、工人、农民、教师等。不同的角色所要承担的责任是不尽相同的,如果是学生,应履行的主要义务包括:学好功课,完成学业,确立自身的同一性,学习与他人友好相处与合作,积极储备(身心)健康资源。如果未来成为教师,要坚持教书和育人相统一,坚持言传和身教相统一,坚持潜心问道和关注社会相统一,坚持学术自由和学术规范相统一。

(二) 学会归因,提高责任的内控点

有的人认为自己做事的成败应该由外因负责,他们总是强调,如果别人没有问题,自己肯定没有问题,借机把问题引到其他人身上,用来减轻自己对责任的承担力度。一些人常挖空心思找各种理由来推卸责任,这样的人属于外控倾向;一些人认为自己做人做事的成败应由自己的行为、个性、能力及努力程度负责,这样的人属于内控倾向。显而易见,具有内控倾向的人能够更好地对自己的行为后果负责。

因此,我们需要学习正确的归因方法,提升内控力。有助于提高我们自身内归因意识的参考句式有:"这事做得这么好,是因为我的努力,以及当时采用的方法正确……""那件事没做好,是因为我自己的努力不够或者那个方法不当……""我曾遇到过哪些直到今天还在影响我的挫折?我是否决定让它们继续影响我当前和今后的生活?""那个总惹我生气的人真的有那么大能量吗?是不是我自己选择了让他的坏脾气腐蚀我的生活?""不论过去还是现在发生了什么,我都要学习承担起对自己情绪和行为的责任。"

(三) 直面生活,感悟生命责任的价值

科学家爱因斯坦说:"我每天上百次地提醒自己,我的精神生活和物质生活都依靠别人(包括活着的人和死去的人)的劳动,我必须尽力以同样的分量来报偿我所领

受了和至今还在领受着的东西。"直面生活就是在生活中感悟生命责任的价值,形成尊重生命、爱护生命的伦理价值观念,倡导生命价值高于一切物质利益的理念,弘扬任何个体的生命都不具有替代性的观点。有些艰辛的过程可以帮助一个人真正成长,不轻易放弃。有责任感才会在困难面前坚持不懈,只有学会承担才能够真正成长起来,或许会有很多挣扎与痛苦,那么请多一点毅力和坚持吧!这必要的过程将引领你迈向成功之途。

(四)积极实践,培养信守承诺的习惯

信守承诺,就是要诚信,这是有责任感的重要体现。在培养自己守信用的习惯之前请记住,我们每个人都有权利对他人说"不",因为我们没有义务满足所有人的要求。但是,如果我们承诺了,我们就要尽一切努力去兑现自己的诺言。原则上,我们要做的是:轻易不承诺,一旦承诺就竭尽全力;承诺时要在时间上留有余地,以防突发事件的干扰;实事求是,不要勉为其难地应承和包揽自己做不到的事。

(1)想一想,目前为止自己有多少过期了的未曾兑现的诺言? 有没有可以弥补的方法,在短期内将其兑现,以实际行动证实以前的食言只是偶然现象。

(2)对那些确实无力兑现的诺言,可不可以去向别人说,把原来的"抱歉,因为……原因,我没能……"这样不负责任的句式,换作"对不起,我当初承诺时没有慎重考虑,我发现自己没有能力兑现这个诺言"这样的负责任的话。

(3)以后在向别人作承诺前,请先想一想:我有没有足够的时间按时完成? 我有没有足够的能力兑现这个诺言?

(五)勇于担当,不为自己的过失找借口

一个错误不犯两遍的人是对己对人负责任的人,而不犯第二次错误的前提是不为自己的过失找借口和推卸责任。借口可以暂时缓解我们内心的压力,但它却会长久腐蚀我们的责任感并使我们失去一次成长的机会。所以,面对过失我们一定要学习寻找自己的原因而非环境的原因。

清醒地意识到自己的责任,并勇敢地扛起它,无论对于自己还是对于社会都将是问心无愧的。人可以不伟大,人也可以清贫,但我们不可以没有责任。任何时候,我们都不能放弃肩上的责任,扛着它就是扛着自己生命的信念。

五、生命因责任而精彩

2006年11月14日,兰州空军某部河南籍飞行员李剑英驾驶某型歼击机,在训练结束下降途中,飞机撞鸟,当时飞机上还有800多公升航空油,120余发航空炮弹,1发火箭弹,还有易燃的氧气瓶等物品,如果跳伞后的飞机失去控制,坠入村庄,给人民群众带来的后果,不堪设想。在生死攸关的16秒里,李剑英看到飞机下方的密集的村庄和人群,依然决定改跳伞为迫降,先后三次放弃跳伞求生机会,为了保护国家和人民群众的生命财产安全而不幸殉难。

2018年6月11日17时50分许,信阳市浉河区董家河镇绿之风希望小学的李

芳老师在护送学生放学回家时,一辆满载西瓜的摩托三轮车突然闯红灯急速冲向正在过马路的学生,危急时刻,她奋不顾身冲上前去,用自己的身体挡护学生,并奋力将学生推开。学生得救了,她却遭受严重撞击,经多方抢救无效,于6月13日4时40分不幸殉职,年仅49岁。

2019年12月24日7时50分,适逢云南省镇雄县大湾镇雨萨村团结组团结小学的早读时间,二年级班主任李锦锦像往常一样清点到校学生人数时,发现一向准时的一名学生未到,其一年级的弟弟也未到校,老师立即开车到学生家,发现一家6口已昏迷,床旁火炉还烧着。年仅6岁的弟弟确认死亡,其他5人被及时救治……因为班主任的警觉,挽救了一个家庭5口性命。据救治医生介绍,如果这一家6口没被及时发现,哪怕是再晚送来半个小时,后果将更加严重。

讨论分享:

1. 看了李剑英、李芳、李锦锦的事迹,你最大的感触是什么?

2. 是什么原因使他们宁愿选择牺牲自己而保全他人的?

3. 你是如何看待这些抉择的?

人生好比一次旅行,从拥有生命的那一刻起,我们就载上了一种叫生存的使命与责任,我们不仅仅为自己的生存负责,更不可忘记为其他人的生命负责。负责的灵魂通常会闪耀着异常夺目的光辉。

马斯洛在《人性能达到的境界》一书中指出,人是一种正在选择着、决定着、追求着的动物。但进行抉择是一个程度问题,一个关于智慧、有效性和效率的问题。生死抉择,既离不开理智的思考,更离不开伦理道德和对生命负责的精神。[①] 像李剑英、李芳做出的选择,貌似不爱惜自己的生命,仿佛和责任生命背道,然而,却是充满生命关怀的选择,是对生命的责任,更是对生命的爱。这样在人类的文明史上并不少见。每当危难关头,总有一些人,敢于舍弃自己生命,为他人奉献。他们在生死关头做出了为他人奉献,舍弃自己的利益的生死抉择,体现出对职业角色所关涉的生命负责,更体现出内化在心灵里的责任精神。责任精神还体现出一种对责任承担的主动素质;当面临责任时,不会受外界或利益因素的影响,更不需要别人的交代就能主动地承担起责任。

武汉市鄱阳街有一座建于1917年的6层楼房,该楼的设计者是英国的一家建筑设计事务所。20世纪末,即那座叫作"景明大楼"的楼宇在漫漫岁月中度过了80个春秋后的某一天,它的设计者远隔万里,给这一大楼的业主寄来一份函件。函件告知:景明大楼为本事务所在1917年设计的,设计年限为80年,现已超期服役,敬请业主注意。

真是闻所未闻的新闻,80年前盖的楼房,不要说设计者,连当年施工的人,也许已没几个在世了,然而,至今竟然还有人为它的安危操心!操这份心的,竟然是它最初的设计者,一个异国的建筑设计事务所!是什么使一个人、一群人、一个更换了几

---

① 马斯洛著,林方译:《人性能达到的境界》,云南人民出版社,1987年版,第15页。

代人的机构,虽经近一个世纪的变迁,仍然守着一份责任、一个承诺?

"每个人都被生命询问,而他只有用自己的生命才能回答此问题;只有以'负责'来答复生命。"因为,责任是自身生命成长成熟的需要与重要标志。

生命历程充满抉择,生命轨迹的完满与延续很大程度取决于积极正确的生命抉择。而刹那间的生命抉择,又是由长期的习惯化了的生命意识所决定,也就是说,人的生命状态与其生命历程中的抉择密切相关。今天抉择的尺度来自昨天的经验,其作用也会影响到未来。

为此,我们再一次重温雷锋日记里的句子,连同叩问自己的内心:

如果你是一滴水,你是否滋润了一寸土地?

如果你是一线阳光,你是否照亮了一方黑暗?

如果你是一颗粮食,你是否哺育了有用的生命?

如果你是一颗最小的螺丝钉,你是否永远坚守在你自己的岗位上?

如果你要告诉我们什么思想,你是否在日夜宣扬那最美丽的理想?

你既然活着,你又是否为未来的人类的生活付出你的劳动,使世界一天天变得更美丽?

我想问你,为未来带来了什么?

在生活的仓库里,我们不应该只是个无穷尽的支取者。①

聚焦提升

1. 人生本来就是一种使命,承担生命里的责任是自身生命成长成熟的需要与重要标志。

2. 对于生命具有敬畏感和神圣感的人,一定是一个有责任感的人。

3. 自由与责任是相伴而来的,只有担当得起责任,才能享受得了自由。

4. 责任本就是我们生命中的一部分,承担责任是生命完满的必经之路,也是自身生命发展的必要条件。

5. 每一个个体生命应努力成长为负责任的生命,承担自律的责任,只有负责任的生命才能对生命负责。

6. 培育责任感与责任意识,就是要接纳角色,认真履行生命的义务;学会归因,提高责任的内控点;直面生活,感悟生命责任的价值;积极实践,培养信守承诺的习惯;勇于担当,不为自己的过失找借口,让生命因责任而美丽!

思考感悟

1. 思考并罗列现阶段的我们有哪些责任需要承担并开展行动。

2. 你如何理解教师职业的责任与使命?

---

① 雷锋:《雷锋日记》,北京教育出版社,2013年版,第1页。

■■ 能量补给

1. 品读书籍：

林俊超. 时代楷模黄文秀的故事[M]. 桂林：广西人民出版社，2021.

米兰·昆德拉. 生命不能承受之轻[M]. 许钧，译. 上海：上海译文出版社，2017.

杨学敏. 每人只错一点点[M]. 北京：中国纺织出版社，2005.

2. 影视赏析：

《一个都不能少》是 1999 年上映的一部剧情片，根据施祥生小说《天上有个太阳》改编，由导演张艺谋拍摄，曾获得威尼斯电影节的最佳影片奖、金鸡奖等十余项国内外电影奖项。该片讲述了 13 岁的魏敏芝被水泉沟村村长请到水泉小学做代课老师，牢记着前任高老师的叮嘱"不能让一个学生辍学"，在学生辍学到城里打工后，她独自一人踏上了进城寻人之路的故事。

《嗝嗝老师》是由印度 YRF 电影公司出品，中国电影集团公司进口，华夏电影发行有限责任公司发行的校园励志喜剧电影。该片于 2018 年 10 月 12 日在中国大陆上映，由西达夫·马贺拉执导，拉妮·玛克赫吉领衔主演。该片讲述了从小患有图雷特综合征的奈娜·玛瑟，会发出类似打嗝的怪声。她不仅从小受到同学的嘲笑，读书时还被 12 所学校拒之门外。最终，一位校长的一句"我们会像对待其他学生一样对待你"让奈娜感受到从未有过的平等待遇，同时也在心中种下当一名好教师的梦想。成年后的奈娜经过无数次面试失败后，终于收到来自母校圣蒂克学校的聘用通知，然而等待着她的却是全校最难搞、成绩最差的 9F 班。奈娜最终带领全校垫底的 9F 班学生逆风翻盘。

扫码查看
相关资料

专题十

生命安全　守护成长

> 一个聪明的民族,从灾难和错误中学到的东西会比平时多得多。
>
> ——弗里德里希·冯·恩格斯①

 专题导语

　　生命安全是生命教育的基本目标。本专题旨在理解生命教育与安全教育的关系,培养大学生的生命安全意识,掌握防灾减灾、避险逃生、自救互救和预防暴力伤害的相关知识和技能,提高应对灾害和突发事件的能力和水平。在突发事件和各种灾害面前,保持清醒的头脑,及时采取正确、果断措施;减少意外伤害的发生,保护自己和他人的生命安全。作为未来的教师自觉肩负起实施生命安全教育的神圣使命。

---

　　① 　弗里德里希·冯·恩格斯(1820—1895)德国思想家、哲学家、革命家,马克思主义的创始人之一,是卡尔·马克思的挚友,被誉为"第二提琴手",他为马克思创立马克思主义提供了大量经济上的支持,在马克思逝世后,帮助马克思完成了其未完成的《资本论》等著作,并且领导国际工人运动。除同马克思合撰著作外,他还著有《自然辩证法》《家庭、私有制、国家的起源》。

知识地图

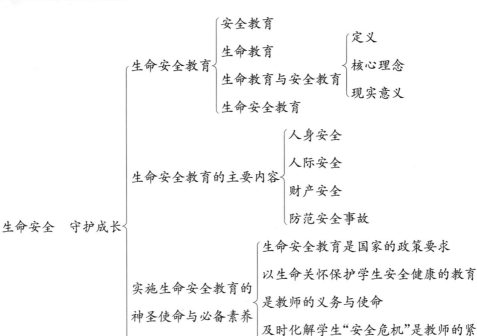

生命安全　守护成长

- 生命安全教育
  - 安全教育
  - 生命教育
  - 生命教育与安全教育
  - 生命安全教育
    - 定义
    - 核心理念
    - 现实意义
- 生命安全教育的主要内容
  - 人身安全
  - 人际安全
  - 财产安全
  - 防范安全事故
- 实施生命安全教育的神圣使命与必备素养
  - 生命安全教育是国家的政策要求
  - 以生命关怀保护学生安全健康的教育是教师的义务与使命
  - 及时化解学生"安全危机"是教师的紧迫任务
- 生命安全教育的创新与应用

体验活动

地震来了

观看地球及地震带分布的视频介绍,再进入地震小屋,切换不同的地震烈度,身临其境地感受地震发生时房屋摇晃、物品坠落、身体难以保持平衡、眩晕感等。再通过虚拟仿真实验深入体验地震逃生,提高防震减灾意识。

讨论分享:

1. 你从地震体验中感受到了什么?
2. 你是如何看待生命安全问题的?

理论学习

联合国教科文组织 1972 年发表的《学会生存——世界教育的今天和明天》,明确指出人们必须学会生存知识、生存技能,才能够面对现代社会的巨大挑战。这里所说的"生存知识、生存技能"是指保护人的生命安全为核心本质，涵盖生活、工作各方面需要的经验总结和知识技能。该组织在1996年发表的《教育——财富蕴藏其中》报告中，把"学会生存"作为教育的四大支柱之一，再一次强调了生存教育对人类未来的重要性。中国政府颁布的《国家中长期教育改革和发展规划纲要（2010—2020年）》，将"重视安全教育、生命教育"作为战略主题同时列入总体战略规划中。2021年11月，教育部印发《生命安全与健康教育进中小学课程教材指南》的通知，明确要求"生命安全与健康教育"进入中小学的课程和教材，标志着生命教育正式以"生命安全与健康教育"的名义全面进入学校教育全学科落实的新阶段。由此可见，保障生命安全，关乎人类生存与发展，无疑是当代最有价值的知识体系之一，因为在人类社会的发展进程中，生命是人类创造价值的前提。因此生命安全也显得尤为重要。

一、生命教育与安全教育

提及生命安全教育，首先要理解安全教育与生命教育的含义，并从两者的相互关系入手，分析生命安全教育的重要基础性作用。

（一）安全教育

《现代汉语词典》对安全的解释是：没有危险；不受威胁；不出事故。《韦氏大词典》对安全的解释是：安全是指人和物在社会生产生活实践中没有、不受或免除了侵害、损伤和威胁的状况。安全是人类有序存在和发展的前提条件，安全问题关乎人类社会的生存与延续。美国心理学家马斯洛在其著名的需要层次理论中，将安全需要放置于第二位，足见保全生命安全的重要性。

安全教育的具体概念，则是指教育者对教育对象施加的以安全问题为主要内容的系统性教育活动和教育影响过程，包括依照国家有关法律、法规的规定，组织教师对学生进行国家安全法规、学校安全规章及纪律、安全防范知识和技能教育的活动，以及教育对象进行的自我安全教育。

（二）生命教育

生命教育，为了生命的教育。关于生命教育的意涵，许多专家学者给出了不同的界定。在"走进生命"专题中，我们曾进行过详细阐述。

生命教育的实施大致通过两个基准点运行，其一是涵盖生命意识教育和生存能力教育的生存教育，旨在让生命个体能够生存，生命体态得以保护、延续；其二则是生命价值的教育，生命价值的教育让个体能够知晓自己生命存在的意义，与自己、他人、社会存在怎样的关系，如何维系才能算作有价值、有意义等。

（三）生命教育与安全教育

安全教育属于生命教育重要基础部分。安全教育是生命教育的基本目标，生命教育是安全教育的理想目标。

若将生命教育比喻成一个人：人文关系性生命的主体是大脑与心脏，自然实体性生命的主题便是身躯手足。人文关系性生命的维持与发展，要以自然实体性生命的健康发展为前提。安全教育是呵护自然生命得以健康存在、延续发展的现实基础的教育;生命教育则是达成全面发展,拥有美好理想、体现生命价值的全人教育。安全教育也因升华为人文生命与自然生命关怀中最关键的成分,不仅成为自然生命之体现美好交织的身躯手足,更充实和丰富了人文生命的主体精神境界,完善与发展了生命教育的内涵和外延,集中体现出中国新时代教育特色中的"生命安全教育"的科学理念。

(四) 生命安全教育

1. 生命安全教育的定义

从词汇的字面含义上去解释,生命安全教育就是"生命教育"和"安全教育"两种教育相结合,形成既有生命价值的取向,又有生命保护实践的教育活动。生命安全教育一般由"一理念多学科结合渗透式"统整,"一理念"是基于"生命至上"的基本理念,将生命教育与安全教育相结合,实现人文生命教育(重在生命教育)与自然生命教育(重在安全教育)的协调统一和均衡发展;"多学科结合渗透式"即以生命安全教育为引领,坚持核心素养为导向,结合学科特点,打造以道法课程、体育、健康为核心主干课程,增加心理健康、道德健康等具有时代特征的新鲜内容,进一步加强学段学科间的纵横衔接,多学科融合渗透的课程体系。[1]

(1) 生命安全教育是一种在生命教育理念下的保护技能教育

曹湘认为:生命安全教育是让学生在理论和实践中提高生命保护的知识和技能,掌握心理调适方法,增强避险自救、互助技能和珍惜爱护生命的能力教育[2]。李青、季建成认为:安全教育是指遭遇突发性事件和灾难性事故的应急能力、避免生命财产受到侵害的安全防范能力、遇到人身伤害的自我保护防卫能力,及法制观念、健康心理状态和抵御违法犯罪能力的教育。[3]

(2) 生命安全教育是一种身心灵和谐发展的全人教育

鲁国斌认为:生命安全教育是一项培养学生珍惜生命意识、提升生命质量的"化育人"教育活动。[4] 吉林省长春市制订的《生命与安全课程指导纲要》将生命安全教育确定为让学生理解生命意义、热爱生命情感,实现学生安全、健康、快乐生活的一种学校综合教育;上海市出台的《中小学生命教育指导纲要》将生命安全教育的概念归纳为:帮助学生珍爱生命、提高生命质量和实现人生价值的一种教育活动。

2. 生命安全教育的核心理念

适应新时代要求,拥有高品质人生的全人教育;体现社会需要人才之生命价值的全面发展教育;呵护高品质人生之安全、健康、幸福的终身教育;拥有优良品格、先进

① 赵丹妮、王清芬、曾育松:《"生命至上"视域下小学生命安全教育的实施策略》,《中小学心理健康教育》2021 年第 11 期。
② 曹湘:《生命安全教育初探》,《体育世界(学术版)》2011 年第 1 期。
③ 李青、季建成:《生命安全教育理念指导下的公共体育课教学改革与实践》,《浙江体育科学》2011 年第 5 期。
④ 鲁国斌、蔡春苗:《中小学生生命安全教育与学校体育教育契合研究》,《长江大学学报(自科版)》2013 年第 19 期。

文明与人文情怀的全人教育。

生命安全教育,是人全面发展的教育;是学校培养正确的科学和文明、道德与生命价值观念的教育;是培养安全健康的生存能力,以求得更高发展、体现社会与人生价值的全人教育;主张立德树人理念下人文生命和自然生命的教育统合与协调发展,倡导以生命教育为核心的健康呵护、以安全教育为主线的生命关怀;强调在实施青少年学生自然生命之安全保障的前提下,追求其人文生命健康发展的更高品质。

生命安全教育的精髓,在于人文生命教育(重在生命教育)与自然生命教育(重在安全教育)的协调统一和均衡发展。人文生命教育注重精神层面、生命本质与人生价值的培养;自然生命教育注重物质层面、生命本体及生存保护能力的教育。生命教育、安全教育及其有机融合为生命安全教育的真谛也在于此。

生命安全教育工作者的教育教学活动要着力在两个方面:

一是安全不保,生命质量无从谈起。要在强化课堂人文生命本质与内涵教育的同时,利用多种渠道培养学生生命保护与安全健康的科学意识与实际能力。

二是灵魂残损,生命价值无从体现。要突破以安全表层问题看教育,倡导在生命成长过程中,人生价值观培养与精神品格的积极塑造。

3. 开展生命安全教育的现实意义

开展生命安全教育的核心问题,就是充分认识生命安全教育对于提高人的优质生活的重要基础作用,以及在人的生命发展中的重大教育意义和价值。

(1) 生命安全教育是青少年安全存在和健康成长的教育基石

人类自然生命的存在是实现人生价值、达成幸福生活的前提,离开自然生命,其他一切成长和发展均将无从谈起。生命安全教育活动,就是要建立认识生命、珍爱生命、守护生命之教育的科学知识体系,作用于学校、家庭与社会的教育系统,培养青少年珍爱和保护生命的知识与能力。这是人生之旅最必要的基础教育,是关怀与呵护青少年学生自然生命之健康成长的人生第一课,更是其体现生命价值、拥有幸福未来最为重要的教育根本。

(2) 生命安全教育是塑造青少年优良生命品质的科学基础

生命安全教育应主动承担解决学生成长过程中心灵、品行和身体健康的综合问题,从而使学生文化知识的增长不以对阳光情感和社会责任义务的丧失为代价;避免学生产生对生命价值积极意义的怀疑,导致对生命存在轻贱与漠视的恶果。生命安全教育的实践活动,就是要探索遵循生命发展所昭示的规律,通过对未成年人精神生命的系统科学教育,使其具备热爱生命、提高生存能力、生命成长与发展的基本素质,达到提升生命质量和人生价值的教育目标。

(3) 生命安全教育是"以人为本,健康成长"的核心本质

"以人为本"的科学发展观,让学校乃至全社会对青少年的生命安全教育提出了更高的要求。此外,心理疾患、校园欺凌、恶性伤害、意外事故、公共安全、自然灾难、卫生疾病等威胁青少年学生人身安全和健康的各种问题,也迫切需要用科学研究及实践应用加以解决。学校、家庭乃至全社会,都要负担起应有的责任和义务,站在"珍

爱生命,健康成长"的高度,从生理、心理和伦理等方面,对学生进行全面、系统、科学的教育,实现自然生命与精神生命之健康成长和良性发展的和谐统一,提升青少年学生的生存能力和生命质量,为体现应有的生命价值打牢教育基础。

二、生命安全教育的主要内容

作为师范生我们首先要了解大学阶段的生命安全教育的主要内容,自觉学习生命安全教育的相关知识,培育生命安全意识。

(一) 人身安全

人身安全,是一切生命活动的基础。所谓人身安全,广义上是指个人在生命、行动、健康等方面没有危险;狭义上指的是作为自然人的身体本身的安全得到保障。

我们无论是在校园中还是在校园外,都应该多一份对于安全的防范意识,了解保护自己的基本常识。尤其是对于自己不熟悉的人的请求,要多加小心。

1. 提高辨别是非善恶的能力

我们应当对陌生人保持慎重的态度——对一般异性的邀约和馈赠应婉言谢绝,避免因小失大。谨慎待人处事——对于不认识的异性,不要随便说出自己的真实情况,对自己特别热情的异性,不管是否相识都要倍加注意。一旦发现某异性对自己不怀好意,动手动脚或有越轨行为,一定要严厉拒绝,大胆反抗,并及时向学校有关领导和部门报告,以便及时加以制止和处置。

2. 行为端正,举止正派

在学习生活中,注意与同学间的交往分寸,尤其是与异性同学之间。如果异性对自己有企图,在自己行为端正、态度明朗的情况下,对方大多会打消念头,不会再有企图。若自己态度模棱两可,行为举止不当,会让对方增加幻想、继续纠缠。在拒绝对方的要求时,要讲明道理,耐心说服,不宜挖苦嘲笑。要理智、有节制地把握好自己,最大限度地保证自己的安全。

3. 学会用法律保护自己

对于那些失去理智、纠缠不清的无赖或违法犯罪分子,女大学生千万不要试图和他们"讲道理"或是顺从他们的想法,遭受他们的要挟和讹诈。一定要学会运用法律武器保护自己,维护自身的权利,及时向父母、学校领导和老师反映情况。

4. 学点防身术,提高自我防范的有效性

一般女性的体力弱于男性,防身时要把握时机,出奇制胜,快准狠地出击其要害部位,即使不能制服对方,也可制造逃离险境的机会。人的身体各部位都可以用来进行自卫反击,头的前部和后部可用来顶撞,拳头、手指可进行攻击,手肘朝背部猛击是最强有力的反抗,用膝盖对脸和腹股沟猛击相当有效,用脚的前掌心飞快踢对方胫骨、膝盖和阴部非常有效。如果条件允许的情况下,要注意设法在案犯身上留下印记或痕迹,以备追查、辨认案犯时作为证据。

(二) 人际安全

人际交往是大学生在校园中要学习的一门必修课。在人际交往过程中,应当做到真诚待人,乐于助人的同时,一定要懂得辨别是非,不可轻易相信别人,时刻注意安全。

1. 交往安全

2019年12月1日,洛阳20岁女孩狄含笑失联遇害,事发前曾在男同事(李某涛)家中喝酒。洛阳长安路派出所通报称,李某涛有重大作案嫌疑。12月6日凌晨,专案民警在山西阳泉将李某涛抓获。经审讯,李某涛对12月1日杀害狄含笑的犯罪事实供认不讳。

案例中的狄某已经是一位大四的实习生,在洛阳某家公司上班,李某和她同在一个部门。身为一名大四的学生,相对而言应该已经有较强的安全意识,但是却还是发生了最后的悲剧。由此可见,即使是对于身边熟悉的人,我们也一定要增强自身的安全防范意识,首先确保自己的人身安全。如果在生活中发生了不顺心的事情,要懂得在保证自己安全的情况下合理排解,避免让自己陷入不利环境,避免发生不可挽回的悲剧。

2. 校园欺凌

校园欺凌是指在校园内外同学的一方(个体或群体)单次或多次蓄意或恶意通过肢体、语言及网络等手段实施欺负、侮辱,造成另一方(个体或群体)身体伤害、财产损失或精神损害等的事件,校园欺凌发生在各个年龄段。

2019年12月18日,沈阳大学23岁研二学生王某宇发帖称,9月19日,两名同学因评定奖学金事宜,找到另一名男子,3人在学生会办公室对其辱骂殴打。王某宇眉骨被划伤约4厘米,缝了6针,大腿肌腱断裂,他在医院接受治疗约三个月。事发后,他向派出所报警。

(1) 校园暴力的危害

每一次出现校园暴力的事件,都使一个孩子遭受无尽痛苦。校园暴力欺凌事件的发生对于一个生命、一个家庭都是一种极为痛苦的伤害。校园暴力不仅发生在中小学中,也同样发生在高校之中。对于被施暴者而言,其身心健康和生命安全受到威胁,自身处于一种极度缺乏安全感的状态之中。轻则造成厌学、人际交往障碍等心理问题,严重者甚至可能会因为无法承受压力而发生自伤、自残或自杀行为。对于施暴者而言,对于其道德素质发展也产生着特别不利的影响,他们的暴力行为侵害着他们的思想,影响着他们正常的生活和学习,甚至因违法乱纪而受到法律的处罚。

(2) 对校园暴力的预防和应对

雪崩的时候,没有一片雪花是无辜的。面对校园暴力,不应该一个人成为孤岛。校园暴力的预防是家庭、学校和社会的共同责任。除了家庭、学校和社会的共同努力之外,对于大学生自身而言,一在对待校园暴力这件事的态度上,要有正确的观念;二是要学会自我保护,加强安全防范,不去欺负别人,但也一定不能被别人欺负。

如果发生被欺凌的情况,要学会灵活应对:

第一,自尊自信,培养健全的人格。遭遇校园欺凌的学生中,普遍存在"自卑""低自尊"等特点,所以学生为了避免"被欺凌",首先要培养自尊、自信的人格,有着积极乐观的生活态度,让自己拥有一种自信的气场。

第二,与同学和睦相处,宽以待人。在学校中要与同学们友好相处,学会与人沟通,在现实生活中寻找真正的好朋友。在日常生活交往中,不要以自我为中心,不考虑他人或是过于争强好胜。如果出现分歧或是矛盾,要懂得换位思考,同学之间多些忍耐和包容,正确对待别人和自己。如果遭遇故意挑衅或暴力袭击,要学会沉着应对,懂得周旋和巧妙化解。

第三,自觉加强法制教育。大学生要自觉遵守法律,强化法制学习,做到知法、懂法、守法,通过学习了解法律,明确自身行为会带来的法律后果,增强人身安全防范意识。

第四,加强体育锻炼,增强身体素质。平常学习之余,要多参加体育活动,锻炼身体,增强自己的身体素质。一方面有助于自己的身体健康,另一方面,如果发生欺凌,不至于太过弱小,被别人欺负。

第五,要加强心理引导,提升自我的心理素质。大学生要学会控制情绪和自我宣泄。面对生活中的不良情绪要找到合适的渠道去疏解。比如可以通过运动、听音乐、练习书法或者是做自己喜欢的事等方式来缓解压力,学会处理现实与理想的矛盾,学会自我调适。

第六,遭遇暴力欺凌,不要一味忍让,要及时告诉父母老师,懂得寻求帮助。如果真的有欺凌事件发生在自己身上,在自己没有欺凌他人的前提下,自己一定要站出来去求得保护,不要因为施暴者的要挟、勒索而畏惧,一定要敢于向不正当势力作斗争,坚决表明自己的态度,告诉父母、老师,或者是权威部门工作人员。告诉他们施暴者是谁? 他们具体做了什么? 在哪里? 什么时候? 持续多久了? 对自己造成了怎样的困扰? 当你觉得欺凌已经威胁到你的人身安全时,那你就必须说出来! 向父母倾诉。或许你会担心他们反应过激,但是他们永远是最爱你的人,永远是最愿意帮助你的人。

3. 网络安全

互联网渗透在如今社会生活中的方方面面,特别是对网络时代的大学生影响尤为突出。而网络信息的虚拟性也在不同程度上影响着学生的人生观和价值观,给高校网络安全教育带来了新的挑战。网络是人们进行人际交往、信息接受的主要工具,并对学生的学习、生活和心理健康起着越来越重要的影响。因此,网络安全更应该受到大学生的高度重视。

(1)网络交友安全

陈馨(化名)是江苏苏州某大学的一名大二学生,平时喜欢逛周边各大高校的"表白墙"。2019年1月,她在"某大学表白墙"上看到一则"征女友"的信息,发布人自称"陆亦飞",是该校大三学生,父亲经营一家橡胶厂,母亲是当地另一所大学的教授。陈馨觉得对方长相帅气,且家庭条件很好,心中暗生好感。互加好友后,二人很快就确定了男女朋友关系。但交往没多久,"陆亦飞"就频频以各种理由向陈馨借钱,陈馨在向对方总计转账4 000余元后,提出想与对方视频、见面却均遭拒绝,为此二人大吵一架后分了手。陈馨越想越委屈,此时才意识到可能上当受骗并报警。

后当地警方将犯罪嫌疑人余某抓获归案,经查,余某的父母均是农民,其自2017年专科毕业后便一直务工。而他先前的经历更可谓"劣迹斑斑"——其曾于2015年5月、12月和2018年8月分别因猥亵、盗窃被行政拘留过三次。据余某交代,其在校时就喜欢逛各大高校的网络"表白墙"。2019年1月,余某先后在多所高校"表白墙"上发布"征女友"的信息,还用网上搜到的照片将自己包装成大学在读的"高富帅",警方同时发现,余某在与陈馨"谈恋爱"的同时,还以相同的手法多次骗取另一名女生共计人民币17 882.5元。最后,当地法院依法判处余某有期徒刑一年三个月,并处罚金人民币5 000元。

避免网络交友陷阱,我们需要做到:

第一,不暴露个人真实信息。在上网交友时,尽量使用昵称,避免使用真实的姓名,不轻易告诉对方自己的电话号码、住址等有关个人真实的信息。

第二,不轻易与网友见面。许多大学生与网友沟通一段时间后,感情迅速升温,不但交换真实姓名、电话号码,而且还有一种强烈见面的欲望。

第三,不单独赴约。与网友见面时,要有自己信任的同学或朋友陪伴,尽量不要一个人赴约,约会的地点尽量选择在公共场所,人员较多的地方,尽量选择在白天,不要选择偏僻、隐蔽的场所,否则一旦发生危险情况时,很难得到他人的帮助。

第四,不点击不明链接。在聊天时,不要轻易点击来历不明的网址链接或来历不明的文件,往往这些链接或文件会携带有攻击性质的黑客软件,造成强行关闭聊天、系统崩溃或被植入木马程序。

第五,拒绝色情聊天。警惕网络色情聊天,反动宣传。聊天室里汇聚了各类人群,其中不乏好色之徒,言语间充满挑逗,对不谙男女之事的大学生极具诱惑,或在聊天室散布色情网站的链接,换取高频点击率,对大学生的身心造成伤害。也有一些组织或个人利用聊天室进行反动宣传,拉拢、腐蚀大学生,这些都应引起高度警惕。

(2)网络购物安全

网络购物以其方便、快捷、经济等特点,受到许多网民的青睐。大部分大学生都有过网络购物的经历,并且享受着网购带来的乐趣,但也有不少大学生在网购过程中上当受骗,账号被盗导致大额的经济损失。为此我们需要做好网络购物的安全防范:

第一,选择知名平台。选择合法的、信誉度较高的网站交易。网上购物时必须对该网站的信誉度、安全性、付款方式,特别是以信用卡付费的保密性为衡量标准,防止个人账号、密码遗失或被盗,造成不必要的损失。

第二,与诚信商家交易。避免与未提供足以辨识和确认身份资料(缺少登记名称、负责人名称、地址、电话)的网店进行交易。

第三,警惕偏离市场价格的商品。若网上商店所提供的商品与市价相距甚远或明显不合理时,要小心求证,切勿贸然购买,谨防上当受骗。

第四,保存交易证据。消费者进行网上交易时,应打印出交易内容与确认号码订单,或将其存入电脑,妥善保存交易记录。

(三) 财产安全

财产指拥有的金钱、物资、房屋、土地等物质财富。财产安全是大学生生命安全教育中必不可少的一部分。对于大学生而言,自身经济能力不够充足,财产的丢失有时会直接诱发大学生其他心理问题或不良行为。现代诈骗的手段日益多样和隐蔽,诸如付费修改期末成绩、暑期应聘缴纳保证金、购买商品收到要求激活不明链接的短信等,这些手段往往会抓住某种需求从而一步步将人引入陷阱之中。

针对财产安全的防范措施如下:

1. 宿舍内的安全防范措施

贵重物品不用时最好锁在抽屉、柜子(箱子)里,笔记本电脑妥善保管,不用时锁在自己的柜子内,放假时间要带走;

注意保管好自己的钥匙,不要轻易借给他人或随意乱放;

晚上睡觉时应关锁好门窗,贵重物品和现金锁在衣柜(保管箱)内;

假期不在宿舍时,不将贵重物品放于室内,最后离开宿舍的同学,要关好窗户锁好门;

宿舍不要留宿外来人员;

宿舍门锁坏或关锁后间隙过大的要及时找维修人员修复;

平时身上不要留过多的现金,尽量将多余的现金存在银行卡上,个人现金注意不要外露,放置地点也应保密,以防被盗走;

发现上门推销、找人、调研等可疑陌生人员要及时报告宿舍管理人员。

2. 公共场所的防范措施

在教室上课或自习时,手机、钱包和书包要保管好,不要人、物分离;

在图书馆,包和贵重物品应存放在柜子里并上锁,不要将手机、钱包等贵重物品放在书桌上;

在球场打篮球或踢足球时,手机和钱包等贵重物品应有专人看管;

在餐厅打饭菜时应依次排队,切勿拥挤,手机、钱包应放在身前的包内,不要将包、手机等贵重物品放在餐厅桌子上;

坐公交车时上车应依次排队,不要拥挤,钱包、手机不要放在身侧和身后衣(裤)、包内,背包应挎于身前,在车上不要睡觉,发现有可疑人员贴近自己要小心;

在 ATM 机上取款时,记住取完现金后将卡取走,并核实银行卡号;

面对他人刻意接近并有意套取个人信息,应保持警惕果断离开。

(四) 防范安全事故

大学生安全事故主要是指高校在籍学生在学习期间发生在校园内外的各类危害人身和财产安全的事件的总称。高校人员密集是安全事故的易发区。频频发生的校园火灾、交通事故、溺水事故等安全事故严重威胁着大学生的生命安全。

1. 消防安全

校园作为一个人员集聚地,如果发生火灾,其后果的严重性不言而喻。无论是在教室或者是在宿舍楼,防火都永远是高校需要严肃对待的生命安全问题。为此,我们

需要做到:

(1)提高防火安全意识

危险发生的一个重要原因,很多时候是人们的安全防范意识不强。高校各种教研场所、生活娱乐场所众多,人员流动性也比较大,在这种情况下,大学生首先应该有的就是增强消防安全意识,多了解安全知识,按照学校安全规定用电,遵守安全规定。

(2)宿舍内防火注意事项

全面做好学生宿舍防火工作有极其重要的意义。在校园里,宿舍是人员活动较为集中和重要的场所。大学生在宿舍内一定要有消防安全的意识。为杜绝学生宿舍发生火灾事故,就要主动做到:

不使用大功率电器。如电饭煲、电暖器、电热毯、电夹板、热得快等。这些电器都是加速电线老化的元凶,他们会给宿舍安全带来严重危害。

不私自乱拉电源线路。不懂电工专业知识的人,乱接电线容易造成事故,而且乱接电线容易因超负荷而造成火灾。

必须做到人走断电。最后一个人离开宿舍时,一定要记得关闭电源开关,拔除插头,特别是充电器之类的物品。

禁用明火照明,灯泡照明不得用可燃物作灯罩,床头灯宜用冷光源灯管。

不乱扔烟头、燃烧杂物、点蚊香等。

不能在宿舍保管易燃易爆物品。

不在室内做饭。

不购买、使用假冒伪劣电器。假冒伪劣电器产品存在着质量不过关的问题,使用这些产品会加大火灾的风险。

(3)公共场所防火

随着学校建设发展,教室、餐厅、图书馆等处,人员往来频繁、密度大。公共场所管理松散,部分师生防火意识不强,室内装修使用可燃物质、有毒材料多、用电量高、高热量照明设备多、空间大等诸多因素,都是严重的火灾隐患。这种地方时有重大火灾发生,极易造成人员伤亡。

(4)火灾逃生的注意事项

火灾发生后,现场往往浓烟弥漫,容易引发恐慌情绪。此时需要格外沉着冷静,遵守以下事项:

不能因为惊慌失措而忘记报警,大家都知道"早报警、损失少"的道理,报警晚,后果不堪设想。

争分夺秒扑灭初起火灾。可利用周围的灭火设备,抓紧有利时机,趁火灾还没有发展起来,及时控制和扑灭,把损失降至最低。

建筑物起火后,切莫进入电梯逃生,火场电梯的供电系统随时会断电使人困在其中,由于电梯井的"烟囱效应",会使有毒烟气和高温直接威胁被困人员的生命。

逃生时,每过一道门窗,要随手关闭,防止产生空气对流使烟火沿行走路线蔓延。

逃生时为防止烟气吸入中毒,穿过烟火区域时,应佩戴防毒面具,用淋湿的被褥、毯子裹身,如无防毒面具,可用毛巾捂鼻,降低身姿,快速冲出险区。

如果是宾馆、饭店发生火灾,应注意听广播通知,广播会报告着火的楼层、部位,以及安全疏散的路线、方法等。

疏散要有序。遇到不顾他人死活的行为和无序拥挤现象,要坚决制止,只有有序地快速疏散,才能最大限度地减少伤亡。

2. 交通安全

交通安全是指人们在道路上进行活动、玩耍时,按照交通法规的规定,安全地行车、走路、避免发生人身伤亡或财物损失。

大学生交通安全是指大学生在校园内和校园外的道路上谨遵《中华人民共和国道路交通安全法》和其他道路交通法规、规章,骑自行车、驾驶汽车,没有危险,不受威胁,不出事故。只要有行人、车辆、道路这三个交通安全要素存在,就有交通安全问题,也许只是一个小小的意外,就会造成严重后果。这不仅给学生个人及家庭带来灾难,对国家来说也是巨大的损失。所以,作为当代大学生的我们要加强交通安全意识,防范交通安全事故,时刻牢记"安全第一"的原则。

(1)遵守交通安全的基本原则

① 加强交通安全意识。不管是校内还是校外,发生交通事故最主要的原因都是思想麻痹、安全意识淡薄。所以加强交通安全意识,才是保证交通安全的根本方法。

② 认真学习并自觉遵守交通法规。除提高交通安全意识、掌握基本的交通安全常识外,还必须自觉遵守交通法规,才能保证安全。

③ 注意力高度集中。例如骑自行车时不能低头行驶,要注意观察。车到交叉路口时,更应注意交警的手势及交通指示灯的指示,思想集中,否则就可能出事故。

(2)乘坐网约车的安全提示

① 上车前牢记车牌号。记下所约车辆的号牌和司机信息,转给亲友。上车前,要注意看清车牌或司机信息,最好拍下照片,暗中转给家人或朋友;也可以在跟家人或朋友打电话或发微信语音时,自然而然地提及所乘车辆的信息。此外,还可以随时跟亲友分享上车、途中或下车时所在的位置。

② 乘车位置要注意。上车后要坐在司机正后方的座位。因为坐在这个位置,如果司机产生歹念,对乘客发动袭击时,在这个位置是最不方便的。还要记住,单独一个人坐车时最好不要坐在副驾驶位置,晚上更要注意。

③ 拼车多加防范。现在网约打车有拼车服务,而拼车往往更便宜一些。但是一定要有警觉,最好不要跟不相识的人拼车,因为有时那些看似拼车的人,可能跟司机正是一伙的。

④ 路途中认真观察。随时注意行车路线。上车后,不要自顾自地玩手机、听音乐,甚至打瞌睡,特别是夜间单独乘车的情况下一定要打起精神,注意观察司机驾驶的路线,发现异常随时在大马路上有人的地方喊停车。为防不测,也可以向亲友通过微信分享你的位置。

⑤ 遇到危险及时报警。切勿与司机发生争执,遇到危险时要及时报警求救。如

果坐网约车时遭遇不法侵害，首先要保持冷静，找机会通过短信、电话、微信等方式快速报警，也可以寻找时机向路人求助，同时尽可能记住对方的体貌特征。

三、实施生命安全教育的神圣使命与必备素养

师范生一方面作为大学生需要培养过硬的生命安全技能，另一方面作为未来的中小学教师则需要培育生命安全教育素养，用充满生命关怀的积极努力，创建学校乃至全社会青少年安全健康的良好环境，做好生命安全教育，让所有的青少年学生快乐生活、幸福成长。

（一）生命安全教育是国家的政策要求

在当前全社会空前关注并倾力建设未成年人生命关怀与安全保障的良好氛围里，我国政府多部委陆续出台了许多相关重要法律法规，要求全体教育工作者在学校安全教育和管理中勇于创新，恪尽职守；要求广大中小学教师担负起应有的教育责任，提高必备的安全教育素质；要求把学校建设成世界上最安全、最利于学生健康成长的地方。

进入 21 世纪以来，国家有关部委对我国中小学、幼儿园的安全工作，陆续发布了一系列法律政策，对教师安全管理和安全教育的道德规范和岗位职责做出了更为明确的规定，对如何提高学校安全教育工作质量、如何建设好让孩子们在学校平安快乐的健康环境，提出了新的、更高的要求。2002 年 9 月教育部出台《学生伤害事故处理办法》，2007 年 2 月教育部《中小学公共安全教育指导纲要》颁布，指出学校安全教育的内容主要包括预防和应对社会安全、公共卫生、意外伤害、网络与信息安全、自然灾害以及影响学生安全的其他事故或事件六个模块。2015 年 3 月，公安部与教育部联合公布《中小学、幼儿园安全防范工作规范》，明确了对工作不重视、组织不得力、履职不到位，导致学校发生重大恶性案件和安全事故，造成重大损失和恶劣影响的单位，按照有关规定，实施社会治安综合治理"一票否决"。2016 年 11 月，教育部、公安部等九部委出台《关于防治中小学生欺凌和暴力的指导意见》，对遏制中小学生之间的欺凌和暴力事件，预防青少年违法犯罪工作提出了明确要求。2017 年 4 月，国务院办公厅出台了《关于加强中小学、幼儿园安全风险防控体系建设的意见》，2019 年 7 月，教育部、最高人民法院等五部委发布《关于完善安全事故处理机制维护学校教育教学秩序的意见》，对于形成依法依规、客观公正、多元参与、部门协作的工作格局，起到了重要指导作用。

一系列重要法规措施的颁布，体现出了国家和政府对中小学安全管理与安全教育的紧迫要求。这些文件对于学校生命关怀下的安全管理和教育的具体工作，做出了进一步细化的规定和要求；对于中小学管理和教育者生命关怀下的相关职责和教育措施，都提出了前所未有的、更加明确的高标准要求。

（二）以生命关怀保护学生安全健康的教育是教师的义务与使命

教师群体作为文化知识传授和学生安全成长的保护者，肩负着培养德、智、体、

美、劳全面发展的社会主义事业建设者和接班人的重大社会责任。

2013年3月教育部印发了《中小学校岗位安全工作指南》，分别对学校岗位中的安全工作职责任务进行了分解，梳理出学校39个岗位的安全工作职责，对学校管理人员、班主任、任课教师、体育老师、电教老师等，都明确了安全管理和安全教育工作的相应岗位责任。它将成为今后教师绩能的考核内容，也是出现事故时责任追究的依据。2014年1月教育部办公厅公布的《中小学教师违反职业道德行为处理办法》，其中10项主要处罚规定中，有4项直接涉及教师的安全教育和安全管理工作。对危难时刻不履行保护学生职责、体罚（含侮辱、歧视、孤立、不公平对待学生）、性侵学生等失德言行，将给予有史以来最为严厉的处罚。2021年11月教育部关于印发《全国教育系统开展法治宣传教育的第八个五年规划（2021—2025年）》的通知中指出，结合安全、禁毒、国防、防灾减灾救灾以及防范学生欺凌、网络诈骗、人身侵害和人口拐卖等内容开展日常宣传教育，将法治教育纳入中小学课后服务范围。这些充分表明政府对中小学校安全管理和安全教育工作的极度重视，也体现出办人民满意教育过程中，对广大中小学教师肩负的安全管理和教育的重大责任的特殊要求。

生命安全教育的实施，仅有责任心是不够的，更要具备相应的教育素质和教学能力。有调查表明：中小学、幼儿园一线教师很少有机会系统学习应急避险知识，近九成教师的安全教育知识严重匮乏。有调查数据显示，了解校园安全避险场所的教师不足15%；对于如何预防重大灾害，有91.57%的教师不知道该做什么。

学校是学生接受"预防重大灾害"教育的主要阵地，广大教师一定要定期接受火灾、地震、洪水等自然灾害的应急避险的教育培训，提高救助能力。所以，一名合格的中小学教师，首先需要明确在自己岗位上施行生命安全教育的职责是什么，要有保护、教育学生健康成长的安全意识，要懂得安全教育的基本常识和施教方法；既要有"预防为主，安全第一"的科学理念，还要有把它根植在学生生命深处的教育能力。其次，每一名教师都应把职业责任变成自觉的道德义务，从自身做起，掌握必要的安全教育常识、安全保护的方法和技能，在保护好学生平安健康的前提下教书育人。生命安全教育，就是学校首先需要完成的立德树人之最根本任务。作为学校教育管理者，必须把抓安全工作放在所有教育工作的首要地位，关爱呵护全体学生，团结全体教师共同努力，有效构建起对学生发展负责、对家长负责、对学校发展负责、对国家和社会负责的学校安全防护体系。

（三）及时化解学生"安全危机"是教师的紧迫任务

中小学教师对职业的热爱、对学生成长的呵护，直接体现在对学生安全健康的保护和教育上。这就需要教师不仅仅在心里时时刻刻念及学生的健康与安危，更要不容迟疑地落实在行动中。校园安全是悬在师生头上的一条高压线，安全不保，就谈不上平安和谐，更没有未来发展。每个教师都要有极其强烈的安全意识，竭尽全力关心、保护学生的安全，这是教育工作者义不容辞的责任。教师既要做学生心灵成长和发展的引路人，又要做学生人身安全的守护人和践行者。因此，只有本着对学生生命安全的真切关注和深情呵护，实行具有生命关怀的、指引着学生平安健康之路的安全教育,才会出色地尽到人民教师的天职,更好地完成时代发展和社会与人民交给中小学教师的这一艰巨任务。

中小学校教师不同于一般单位的管理人员,教育对象和教育任务的特殊性决定了他们要承担更多、更大的责任。教师既是课堂上教书育人的老师,又应该是学习和生活上细致周到的长辈。学生在校期间的学习、生活,以及衣食住行等琐事,中小学教师们都要给予特殊管理、教育和关爱。因此,学校一定要倡导全体教师注重师德修养,以崇高的事业心和责任感对待学生。要用教师的以身作则、为人师表在学生心目中树立起良好的形象,获得学生们的充分信任与认可,有心里话才敢对老师说甚至是先对老师说,有心事时才能不对抗、不躲避、不撒谎、不隐瞒。这样,学校和教师便会及时发现学生中存在的安全危机问题,察觉到他们的情绪或行为反常,找到潜在的安全隐患,取得学生们的支持和配合,有的放矢地及时妥善处理,最终杜绝各类安全事故的发生。

保障学校的安全稳定,是为少年儿童创造健康成长环境的前提,是实施素质教育的必要保证。学校安全工作有失,学生生命健康受损,管理者和教育者不仅没有尽到保护学生生命安全和健康之责,其他一切工作努力都将瞬间归零。所以,教师只有常抓不懈地、有针对性地进行防范性教育,把安全教育纳入老师最本职的工作一环,才能把生命关怀下的安全教育同学校的安全管理与师生日常行为规范紧密结合起来,做到有责任、有动力、有实效。

四、信息时代生命安全教育的创新与应用

在生命安全教育实践中不难发现,传统的教育教学方式已经不适应新时代教育需求,时代发展迫切地要求在生命安全课程建设中充分体现信息时代新技术特征的创新探索。先进的信息技术不断应用于生命安全教育的课程开发和应用的不同环节,例如利用虚拟仿真技术可以模拟自然灾难、交通事故、校园欺凌、电信诈骗等发生的具体场景。让师生在真切地体验中,产生心灵的震撼,促使广大青少年学生牢固树立"珍爱生命,安全第一,遵纪守法,和谐共处"的意识,具备自救自护的安全素养和能力;培养学生的社会安全责任感,使学生逐步形成安全意识,了解相关的法律法规常识,养成在日常生活和突发安全事件中正确应对的习惯,最大限度地预防安全事故发生和减少安全事件对学生造成的伤害,保障学生健康成长。

针对中小学的生命安全教育场景,已有一些研究者和企业积极探索生命安全教育新模式,开发推广"青少年安全测评系统",测评活动分三个阶段实施,分别时摸底前测、知识学习和检验后测。课堂上,学生通过校园火场逃生、乘车安全、野外防溺水等各项紧急事故的模拟交互演练,学习更全面的安全知识,掌握正确的安全防护和有效的自救方法,让安全教育变得更有效、有趣、有价值。教师通过校级"安全测评系统数据管理后台",查看每次测评的详细数据,及时调整安全教育思路和教学侧重点,不断提升安全教学水平。实践表明,在国家不断加强青少年生命安全教育的背景下,利用信息技术实施有特色、有创新的教育改革,让安全成为一种习惯,才能真正为学生们的安全成长保驾护航。

聚焦提升

1. 没有了安全，也等于没有了生命。安全，是一把展开的雨伞，时时刻刻都在保护着我们。

2. 生命教育是安全教育的理想教育目标，安全教育是生命的基本目标，两者相互支撑共同发展。

3. 保护生命安全与健康是每一个大学生的基本能力，一事当前先问安全，保护自己，贡献社会，生命安全，警钟长鸣。

4. 生命安全教育应成为教师的一种习惯。

 思考感悟

1. 登录国家中小学智慧教育平台(https://www.zxx.edu.cn/)，观摩"德育—生命与安全"版块的教学案例，尝试设计一堂生命安全教育微课。

2. 登录国家虚拟仿真实验教学项目网"https://www.ilab-x.com/"，选择"小学全科教师教育虚拟仿真实验教学项目"，分别以教师、学生两种角色完成"自然灾害应急处理"虚拟仿真实验。

3. 下载安装并学习使用国家应急广播 App，增强生命安全教育的意识和能力。国家应急广播 App 是由中国国家应急广播网推出的便民报警应急服务软件，可以实时了解最新应急急救科普知识、应急新闻和预警信息；以 GPS 定位为核心呈现周边信息，快速发现周边国家单位，发智能定位轻松解决应急难题。

 能量补给

1. 品读书籍：

林金水.大学生安全教育[M].上海：上海交通大学出版社，2012.

刘雁.高校学生安全防范与危险处理[M].北京：人民交通出版社，2014.

2. 影视赏析：

《唐山大地震》由导演冯小刚执导，根据张翎的小说《余震》改编而成。电影描述 1976 年发生在中国唐山的 7.8 级大地震中，一位母亲只能选择救姐弟之一。母亲最终选择救了弟弟，但姐姐却奇迹生还，后被解放军收养，32 年后家人意外重逢，心中的裂痕等待他们去修补的悲感情节。随着影片的放映再一次勾起了人们对那一段惨痛灾难的回忆，也再次引起人们灾难逃生能力的重视。

《少年的你》在题材上另辟蹊径，不是以过来人的眼光回味青春的美好，而是直面青春的痛苦和无奈，比如压力大到令人窒息的高考，比如校园霸凌。该片把校园霸凌话题带入公众视野，相比剧情，现实更残酷，电影没有板起脸来"上课"，有个好故事，有可信的人物关系，很好地诠释了我们该如何更好地保护我们的孩子。

《烈火英雄》是由博纳影业集团股份有限公司出品，改编自文学作品《最深的水是泪水》。故事源于"大连 7·16 大火"真实事件，讲述了沿海油罐区发生火灾，消防队伍上下级团结一致，誓死抵抗，以生命维护国家及人民财产安全的故事。2019 年 9 月 4 日，教育部办公厅、中共中央宣传部办公厅印发《第 39 批向全国中小学生推荐优秀影片片目》，该片被推荐为中小学生观看的影片。

生存权利　捍卫生命

> 我们不是继承了地球,而是借用了子孙的地球。
>
> ——引自《联合国环境方案》

 专题导语

当我们回顾人类的历史,看到人类自身是如何善待和使用生存权利这一项特有的权利时,不知会有怎样一番感受在其中? 本专题我们将进行生命权利的探索,进而懂得生命面前,众生平等。生存权是一项基本人权,神圣不可侵犯以及人与人、人与社会、人与自然的和谐与共存的至关重要性。

 知识地图

```
                                    ┌ 生存与生存权
                                    │
                        要有生存权利的认识┤ 生命权与生存权
                        │           │
                        │           │ 经济权、财产权与生存权
                        │           │
                        │           └ 自由权与生存权
                        │
                        │ 战争对人类生存的影响
生存权利　捍卫生命 ┤                              ┌ 关于饥饿
                        │                              │
                        │ 饥饿、自然灾害和瘟疫对人类生存的影响┤ 关于自然灾害
                        │                              │
                        │                              └ 关于瘟疫与疾病
                        │
                        │           ┌ 树立"生命共同体"的生命观
                        生存权利的哲思┤
                                    └ 人之异于禽兽者几希:善端
```

 **体 验 活 动**

孤岛救援

海啸的来临,有 4 名游客被困孤岛(60 岁的老人、7 岁的小孩、20 岁的大学生、30 岁的孕妇)。作为营救队员,时间紧急,生死关头,你打算怎样营救?

讨论分享:

1. 你所在的小组是以何种方法达成共识?

2. 谈谈你组的营救顺序,为什么?

3. 你从活动中感受到了什么?

 理 论 学 习

人最宝贵的是生命。无论是人的生命成长和发展,还是生活滋味的品尝、人生幸福的体验,无不以生命的存在为前提。联合国教科文组织为 21 世纪的教育提出了这样的口号:"Learning to be(学会生存)"。这一极具震撼力的口号,对当今的社会具有深刻意义。在这个快速发展的时代,人类已经不是仅仅为了生存而生存,人类的生存有了更多的内涵和更高的层次。所以,人们对生存权利的认识更加直接地关系着人类的生存方式和价值追求。也就是说,人类的发展与人类对生存权利的认识密切相关,由于人类对生存权利的不懈追求,才造就了人类社会的发展、文化历史的进步,才有了我们灿烂辉煌的今天。

一、生存权利的认识

要学会生存,就要对生存权利有认识。生存权是指人们获得足够的食物、衣着、住房以维持有尊严的相当生活水准的权利,它包括食物权、衣着权、住房权等具体内容。生存权是从权利的角度对人的生存条件的规定,是指人人都应享有自由、平等的生存条件,既包括生命安全不受侵犯的政治法律条件,又包括基本生活受到保障的社会条件,既是人类个体的权利,也是人类群体的权利。生存权是最基本的人权,是享受其他人权的前提。

首先,生存权的实现是其他人权实现的基本前提。马克思、恩格斯在《德意志意识形态》中指出:"我们首先应该确立一切人类生存的第一个前提也就是一切历史的第一个前提,这个前提就是:人们为了能'创造历史',必须能够生活,但是为了生活,首先就需要衣、食、住以及其他东西。因此第一个历史活动就是生产满足这些需要的资料,即生产物质生活本身。"①从人权理论来看,公民只有获得生存权并且是有可靠保障的生存权,才有条件来有效地行使其他政治权利、经济权利、社会权利和文化权利等。

其次,生存权即是相当生活水准权,这是发展中国家的首要人权。从历史上看,争取国家和民族的独立与生存,是沦为殖民地、半殖民地的广大第三世界国家人民首先必须解决的人权问题。历史经验证明,没有生存权,任何人权都无从谈起。《世界人权宣言》第 25 条第 1 款规定:"人人有权享有为维持他本人和家属的健康和福利所需要的生活水准,包括食物、衣着、住房、医疗和必要的社会服务。"《经济、社会及文化权利国际公约》第 11 条第 1 款规定:"本公约缔约各国承认人人有权为他自己和家庭获得相当的生活水准,包括足够的食物、衣着和住房,并能不断改进生活条件。"一般认为,这是对相当生活水准权的规定。学者们认为,"享有维护相当生活水准权,其最低限度需要每个人应享有必需的生存权:足够的食物和营养权,衣着,住房,和在需要时得到必要照顾",并认为《世界人权宣言》第 25 条和《经济、社会及文化权利国际公约》第 11 条等是对生存权的国际性保障。

1991 年 10 月,中国国务院新闻办公室发布了第一份人权白皮书,明确提出"生存权是中国人民长期争取的首要人权"。此后,"生存权"概念一直被中国政府在各种人权领域广泛使用。中国已经在 1997 年签署并在 2001 年加入《经济、社会及文化权利国际公约》,将中国的生存权与国际人权公约的相当生活水准权统一起来,既与国际人权公约相适应,也可以说是国家履行国际人权公约义务的要求。

在 2018 年 12 月 10 日《世界人权宣言》发表 70 周年纪念日前夕,时任中共中央政治局委员、中宣部部长黄坤明指出我们保障了最广大人民的生存权、发展权。我们始终把解决群众温饱问题、让人民过上好日子作为头等大事,大力发展社会主义经济,全面推进各项事业发展。人民群众生存发展状况得到极大改善,人口平均预期寿命由新中国成立前的不到 35 岁提高到 2017 年的 76.7 岁,文盲率由新中国成立初的80% 以上降到现在的 5% 左右。改革开放以来的 40 年,中国人均可支配收入增长22.8 倍,贫困人口减少了 7.4 亿,就业人员翻了一番,城乡免费义务教育全面实现,建成了世界上规模最大、覆盖人口最多的社会保障体系,拉动世界社会保障覆盖率提高 11 个百分点。党的十八大以来,习近平总书记围绕尊重和保障人权发表一系列讲话,作出一系列重要论述,提出生存权、发展权是首要的基本人权,人民幸福生活是最大的人权,以发展促人权等理念形成了新时代中国人权的新理念新思想,推进了中国人权事业的新实践新发展,谱写了人类人权事业的新篇章。

(一)生存与生存权

生存是一种状态和事实,生存权是一种权利。生存就是活着,生存权是活着的权利。一个人活着不等于他有活着的权利,生存着不等于享有生存的权利。"一个人可

---

① 中共中央马克思恩格斯列宁斯大林著作编译局:《马克思恩格斯文集(第一卷)》,人民出版社,2009 年版,第 531 页。

以没有生存权而生存",如 19 世纪中期的工人总是在挨饿,"没有生存权,生存确实不太安全。如果它遭到威胁或否定,人们就没有权利资格的观点支持其生存斗争。这就是拥有一项生存权利如此重要的原因"。作为人,不仅需要生存,而且需要有生存的权利,而不能将自己是否得以生存完全交由他人、社会、国家去摆布,一个人的生存不是由他人、社会、国家决定的,而是他自己天生就有的一项权利。奴隶也活着,也生存着,但没有活着的权利,没有生存的权利。他之所以活着、生存着是源于他的主人的意志而不是他自己的意志,他的主人让他活着他才能活着,他自己不能选择生存或不生存,不能选择过较高还是较低水准的生活。

(二) 生命权与生存权

在汉语中,生存与生命密切相关,生存就是指生命的保存。这大概是人们将生存权与生命权混为一谈的一个重要原因。还有一个重要原因,也值得注意,那就是过去我们将国际人权公约上的"生命权"(the right to life)错误地翻译为"生存权"。1966年联合国大会通过的《公民权利与政治权利国际公约》(当时翻译为《公民及政治权利国际盟约》)的中文文本第六条第一款原文为:"人人皆有天赋之生存权,此种权利应受法律保障。任何人之生命不得无理剥夺。"而且,也许受其影响,国内有些宪法书籍在翻译德国、俄罗斯、哈萨克斯坦等国的宪法文本时也使用"生存权"一词。但从这些国家的立宪本意来看,应当翻译为"生命权"。

然而,生存权与生命权是有区别的。正如前面所言,生存权是人们维护相当生活水准的权利,而生命权主要是指人的生命自然地存在于世界上而不受非法剥夺的权利。二者的权利性质明显不同,生命权是一项消极权利,强调的是国家消极不为,不得非法剥夺人的生命,故世界上许多国家的宪法通常将生命权与死刑的废除放在一起规定。例如,1982 年葡萄牙《宪法》第 24 条(生命权)规定:"一、人的生命不可侵犯。二、在任何情况下不适用死刑。"生命权利是人的一切权利中最基础的部分。人的生命是一切已知生命形式的顶峰,是大自然的杰作,又是自然世界具有意义的原因。人的一切有赖于人的生命存在。因此,人道主义认为人首先具有生命存在的权利,生命的权利至高无上,不可随意剥夺。

生命权利主要指人有享受生命的权利。一方面,任何人不得随意伤害他人的生命,人的生命是神圣的,谁也不能去伤害别人的生命。伤害他人生命,不仅是社会秩序、社会组织原则不容许的,也是人的理性、人间道义所不能容忍的。人们对战争深恶痛绝,是因为战争意味着对生命的残害。另一方面,生命权利还要求人们对自己生命自我尊重。人的生命权利并不应当包括随意处置自己的生命的权利。生命权利要求人有责任善待自己的健康,珍惜自己的生命。而生存权在性质上属于积极权利,它要求国家积极作为,有责任采取必要的措施以确保本国公民维持相当的生活水准。

当然,二者也有密切的联系。生命权是生存权的前提,没有生命权,生存权不可能存在,也没有意义;同时,生存权是生命权延续的保障,没有生存权的保障,即使人的生命不被国家非法剥夺,也可能饿死或冻死。

(三) 财产权与生存权

财产往往是生存的基本条件,财产权是生存权的内涵之一,资本主义生存权理论认为,"生存权是建立在财产权的基础之上的,保障财产权就是保障人的生存权"。如"获得必要生活资料的权利"是生存权的内容之一,它实质上就是最低限度的生活保障与财产权利。生存权作为一项个人生存的权利,包括经济权利,又不限于经济权利。它包括经济权利是因为大部分经济权利都涉及生存权问题,如财产权、劳动就业权的意义和生存权密切相关;生存权不限于经济权利是因为个人要生存不仅需要有一定的财产、劳动就业以及基本的物资供应,而且要有基本的行动自由和安全这些人身权利。

(四) 自由权与生存权

在"自由权"与"社会权"的两分法中,自由权主要指公民权利与政治权利;社会权主要指经济、社会、文化权利。宏观上看,"自由权"与"社会权"都涉及生存权。有学者指出:"自由权主要指公民权利与政治权利",包括"生命、自由、人身安全、隐私和财产的权利;婚嫁和家庭的权利;接受公正审判的权利;免做奴隶,免受酷刑和任意逮捕的权利;自由迁徙和寻求庇护的权利;拥有国籍的权利;思想、良知和宗教自由的权利;言论自由的权利;自由集会和结社的权利以及自由选举、普选和参与公众事务的权利。"其中人身安全、免做奴隶、免受酷刑和任意逮捕的权利、自由迁徙和寻求庇护的权利等显然既不是"公民"权(而是"人"权)也不是"政治权利"(而是"人身权利"),它们也不仅仅是自由权(人身自由),而且还是生存权。这些权利不仅意味着权利人可以自由地作出选择,而且是权利人生存的基本需要。因此人身自由既是自由权也是生存权。[①]

联合国将每年的 8 月 19 日定义为世界人道主义日,旨在为受危机影响的人们的生存、福祉和尊严,以及为援助人员的安全与保障发声。2021 年世界人道主义日主题是"为人道竞速",强调气候紧急情况对世界上最弱势群体的直接影响,确保他们的声音被听到。面对全球变暖和海啸等因素的影响,世界上许多人民茫然无措,让我们不禁联想到了诸如马尔代夫、图瓦卢等国家可能会在若干年后因为海平面上涨丧失大部分国土,这里的人民又该何去何从?

人们常说:生命面前,人人平等。当我们以史为鉴,以生命的名义,回顾人类的历史,看到人类自身是如何使用这样一项特有的权利时,不知会有一番怎样的感受?

二、战争对人类生存的影响

在这个世界上,最宝贵的是人的生命。尽管绝大多数的人都厌恶战争、热爱和平。但在人类历史上,战争从未停止过。托洛茨基说:"你也许对战争不感兴趣,但是

---

① 《生存权的广义与狭义》作者:马岭 2009 - 07 - 19 发表于法天下网网址:http://www.fatianxia.com/paper/64310/

战争却对你深感兴趣!"第一、第二次世界大战中的情况统计,见表11-1与表11-2。

表 11-1　第一次世界大战部分国家情况

战争历时	4年零3个多月(1914/7/28—1918/11/11)
参战国家	31个(协约国27个,同盟国4个)
战争范围	14个国家的400万平方千米以上土地
卷入人口	超过15亿
参战人员	7 000多万
伤亡人员	3 000多万
经济损失	3 400多亿美元

表 11-2　第二次世界大战部分国家死亡情况

国家	总死亡人数	占战前人口	军队死亡人数	平民死亡人数
日本	2 000 000	2.7%		
南斯拉夫	1 706 000	10.9%		
法国	810 000	1.9%	340 000	470 000
希腊	520 000	7.2%		
美国	500 000	0.4%	500 000	
奥地利	480 000	7.2%		
罗马尼亚	460 000	3.4%		
匈牙利	420 000	3.0%		
意大利	410 000	0.9%	330 000	80 000
捷克斯洛伐克	400 000	2.7%		
英国	388 000	0.8%	326 000	62 000
荷兰	210 000	2.4%	198 000	12 000
比利时	88 000	1.1%	76 000	12 000
芬兰	84 000	2.2%		
澳大利亚	39 000	0.3%		
加拿大	34 000	0.3%		
阿尔巴尼亚	28 000	2.5%		
苏联	20 600 000	10.4%	13 600 000	7 000 000
中国	10 000 000	2.0%		
德国	6 850 000	9.5%	3 250 000	3 600 000
波兰	6 123 000	17.2%	123 000	6 000 000

二战时的中国未能幸免。1937年12月13日,侵华日军攻占南京并制造惨绝人

寰的大屠杀。面对手无寸铁的平民和中国守军,侵华日军开始了疯狂的杀戮、淫虐等暴行。最低限度统计有 30 万人惨遭杀害,这是中华文明乃至人类文明的至暗时刻。

据 2002 年匈牙利学者统计:第二次世界大战后的 37 年里,世界上爆发了 4 700 起局部战争,无任何战争的日子只有 26 天。而据瑞典学者统计:从公元前 3200 年到公元 1964 年这 5164 年的时间里,世界上共发生战争 14 513 次,只有 329 年是和平年代。这些战争使 364 亿人丧生,损失的财富折合成黄金,可以铺一条宽 75 公里、厚 10 米,环绕地球一周的金带!

这些数字与事实,都让我们深刻内省,对于生命和生存,这意味着什么?

我们无法容忍对生命的漠视,憎恶人性的泯灭!珍视和敬畏生命,警惕法西斯复活!

有位二战中纳粹集中营的幸存者,后来当上了美国一所学校的校长,他在每一位新教师来到学校时,首先会交给那位教师一封信,而每一位新教师手中信的内容完全一样。里面这样写道:"亲爱的老师,我是集中营的生还者,我亲眼看到人类所不该见到的情景,毒气室由学有专长的工程师建造;儿童被学识渊博的医师毒死;妇女和幼儿被受过大学教育的人们枪杀。看到这一切,我怀疑教育究竟是为了什么?我的请求是,请你帮助学生成为有人性的人。你们的努力绝不应当被用于制造学识渊博的怪物、多才多艺的变态狂、受过高等教育的屠夫。只有在先使我们的孩子具有人性的情况下,读写算的能力才有价值。"

这位校长以他的亲身经历告诉大家,人性与人道的重要。超强的能力、渊博的知识,如果被邪恶扭曲的灵魂所操控,就会危害他人,危害社会。过去如此,未来也是如此。

因此,我们赞同诺贝尔和平奖获得者史怀泽在《敬畏生命》一书中说的:只涉及人对人的关系的伦理学是不完整的,从而也不可能具有充分的伦理功能。但是,敬畏生命的伦理学则能实现这一切。由于敬畏生命的伦理学,我们不仅与人,而且与一切存在于我们范围之内的生物发生了联系。关心它们的命运,在危难中救助它们。善是保存和促进生命,恶是阻碍和毁灭生命。如果我们摆脱自己的偏见,抛弃我们对其他生命的疏远性,与我们的周围的生命休戚与共,那么我们就是道德的。只有这样我们才是真正的人。

三、饥饿、自然灾害和瘟疫对人类生存的影响

(一) 关于饥饿

现代物质文明的繁荣外表掩盖不了这个世界存在饥饿的事实:有人挣扎在饥饿的边缘,正做着关于面包的梦。1970 年,世界饥饿人口为 9.6 亿。世界粮农组织 2000 年公布的一份世界粮食状况报告指出:全球目前处于饥饿状态的人口高达 8.26 亿,占世界人口总数的 13%,其中有 7.92 亿分布在发展中国家,占发展中国家人口总数的 1/5,3 400 万分布在发达国家。引人注目的是,在发展中国家营养不良人口中,10 岁以下的儿童就有 1.8 亿。在非洲,约有 1/3 的儿童长期营养不良,而全世界

每年有 600 万学龄前儿童因饥饿而夭折。2019 年 7 月 15 日发布的《世界粮食安全和营养状况》年度报告称,据估算,2019 年全球超过 8.2 亿的人没有充足的食物,世界饥饿人口数量连续三年增长。

非洲的情况最令人震惊,因为该区域的饥饿率最高,且几乎所有分区域的饥饿率都在缓慢上升,东部非洲的情况尤为严重,接近三分之一的人口(30.8%)营养不足。营养不足人口最多的洲是亚洲(超过 5 亿人口),其大多数生活在南亚国家。将非洲和亚洲加以合并计算,其在全球所有形式的营养不良人口中所占的比例最高,占全世界发育迟缓儿童人数和消瘦儿童人数的比例均达到 9/10 以上。在南亚和撒哈拉以南非洲,1/3 的儿童发育迟缓。根据《2018 年全球饥饿指数(GHI)[1]》显示撒哈拉以南的南亚和非洲的 GHI[2] 得分分别为 30.5 和 29.4,远高于世界其他地区。中非共和国排名 119,GHI 得分为 53.7,乍得、也门、马达加斯加、赞比亚、塞拉利昂分列118、117、116、115、114 位,饥饿以及相关问题仍极其严重。

2018 年全球饥饿指数显示,世界在减少总体饥饿方面取得进展,但这种进展是不平衡的。严重饥饿和营养不良的地区依然存在,数百万人依然饱受饥荒折磨。这些使我们深刻感受到:我们离一个没有营养不良的世界还很远。

2020 年 2 月,东非地区蝗灾肆虐,蝗虫数量之多数十年未见。肯尼亚的一个蝗虫群长 40 公里,宽 60 公里,每平方公里聚集 1.5 亿只蝗虫。据估计,即使是小型虫群,每天也能吃掉 3.5 万人的食物,东非受蝗灾影响的 1 300 万人口,现在面临粮食短缺的窘境。对此,联合国负责人道主义事务的副秘书长马克·洛科克称,这次非洲蝗虫入侵将会使 1 900 万人面临严重的粮食危机,是全人类不得不面对的一场灾难。

更可怕的是持续恶化的农业问题。在尼日尔南部与尼日利亚接壤的地区,人们以一种叫"塔法萨"的树叶充饥。在两国边境,每天都有不少尼日利亚人驾着牛车或驴车,贩运这种原本一文不值的树叶。在尼日利亚北部的丹卡马小镇,"塔法萨"的价格已经上涨到每单位 3 奈拉或每袋 120 奈拉(1 美元约合 132 奈拉)。对饥饿的尼日尔人来说,"塔法萨"现在已成为不可缺少的食物。在海地,以泥土为主要配料制成的"泥饼干"是贫困人家用来充饥的一种食物。

(二) 关于自然灾害

纵观人类的发展历史可以看出灾害的发生原因主要有两个:一是自然变异,二是人为影响。通常把以自然变异为主因产生的灾害称之为自然灾害,如地震、风暴潮

---

[1] 2018 Global Hunger Index | Chapter 02 | Global, Regional, and National Trends

[2] 全球饥饿指数(global hunger index,GHI)是由国际粮食政策研究所(International Food Policy Research Institute,IFPRI)于每年 10 月 14 日发布的反映当年各发展中国家中相对于总人口的营养不足率、未满 5 岁儿童的低体重率、死亡率等的综合指数。主要是依据人口营养不良比例、5 岁以下儿童体重不足比例,以及 5 岁以下儿童死亡率作为统计。该指数依据百分制对各国进行排名,最佳得分为零分,表明该国不存在饥饿情况,而 100 分则为最差得分。IFPRI 将饥饿指数 10 以上归类为『严重』(serious)、20 以上为『不安』(alarming)、30 以上为『极其不安』(extremely alarming)等。

等,将以人为影响为主因产生的灾害则称之为人为灾害,如人为引起的火灾和交通事故等。地震、海啸、飓风、洪水等恣意肆虐的自然灾害无情地吞噬着成千上万人的生命……

自然灾害大致可分以下四类:

气象灾害:由大气圈变异活动引起的对人类生命财产、国民经济及国防建设等造成的直接或间接损害。不仅包括台风、暴雨、冰雹、大风、雷暴、暴风雪等天气灾害,还包括干旱、洪涝、持续高温、雪灾等气候灾害,沙漠化、山体滑坡、泥石流、雪崩、病虫害、海啸等气象次生灾害或衍生灾害也时有发生。此外,与气象条件密切相关的环境污染、海洋赤潮、重大传染性疾病、有毒有害气体泄漏扩散、地震、火灾等也成为影响人们生活和安全的重要问题。

地质灾害:由岩石圈活动所引起的灾害。具体地说,在地壳某个薄弱的地方突然发生剧烈变形、位移及地表物质运动,给生活在这一区域的人们带来突如其来的灾难,称为地质灾害。地质灾害种类很多,主要有地震、火山喷发、海啸、滑坡、泥石流、地裂以及水土流失、沙漠化、盐碱化、海水入侵、地下水变异、煤层自燃、瓦斯爆炸、有害地气、黄土湿陷、泥沙淤积等,它可以在瞬间吞没数十万人的生命.将整座城市毁灭。

生物灾害:在生物圈内,由于各种生物活动(包括动物、植物和微生物活动)对人类生命和生存环境引发的重大伤亡和破坏称为生物灾害,包括动物灾害、植物灾害和微生物灾害。

天文灾害:指空间天体或其状态,如太阳表面、太阳风、磁层、电离层和热层瞬时或短时间内发生异常变化,如强的日冕物质抛射、大耀斑、高速太阳风、磁暴、亚暴、电离层突然骚扰等,可引起卫星运行、通信、导航以及电站输送网络的崩溃,危及人类的生命健康,造成社会经济损失。

1976 年的唐山大地震和 2008 年的汶川大地震,死亡人数分别达到 24 万余人(包括天津等受灾区)[①]和 8 万余人[②],在中华大地上造成了空前的劫难;1997 年历史上最强的一次厄尔尼诺现象在全球引发了各种灾害;2004 年的印度洋海啸,夺去了21 万人的生命。2013 年的日本大地震,死亡人数已经超过了 1.5 万人,另外还有9 506 人失踪。两者合计遇难者为 24 525 人。[③] 这些人类自然灾害史上一个个触目惊心的案例,不仅是在一次次告诉我们灾难对人类的打击和毁灭有多么深重、大自然的威力多么势不可挡,而且是在一次次警示我们,灾难还将继续,人类还将承受和面对……

曾几何时,我们人类所居住的地球上的森林一度达到 76 亿公顷,而现在已有一半的森林化为乌有。而且这些剩下的森林,还以每年 1 800 万—2 000 万公顷的速度

---

① 可参见,http://zhidao. baidu. com/question/147335648. html。
② 郑晓江:《生命的沉思——生命教育理论与实践研究》,中央文献出版社,2009 年版,第 387页。
③ 可参见,http://www. chinanews. com/gj/2011/05 - 13/3040205. shtml。

快速消失。[①] 森林被砍伐，又会造成大量的水土流失。我国明代的皋兰县，（现在的兰州）是山清水秀、森林茂密的地方，到了 1949 年就成了山顶仅有两棵孤零零的老榆树的黄土高原了。

地球上的物种灭绝速度也在加快。近 2000 年来，有 110 种之多的兽类和 139 种的鸟类已从地球上绝迹。

无节制地抽取地下水，还会引起地面下沉。大量的工业生产所排出的废气、废水、废物，会造成严重的环境污染。大气中二氧化碳增加，引起全球变暖。臭氧层的破坏，新的光污染、电磁污染、热污染、太空污染还在不断出现……

"生于忧患，死于安乐""前事不忘，后事之师"。这一连串的灾难像一柄柄寒光闪闪的"利剑"，直刺人心，发人深省，使得我们不能不思考：面对灾难，人类应该做些什么，该怎样做？是积极应对，还是听之任之？

"人类是地球的人类，但地球不是人类的地球。""我们不是继承了地球，而是借用了子孙的地球。"作为地球的公民，我们有责任运用自己的权力，一起共同来拯救地球。为了自己、为了下一代，以及人类能够继续在地球上生活下去，我们必须立即行动！

（三）关于瘟疫与疾病

历史经验告诉我们：大灾过后，多有大疫。世界历史上最大的几次瘟疫灾难几乎都是有意无意进行细菌战争的后果。

最著名的瘟疫灾难是欧洲的黑死病，也就是腺鼠疫，这场瘟疫的发端很难确定，但是可以确定的一点是腺鼠疫传播到欧洲而成为黑死病是蒙古人进行细菌战的结果。研究表明腺鼠疫杆菌原产于中亚草原，原来的携带者是中亚的土拨鼠，在蒙古被征服之前曾经数次沿丝绸之路传入中国。

第二场超级瘟疫是在黑死病之后 200 多年，西班牙人把天花作为武器输入了美洲，方法是将病人的衣物、毯子等送给印第安人，然后任其传播，使印第安人口从西班牙人到达美洲前的近两千万锐减到几十万，这是世界史上最黑暗的一幕。后来英国人对北美印第安人、澳洲和太平洋岛屿的土著也如法炮制，利用细菌进行了有组织的种族灭绝，霸占了当地人的土地。

到 19 世纪末人类发现了细菌，产生了微生物学，尝到过细菌战甜头的帝国主义列强又有了新的工具——培养自然界中不可能产生的超级细菌。比如炭疽，本是一种牛得的病，通常不会传染给人，大约在二十世纪三十年代，英国科学家研究出了可以让人感染的菌种和方法，稍后美国、德国、日本都掌握了这一技术。

再如鼠疫，传统的鼠疫人们已经有办法控制后，日本臭名昭著的 731 部队又研究出了"干燥鼠疫菌"，毒性和传染性比传统鼠疫强数十倍。很快在战争中日本人就将这些最新的"技术"用于战争，在我国大量传播鼠疫，造成几十万人死亡。

此外，病毒带来的疾病也值得关注。中国疾控中心在《我国 HIV/AIDS 流行病

---

① 　冉乃彦：《生命教育课——探索教育的根本之道》，同心出版社，2008 年版，第 45 页。

学研究进展》一文中指出,截至 2020 年底,中国共有 105.3 万人感染艾滋病病毒,累计报告死亡 35.1 万人。另外根据联合国艾滋病规划署 2019 年报告显示,超过一半受调查国家中的艾滋病高危人群有效防治率不到 50%,这表明关键人群被"边缘化"的现象依然严重。

2019 年埃博拉疫情中有统计数据显示,从 2018 年 8 月 1 日到 2019 年 8 月 30日,刚果(金)累计报告 3 004 个病例,其中确诊病例 2 899 例,死亡病例 2 006 例。这是全球史上第二严重的埃博拉疫情,仅次于 2013 年至 2016 年夺走 1.1 万余人生命的西非三国埃博拉疫情。[①]

而近年来席卷全球的新冠疫情更是牵动世界人民的心。2022 年美国约翰·霍普金斯大学调查数据显示:全球累计新冠确诊病例超十万例国家或地区有 123 个,累计确诊合计 4 亿 9 118 万例,累计病亡病例超 615 万例。世卫组织总干事谭德塞指出:"这些年来有很多报告都指出,世界没有为大流行病做好准备。历史告诉我们,新冠肺炎不会是最后的大流行病。"面临严峻的挑战,全世界人民需要有同舟共济的意识和团结合作的精神。

四、生存权利的哲思

(一)树立"生命共同体"的生命观

天灾人祸层出不穷地出现在人类社会。这些磨难在损害我们同胞生命的时候,也以一种特殊的方式清除我们心灵中平日不易察觉的污垢,将人的自由权利与社会责任之间的关系强烈地凸显出来,让我们认识到个人的生命是与全人类的生命联系在一起的。这些灾难引发了我们对生与死的哲学思考:人类的生命与地球上所有的生命都是息息相关联的,要树立"生命共同体"的生命观;经济发展应该惠泽全民,要树立一种"同舟共济"的新的人生观。

所谓"生命共同体",其意蕴有三:一是从人类自然的生理性生命来看,人与人在生命之本质上为"一",故而整个人类在生命存在的意义上是一个"共同体";二是从观念上看,既然人类自然生命是"一",那么人类的每一份子都应该努力突破个人主义的局限,在社会文化的层面沟通你、我、他,达到人生观价值观上的"生命共同体";三是指不唯人与人的生命为"一",人与其他的生命体乃至整个宇宙的大生命皆是相沟通为一的。由这样一种"生命共同体"的实存及观念出发,人们就可以学会与他人、与社会、与动植物、与整个大自然和谐相处,共存共荣。[②]

曾参加过两次登月宇航飞行的尤金·塞尔南描绘在太空中反观地球时的感觉写道:"当你在地球的轨道上向下看时,你会看见湖泊、河流、半岛……各种各样的地貌

---

① 可参见:https://baike. baidu. com/item/2019%E5%B9%B4%E5%9F%83%E5%8D%9A%E6%8B%89%E7%96%AB%E6%83%85/23237044? fr=aladdin

② 郑晓江:走向"生命共同体"—关于"非典"之生死哲学的思考,《南昌大学学报(人社版)》2003 年 5 月,第 4 卷第 3 期。

在你的眼前飞快地变换着，白雪皑皑的高山、茫茫无际的沙漠、广阔无边的热带地区……你问自己，在宇宙的时空中，我在哪儿？你看着太阳从美洲落下，又从澳洲升起。你再回头看着自己的'家园'，却看不到任何将这个世界四分五裂的肤色、宗教和政治上的壁垒。"①这种由观察地球的自然景观派生出的正是生命共同体的观念。

长期以来，随着人类征服自然的能力越来越强，态度也越来越傲慢。人们常以智慧为基础、科技为工具，以"君临天下"般的姿态对自然界其他动物的生命采取极端手段。从根本上说，生命之间本质上是相通的。所以，我们人类应该善待动物，摒弃"人为刀俎，动物为鱼肉"的生存观，否则将不可避免地被大自然惩罚。先哲老子说过那无可言之的"道"有一些最基本的性质："生而不有，为而不恃，长而不宰，是谓玄德"。其实，人类在对待动物与大自然时，真的是很需要这种幽远静默之"道"的"玄德"。

一般而言，大的灾难降临后，人们往往会重新审视过去与现在的生活，并改变许多观念和看法。以前不重视的价值现在重新得到肯定，从前非常追求的东西也许在新的视角下变得不是那么重要。为何"在灾难面前，人与人之间的相容度会比以前增大"呢？这是因为，人类从生命本源上是相通的，每个个体不唯是家庭、社会的，也是人类、宇宙这个大生命中的有机组成部分。个人的成功、社会的进步、国家的繁荣、人类的发展，都不应该仅仅让个别的人受惠，而应该让每个社会成员都能分享。一旦地球上某一处发生了灾难，我们每个人都不能置身事外。生命一体的观念告诉我们：在全球化的时代，这个星球所发生的任何事情与所有生命体息息相关。因此，"同舟共济"应该是21世纪人类的新人生观，我们不仅要分享现代化带来的快乐和幸福，而且必须共同承担社会的灾难与痛苦。既然大家乘坐的是同一艘"舟"，就必须放弃个人主义的生命观，真正转换成"同济"——互相关爱，互相支持，共同发展，共谋幸福。

（二）人之异于禽兽者几希：善端

孟子认为，那高高在上的苍天，是宇宙之最大者，也是宇宙的最高主宰，人事成败由于天，心性义理亦出于天。那么天所授之于人、使人成其为人的本性是什么呢？他认为："诚身有道，不明乎善，不诚其身矣。是故诚者，天之道也，思诚者人之道也。""诚"，即诸善，天道为诚，即说天的本性是善的。人性既然与天性相通，并以天性为本源、为根据，因而人性为善便是必然的。正是在这一基础上，他进一步说，人生来就有所谓"仁之端""义之端""礼之端""智之端"，只要扩充这些善端，人就可以为善。他认为人与禽兽的区别在于："人之异于禽兽者几希，庶民去之，君子存之。"所谓"几希"是说，人之区别于动物的地方实际上是非常少的，仅仅在于人有"善端"，一出生时就具备恻隐之心、羞恶之心、辞让之心、是非之心。对这些天生的"善端"，人们若加以精心培育，则会形成人生命中四种最重要的品德：仁、义、礼、智。因此，我们如果要做"人"，并进一步去做个"好人"，关键在于保存和发扬"人性"，让自我天生之良善、良知、仁爱显现在为人处世之中。

---

① 林恩·马古利斯：《我是谁》，江西教育出版社，2001年版。

比如徒手抱接坠楼女童,被赞"最美妈妈";最美女孩上央视称"救人时什么都没想"。这即孟子说的:当下不假思索,是人性善的鲜明表现。2019 年 3 月 4 日,河南济源街头一名老人骑着三轮车突然摔倒,一位 90 后女孩看到后立马伸出援手。她担心老人昏迷过去,蹲在地上跟老人交流,一直等到救护车赶来。靳金梓救人的行为引来不少市民点赞,大家开始称靳金梓为济源"最美女孩"。对于这个称呼,靳金梓说:"这个世界上,无论是生活中还是工作中,有很多遇上困难的人是需要我们伸出手去帮助的。有些人会坐视不理,有些会很热心地帮助他们。'帮助别人等于帮助自己',这是我十分认可的格言,即将踏上工作岗位的我,觉得这事是应该做的。"他们用自己的行动朴素地说出了"人是什么"的答案,彰显出人性善的本质。

总之,我们每个人在这个全球化的时代,一定要以"蓝色救生艇"上"乘客"的实存状态升华为"生命共同体"的人生观,学会与亲人也与他人、与社会和国家,以及所有的生命体和大自然同舟共济,和谐相处,共存共荣。

 聚焦提升

1. 生存权利神圣不可侵犯。
2. 珍惜生命,制止战争,保卫和平。
3. 每个人的生命都是有价值的,延伸生命的价值。
4. 生命面前众生平等,对一切生命都怀有敬畏之心。
5. 珍惜生命、宝贵当下、尊重他人、敬重自然。

 思考感悟

请阅读"扎克伯格写给女儿的一封信①"并谈谈你的感受。

亲爱的麦柯斯,

你妈妈和我还找不到词汇来描述你给我们带来的对未来的期望。你的新生活充满了潜能,我们愿你能健康快乐,以让你充分地去探索研究。你已经给了我们一个理由去反思我们希望你生活的那个世界。

像所有的父母一样,我们想要你长大后的世界比我们今天更好。

新闻总是会报道哪里出了问题,但在好多方面这个世界正变得越来越好。健康状况在改善、贫困人群在减少、大家的知识水平在增加,人们彼此的联系越来越紧密。技术在各个方面的进步意味着你们这一代的生活会比我们现在有巨大的变化。

我们会尽全力让这种变化发生,不仅仅是因为我们爱你,更是因为我们有责任去爱护下一代所有的孩子。

我们相信所有的生命都有同等的价值,这里面包括生活在未来和现在的所有人。我们的社会

---

① 搜狐教育:扎克伯格写给女儿的一封信 http://learning. sohu. com/20151202/n429323711.shtmlFacebook(脸书)创始人马克·扎克伯格和妻子普莉希拉·陈迎来了他们的第一个孩子—取名麦柯斯的小千金,并借此机会宣布,二人将把 450 亿美元财产的大部分捐献出去。

有义务去为所有即将来到这个世界的生命去投资,而不是仅仅关注眼前和当下。

当下,人们主要死于五种情况——心脏病、癌症、中风、神经退行性和传染性疾病——我们能做的就是尽快在这些方面取得进展去解决问题。

当我们想到你们这一代和你的孩子们的一代如果可以不再受到这些疾病的困扰,我们就觉得我们有义务去投资让这种假设在未来变成现实。你的妈妈和我都想尽我们自己的力量。

疾病的治疗需要时间。短期比如五年或十年可能都看不出任何差别,但是从长远来看,种子播下去就会生长,终有一天,你或者你的孩子们会看到一个没有疾病的世界,而我们却只能想象那一天的到来了。

有好多机会就是这像是这样。如果社会能够把精力关注到这些伟大的挑战上,那么我们将会给你们这一代人留下一个更美好的世界。

我们希望你们这一代关注两个概念:推进人类潜能和促进平等。

挖掘人类潜能就是开发人类所能到达的极限去发现一个人到底有多大的能耐。

推进平等就是要确保每一个人都有平等接近机会的权利,无论在什么样的国家、家庭和情况下出生。

我们的社会必须这样做不仅是为了正义或慈善,而是为了伟大的人类进步。

今天,你妈妈和我将用一生的时间去帮助解决这些挑战,以作出自己的小小贡献。我仍将担任 Facebook 的 CEO,担任很久,但是这些问题太重要了,我们不能等到你更大了,或者我们更老了才去解决它们。我们希望早早地开始,在有生之年就看到成果。

当你在作为陈-扎克伯格家的下一代开始长大时,我们也开始了一个名为陈-扎克伯格的项目,与全世界的人一起努力,为下一代所有的孩子们,开发人类潜能并促进平等。在起步之初,我们将把重心放在个性化学习、疾病治疗、互联网连接,以及社区的发展上。

我们将捐出所持有的 Facebook 99% 的股份——目前市值约 450 亿美元——在我们的有生之年去促进这一使命的完成。我们知道,比起已经在这个领域投入的资源和人力相比,这只是很小的贡献,但是我们想尽我们所能,与其他人一起努力。

当我们为人父母,开启我们人生新篇章的时候,我们想要分享我们对所有让这个奇迹成为的可能的人们的感恩之情。

我们之所以做这项工作,是因为在我们身后有一个强有力的全球社区。创建 Facebook 使我们为下一代改善世界拥有了资源,Facebook 社区的每一个成员都在发挥作用。

我们之所以能朝着这些机会进步,是因为我们站在专家的肩膀上——我们的导师、伴侣,以及许许多多在这一领域做出贡献的了不起的人。

我们之所以能服务于这个社区和这一使命,是因为我们周围有相亲相爱的家人、互相支持的朋友、特别棒的同事。我们希望你的人生中也有这样深刻和鼓舞人心的关系。

麦柯斯,我们爱你,我们觉得为你和所有的孩子们建立一个更好的界是我们的责任。我们祝愿你的一生都充满了爱、希望、欢乐,就像你带给我们的那样。我们已等不及想要看到你会给世界带来什么。

爱你的,

妈妈和爸爸

来源:每日邮报

能 量 补 给

1. 品读书籍：

所罗门·诺瑟普. 为奴十二年[M]. 沈靓靓, 译. 北京：新星出版社, 2014.

史丁. 日本关东军侵华罪恶史[M]. 北京：社会科学文献出版社, 2005.

万希润. SARS10 年——非典亲历者的回忆[M]. 北京：文艺出版社, 2013.

阿巴蒂亚·森. 贫困与饥荒——论权利与剥夺[M]. 王宇, 王文玉, 译. 北京：商务印书馆, 2017.

2. 影视赏析：

《熊的故事》是一部独特而神奇的电影，讲的是两只熊和人之间的故事。这是一部介于纪录片与故事片之间的奇特的电影，由法国著名导演让-雅克-阿诺执导。讲述了两只熊在森林中的惊险经历，电影完全是写实主义风格，没有任何旁白，而是凭着绝佳的跟踪拍摄与剪辑，构成一个关于熊的完美故事。影片的结幕词"最激动人心的不是杀戮，而是给予生存的权利"让人陷入深思。

《惊天动地》讲述的是中国人民解放军某摩步旅旅长唐新生在演习途中突遇特大地震，在通讯中断、没有上级命令的情况下，毅然带领部队在第一时间赶赴灾区进行生死救援，并和后继赶来的大部队一起奋力营救映川中学师生和羌寨沟受困群众，成功化解七顶山堰塞湖险情和化工厂次生灾害危机。巨大的悲怜和抗震救灾的壮举交织在一起，体现了对人民生命的关切和保护。

扫码查看
相关资料

专题十二

先行到老　成全生命

> 　　生活中没有什么比一个老年人的失望更悲哀,也没有什么事情比一个充满完善感的老年人更令人满足。
>
> ——爱利克·埃里克森①

专题导语

　　在人们"由生向死"的生命四季中,生命的老化也就意味着进入了生命的冬季,在此阶段,将面临哪些人生问题? 这些问题的良好解决会对晚年的生命产生怎样的影响? 在应对生命的老化问题上,我们有着哪些责任与义务? 本专题将以短剧体验"先行到老"的方式,来认识生命老化是生命的必经过程,从生理、心理和社会适应、心灵发展等方面认识人的生命老化过程,理解"优生优逝"和帮助老人们实现最后的生命成长也是我们的一种责任。

---

　　①　爱利克·埃里克森,(Eric Erikson,1902—1994),美国精神病学家,著名的发展心理学家和精神分析学家。他提出人格的社会心理发展理论,把心理的发展划分为八个阶段,指出每一阶段的特殊社会心理任务;并认为每一阶段都有一个特殊矛盾,矛盾的顺利解决是人格健康发展的前提。

 **知识地图**

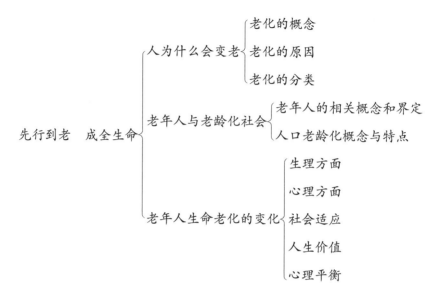

```
                              ┌─ 老化的概念
                    ┌─ 人为什么会变老 ┤─ 老化的原因
                    │              └─ 老化的分类
                    │
                    │                    ┌─ 老年人的相关概念和界定
先行到老  成全生命 ─┤─ 老年人与老龄化社会 ┤
                    │                    └─ 人口老龄化概念与特点
                    │
                    │                    ┌─ 生理方面
                    │                    │─ 心理方面
                    └─ 老年人生命老化的变化 ┤─ 社会适应
                                         │─ 人生价值
                                         └─ 心理平衡
```

 体验活动

创编老人题材短剧

根据访谈提纲,访谈 2—3 位老人(65 岁以上,性别不限)之后,用角色扮演的形式将当时的情景展现出来(表演时间不超过 5 分钟)。请充分发挥自己的创意和表演天分,力求将仔细观察到老人的生理、心理特点和社会适应情况去体会到的老人内心世界展示出来。

讨论分享:

1. 你身边的老人是如何生活的?

2. 老人生命中最美好的时光是什么时候? 为什么?

3. 老人生命中最得意的事是什么? 为什么?

4. 观赏过大家自编自演的短剧后,你有怎样的收获和体悟?

理论学习

古希腊有一个名为斯芬克斯的狮身人面怪兽,他时常向往来的人们提出一个谜语:"有哪一种动物可以发出声音,早晨用四条腿走路;中午用两条腿走路;傍晚用三条腿走路?"那些猜不到答案的人就会被斯芬克斯吃掉。不难看出:斯芬克斯谜语的答案就是"人"。作为人类的我们,幼小时在地上爬,好像有四条腿;1—2 岁起直立行走直到青壮年,这时就有两条腿;人到老年,老到一定年龄,难免需要拐杖的帮助,又变成三条腿了。

老年时期,"肉体"的生命随着年龄的增长,走进了人生的冬季。这一时期逐渐在躯体上、心理上、社会适应以及价值观上都产生着一系列的变化,包括生理机能的丧失、记忆力的减退、社会角色的变化等,都是人必然会经历的老化过程。这是天经地义、无可逃脱的归宿。也许今天还很年轻的我们,无法完全体会衰老的状态,但对身处老年阶段的人需要有一种尊重和关怀的态度。现在,让我们先行到老,体验生命冬季的生活状态。

一、人为什么会变老

(一) 老化的概念

人类的历史岁月证明,老化是不可逆转的过程。自古无数帝王试图寻求永生,无论是秦始皇派遣徐福带领三千童男童女东渡寻找仙山中的长生不老药,还是明朝嘉靖皇帝服丹修仙试图长生,但最终的结果不过是一抔黄土。随着近现代科学的发展,人类越来越能够认识到老化的本质。

老化(aging)是指个体在成熟期后的生命过程中表现出来的一系列形态学以及生理、心理功能方面的退行性变化。衰老(senility)则是指老化过程的最后阶段或成果,如心智钝化、记忆力减退、体能下降等,是所有生物种类在生命延续过程中的一种生命现象。老化具有如下特性:

(1) 累积性。老化并不是一朝一夕形成的,而是在日复一日、年复一年的岁月中,机体在结构和功能上的一些微小变化长期逐步积累的结果。这些变化一旦表现出来,则不可逆转。

(2) 渐进性。老化是一个循序渐进的演变过程,是逐步加重而并非跳跃式发展的。往往是在不知不觉中出现了老化的征象,而且同一物种所表现出来的老化征象相同。

(3) 普遍性。老化是多细胞生物普遍存在的现象,且同种生物的老化进程大致相同。

(4) 内生性。老化源于生物本身固有的特性(如遗传)。环境因素还能影响老化的进度,或加速老化,或延缓老化,但不能阻止老化。

(5) 危害性。老化过程是机体衰老的过程,会导致机体功能下降或乃至丧失,因而往往对生存不利,使机体免疫力下降,容易感染疾病,最终导致死亡。

(二) 老化的原因

随着科学技术的突飞猛进,新兴学科不断涌现,推动了现代衰老机理的研究,使得这一学科有了很大的进展。当前国际上已提出了若干新的学说,人类对衰老的认识也有了进一步的提高。

从生物学的角度讲,老化的理论很多,概括地讲,大多数理论可以归为两类:基因程控理论和变速理论,见表 12 - 1。

表 12 - 1　老化的生物学理论概要①

基因程控理论	变速理论
程控衰老理论:老化是特定基因有序开关的结果。衰老期是和年龄有关的缺损变得显著的时期。 内分泌理论:生物钟通过激素控制老化的进程。 免疫理论:机体免疫功能下降导致个体对疾病的,免疫力降低,因此导致衰老和死亡。 进化理论:老化是进化的一个属性。这个属性使一个物种的成员仅仅能活到繁殖后代就足够长了。	磨损理论:细胞和组织的关键部分发生耗损。 自由基理论:氧自由基累损伤造成细胞和器官失去功能。 活动速率理论:器官新陈代谢的速度越快,寿命越短。 自我免疫理论:免疫系统变得混乱并破坏自身的身体细胞

另外,科学家还提出了诸如"大脑衰退学说""生物膜损伤学说""差误学说"等,这些学说都可以从某些方面解释衰老现象,为彻底揭示衰老之谜作出了巨大贡献。从上表中可以看出,对衰老机理的研究,都有一定的道理和依据,对认识衰老的本质具有一定的意义。目前,学者们正在根据这些衰老机理研究延缓衰老的对策,并取得了部分成果。例如 2021 年全球顶级科学杂志《Nature Metabolism》发布重大研究成果,中国研究团队从特定葡萄籽中提取出 PCC1(原花青素 C1),PCC1 能够高效且安全地清除衰老细胞,单独对衰老小鼠使用 PCC1,助其延长健康中位寿命 64.2%。

(三) 老化的分类

老化可分为生理性老化和病理性老化。生理性老化是指人符合自然规律,在增龄过程中不受疾病干扰的一种正常老化,直到最后死去。所谓无疾而终正是如此。病理性老化即在生理性老化的基础上,因某些生物、心理、社会及环境等因素所致的异常老化。通常很难将两者严格区分,往往是结合在一起,从而促进了衰老和死亡的进程。

二、老年人与老龄化社会

(一) 老年人的相关概念与界定

联合国在进行人口统计时,常把发达国家 65 岁以上的人称为老年人,把发展中国家 60 岁以上的人称作老年人。中国属于发展中国家,国家统计局在发表老年人口统计数字时,为兼顾国内和国外统计数字匹配的需要,常以 60 岁和 65 岁两种标准同时公布。

1. 我国老年期及健康老人的划分标准

自古以来,在民间有这样的说法,即三十而立,四十而不惑,五十而知天命,六十

---

① ［美］戴安娜. 帕帕拉等著,《发展心理学(10 版下册)》,人民邮电出版社,2013 年版,第 188 页。

花甲,七十古稀,八十为耋,九十为耄。1982年中华医学会老年医学分会建议,把生理年龄60岁作为我国划分老年的标准,现阶段我国老年人按时序年龄的划分标准为:40—59岁定为老年前期,即中年人;60—69岁定为低龄老人;70—79岁定为中龄老人;80岁以上定为高龄老人;100岁定为百岁老人。

1982年中华医学会上海老年协会对于健康老人的定义:躯体无明显畸形,无明显驼背等不良体型;骨关节活动基本正常;神经系统无病变,如偏瘫,老年痴呆及其他神经系统疾病;系统检查基本正常,心脏检查基本正常,无高血压、冠心病,无明显肺部疾病,无肝肾疾病,无内分泌代谢疾病;无恶性肿瘤及影响生活功能的严重器官性疾病,有一定视听能力;无精神障碍,性格健全,情绪稳定;能恰当地对待家人和社会关系,能适应环境;具有一定的社会交往能力;具有一定的学习记忆能力。健康老人的标准是很难达到的要求,虽然随着寿命的延长和医学的进步,但是老年人大多与多种疾病并存。

2. 世界卫生组织关于老年人的划分标准

2017年世界卫生组织根据现代人生命状况,经过对全球人体素质和平均寿命进行测定,提出了人生阶段年龄的新划分。44岁以前为青年(the youth);45—59岁为中年(mid-aged);60—74岁为年轻老年人(the young old);75—89岁为老年人(the old old);90岁以上为长寿老人(the very old)或(the lon-gevous)这一标准同时考虑到发达国家和发展中国家,同时考虑到人类平均预期寿命不断增长的趋势以及人类健康水平不断提高的必然结果。这五个年龄组的新划分将老年期推迟了10年,这将对人们的心理健康和抗衰老产生积极影响。世界卫生组织(WHO)标准将逐步取代现阶段中西老年人划分的一般标准。

(二)人口老龄化概念与特点

1. 人口老龄化

人口老龄化是一个世界性的话题,人们常将老年人口系数作为评价一个国家(或地区)人口老龄化的重要标准。即在某个国家或地区的总人口构成中,老年人口数所占总人口数的比例有多大来衡量。世界卫生组织(WHO)制定的标准规定:

发达国家65岁以上老人占总人口比例在4%以下,发展中国家60岁以上老人占总人口比例在8%以下的国家为青年型国家;发达国家65岁以上老人占总人口在4%—7%之间,发展中国家60岁以上老人占总人口比在8%—10%之间为成年型国家;发达国家65岁以上老人占总人口比例在7%以上,被称为"老龄化社会",而超过了14%就被称为"老龄社会"。发展中国家60岁以上老人占总人口比例在10%以上为老年型国家。

2. 老龄化社会

我国早在2000年就已经进入了老龄化社会。一是从人口比例上看,2012年全国老年人口为1.94亿,老龄化水平为14.3%,2013年老年人口数量达2亿,老龄化水平为14.8%。截至2021年年末,我国60岁及以上人口为2.67亿,占全国人口的18.9%,其中65岁及以上人口为2亿,占全国人口的14.2%。据世界卫生组织预测，到 2050 年，中国将有 35% 的人口超过 60 岁，成为世界上老龄化最严重的国家。二是从老龄化速度上看，世界上老龄化水平最高的瑞典用了 85 年，法国用了 115 年，而中国仅需要 27 年。我们只用了 1/4 个世纪的时间实现了西方大多数国家历经 100 年才完成的人口转变，其直接后果之一就是人口老龄化汹涌而至，全社会面临一股"银发浪潮"的到来，主要呈现如下特点：

（1）人口老龄化速度快

在不到 20 年的时间里，我国人口年龄结构完成了从成年型向老年型的转变，而同样的转变，发达国家通常需要几十年甚至上百年的时间。可以形象地说，我国是"跑步"进入老龄化社会的，并将继续在老龄化社会里"跑步前进"。

（2）老年人口增量巨大

由于我国人口基数大，以往生育高峰时期出生的大量人口不断进入老年队列。从长寿趋势看，中国平均预期寿命达约 78 岁，未来还有较大提升空间。我国人口预期寿命不断延长导致老龄人口迅速增加，对国家和社会带来多方面的挑战。

（3）地区老龄化不平衡

目前，全国已有 150 个地市进入深度老龄化社会，而老龄化率超过 20% 的比比皆是，主要集中在东北、川渝、长三角以及中部地区。与长三角等地相比，同为发达地区的广东，老龄化率在全国垫底，与新疆、西藏等边疆非发达地区处于同一水平。

（4）未富先老

发达国家的老龄化是在其经济发达的背景下发生的，由于经济发达，社会文明程度高，所以发达国家应对老龄化问题相对容易。而我国是在生产力水平较低、地区发展不平衡、贫富差距较大的背景下进入老龄化社会的，2000 年中国人均 GDP 刚刚超过 900 美元。发达国家的老龄化属于"先富后老"，而我国属于"未富先老"。在人均经济水平较低、收入差距不断加大、社会保障明显不足的情况下进入老龄化社会，无疑对中国社会经济发展提出了更大的挑战，使我国应对老龄化问题的任务更加艰巨与紧迫。[1]

三、老年人生命老化的变化

随着年龄一年一年的增长，身体一点一点地发生进行衰退性的变化，这些变化会给老年人带来身体上的不适和生活上的不便，虽然有时有可能是某些疾病所导致，但是老化的确是影响生理变化与退化很重要的一个因素。所以，老化是一种过程而非疾病。

（一）老年人生理方面发生的一系列变化

1. 体态与外貌的改变

如皮肤弹性丧失，出现皱纹、老年斑、白发、秃发，老视眼和白内障等。随着年龄

---

① 姜向群，杜鹏：《中国人口老龄化和老龄事业发展报告》，中国人民大学出版社，2015 年版，第 6 页。

增加,骨骼中无机盐含量增加,钙含量减少;骨骼的弹性和韧性减低,脆性增加。故老年人易出现骨质疏松症,极易发生骨折。

2. 消化功能减退

如出现牙齿脱落,影响对食物的咀嚼和消化。胃黏膜变薄、消化道运动能力降低,导致消化不良及便秘等。

3. 神经功能减退

如神经细胞数量逐渐减少,脑重减轻。脑血管硬化,致使脑功能衰退,出现记忆力减退,健忘,失眠,甚至产生情绪变化及某些精神症状。

4. 心血管功能改变

如心肌萎缩,心肌硬化及心内膜硬化,冠状动脉病理性硬化,出现心绞痛等心肌供血不足症状。血管壁弹性下降、脆性增加,易发生高血压、脑出血、脑血栓等疾病。

5. 呼吸功能降低

如老年人由于呼吸肌及胸廓骨骼、韧带萎缩,肺泡弹性下降,气管及支气管弹性下降,常易发生肺泡经常性扩大而出现肺气肿,引起呼吸功能不全,甚至衰竭。

6. 其他方面改变

如泌尿系统的变化,肾脏萎缩导致肾功能减退。加上膀胱逼尿肌萎缩,括约肌松弛,老年人常有多尿现象;生殖系统的变化,老年男性前列腺多有增生性改变,前列腺肥大常造成排尿困难等。代谢上往往分解代谢大于合成代谢,若不注意营养及合理安排膳食,易发生代谢负平衡。

从上述内容可以看到,老化的确是影响生理变化与退化很重要的一个因素,我们应体悟老化是一种过程而非疾病。

(二) 老年人心理方面发生的系列变化

1. 感知觉变化

视力敏感度下降;对明暗光线的变化也不太适应;听力下降,容易产生耳鸣、幻听等。

2. 智力功能的变化

老年化过程中智力减退并不是全面性的,他们在实际生活中解决各种复杂问题的效果仍处于很高的水平,甚至在不少方面超过中青年人。

霍恩和卡特尔研究发现,人的智力可分为两大类,即流体智力和晶体智力。流体智力与人的神经系统的生理结构和功能有关,会随年龄的增长而减退;晶体智力与后天的知识、文化及经验的积累有关。健康成年人的晶体智力并不随增龄而下降,有时甚至还有所提高。因此,坚持用脑,有利于在老年期保持较好的智力水平和社会功能,而且活动锻炼对智力也有明显的促进作用。

3. 记忆力

老年人随年纪的增长,感觉器官逐渐衰退,记忆细胞萎缩,使老年人的记忆功能减退。表现为会遗忘生活琐事,如记不得刚才把眼镜和钥匙放在什么地方了,把重要的文件和钱款放在什么地方了,甚至有时候连亲友的名字一时记不起来了,忘记自己家门牌号等。概括而言,老年人近期记忆减退明显,表现为能回忆过去的事情,但对眼前的事情反而记忆较差,严重时会发展为阿兹海默症。

4. 感情与情绪

人到老年,情绪往往不稳定,感情上变得比较脆弱,遇到困难和挫折时,不易镇定,常会产生莫名其妙的焦虑和恐惧,有些老年人情感会变得像小孩一样反复无常、幼稚天真,喜欢小动物,喜欢和小孩子玩等。

5. 性格的变化

老年人有时候会变得以自我为中心,只顾自己,缺少对别人的关怀。谈话比较爱谈自己的事,容易向别人诉苦,有疑病的倾向。有时候性格变得警戒、怀疑,或者固执保守。生活变得孤单、寂寞和忧郁。对身体的残缺、功能的衰退不能适应。特别是生病的老年人对死亡的恐惧是不可言状的。

埃里克森提出,在进入老年期的人们,要面临的重要问题是"获得完美感而避免失望感"。他认为,老年阶段是汇集从出生到现在的感觉和价值的阶段。经历的岁月,以及死亡的必然,都让老人们的心态产生前所未有的变化。埃里克森还认为,生活中没有什么比一个老年人的失望更悲哀,也没有什么事情比一个充满完善感的老年人更令人满足。老年人有着特殊的生活经历与发展任务,促使老人以不同于其他年龄阶层者的态度,来面对即将结束的生命历程。对于我们来说,帮助老人获得适合的能力解决身心灵的种种问题,圆满如意地完成人生任务至关重要。

请看看一位父亲写给儿子的信。

孩子………

哪天你看到我日渐老去,身体也渐渐不行,请耐着性子试着了解我。

如果我吃的脏兮兮,如果我不会穿衣服,有耐性一点。你记得我曾花多久时间教你这些事吗?

如果,当我一再重复述说同样的事情,不要打断我,听我说。你小时候,我必须一遍又一遍地念读着同样的故事,直到你静静睡着。

当我不想洗澡,不要羞辱我也不要责骂我。你记得小时候我曾编出多少理由,只为了哄你洗澡。

当你看到我对新科技的无知,给我一点时间,不要挂着嘲弄的微笑看着我。

我曾教了你多少事情啊……如何好好地吃,好好地穿,如何面对你的生命。

如果交谈中我忽然失忆不知所云,给我一点时间回想……如果我还是无能为力,请不要紧张……对我而言重要的不是对话,而是能跟你在一起,和你的倾听。

当我不想吃东西时,不要勉强我,我清楚知道该什么时候进食。

当我的腿不听使唤,扶我一把,如同我曾扶着你踏出你人生的第一步。

当哪天我告诉你不想再活下去了,请不要生气。总有一天你会了解,试着了解我已是风烛残年,来日可数。

有一天你会发现,即使我有许多过错,我总是尽我所能要给你最好的。

当我靠近你时不要觉得感伤,生气或无奈。你要紧挨着我,如同我当初帮着你展开人生一样地了解我，帮我。

扶我一把，用爱跟耐心都我走完人生。我将用微笑和我始终不变无边无际的爱来回报你。

我爱你，儿子。

你的爸爸

从父亲写给儿子的一封信中，我们开始学习从父母的角度理解父母亲的内心世界。那么，走向生命老化的过程，老年人将如何调整自身的社会适应能力呢？

（三）老年人的社会适应

老年人的社会适应受环境、文化等方面的影响主要表现在社会、家庭方面。大多数老年人都希望长寿，希望平平安安，幸福美满地度过晚年，但这种美好愿望与实际生活环境中的意外打击、重大刺激，往往形成强烈的对比和深刻的矛盾。如亲友亡故、婆媳不和、夫妻争吵、突患重病等意外刺激，对老年人的心灵打击会十分严重。研究表明，家庭关系好、家庭成员之间联系紧密、朋友关系好的老人，更容易获得生活满足感。

1. 社会角色的变更

所谓角色，是指一个人在一定的社会关系和社会组织中所处的地位，他必须按照这一特定的地位所规定的权利与义务、行为与规范办事。比如：工人做工，农民种田，教师授课。角色变更是指一个人在社会环境中的关系和地位的变化。每个人一生中所担任的社会角色会不断地发生变化，但是，在老年期变化得比较急剧，而且变化的方向常常是向下的。老年人到了一定的年龄之后，往往由社会的主宰者退居到社会依赖者行列，也由社会财富创造者走到社会财富消费者行列。离退休虽然是一种正常的角色变迁，但不同职业群体的人，心理感受是大不一样。据对比调查，工人退休前后的心理感受变化不大。他们退休后摆脱了沉重的体力劳动，有更充裕的时间料理家务、消遣娱乐和结交朋友，并且有退休金和医疗保障，所以内心比较满足，情绪较为稳定，社会适应良好。但离退休干部的情况就大不相同，这些老干部在离退休之前，有较高的社会地位和广泛的社会联系，其生活的重心是事业，离退休以后，生活的重心变成了家庭琐事，社会联系骤然减少，这使他们感到很不习惯。还有一些具有较高的价值观念和理想追求的老年人，通常在离开工作岗位之后，不甘于清闲，渴望在有生之年，能够再为社会多做一些工作。就像曹操所说："老骥伏枥，志在千里。烈士暮年，壮心不已。"然而，年高志不减，心有余力不足，身心健康状况不理想。这样，就使得这些老年人在志向与衰老之间形成了矛盾，有的人还为此而陷入苦恼和焦虑之中。

据心理学家调查和研究，老年人离退休要经历四个阶段才能安定下来。第一是期待期，将要步入退休年龄的人无论愿意与否，在看到自己所长期工作的岗位将要被某个较年轻的人接替时，心情是复杂的，往往会产生一种失落感。第二是退休期，这是一个很短暂的时期，即退休者正是离开工作岗位的那一刻，无论什么人，退休都是他生活当中的重大转折点。第三是适应期，退休后的生活从内容到节奏都发生了很大的变化。从工作岗位退回到家庭圈子,再没有规定的工作任务,闲散的时间多了,紧张而有序的生活一下子松弛下来,让老年人发生身体上和心理上的一时失调,出现所谓的"退休综合征",一般说来要有一年左右的时间才能逐渐适应。第四是稳定期,这一时期,老年人习惯了退休生活,重新建立起新的生活秩序,顺应了人生角色的转变。

2. 家庭角色的变更

老年人离开工作岗位后,家庭成为主要的活动场所,此时,家庭都有了第三代人,又使老年人增加了新角色,加之老年阶段如果发生丧偶的情况,则又失去一些角色。根据一些研究发现,缺乏独立的经济来源或可靠的经济保障的老年人容易产生自卑心理。他们的性情也比较郁闷,处事小心,易于伤感。如果受到子女的歧视或抱怨,性格倔强的老年人,常常会滋生一死了之的念头。所以,老人家庭角色变更的矛盾,既是社会矛盾,也是社会心理矛盾。

(四) 老年人的人生价值

随着年龄的增长和身体机能的衰退,老年人的死亡意识愈来愈强,常有日薄西山的危机之感。正如一句顺口溜:"金也空,银也空,死后何曾在手中? 夫也空,妻也空,死后何曾再相逢?"一些老年人由于生活的困顿、疾病的拖累、家庭与社会功能的减退,以至于消失,面对空巢家庭和生活难题,找不到活着的理由,找不到生命的价值与意义,对于闲暇下来的时光不知道如何打发,常感到精神空虚、生活无聊、生命价值与意义虚无。

1. 老年阶段的生活状态

我们可以将老年阶段的生活状态分为三种:一为"苦度";二为"安度";三为"欢度"。

关于"苦度"看看下面的报道:2010 年,家住安徽蚌埠市建国巷 84 岁的孤寡老人孙玉珍孤独而艰难的生活,新年伊始,面对记者,她提出的新年愿望是有一双新棉鞋。还有一对 90 高龄的老两口,仅有的儿子旅居国外。五层楼的房屋楼梯,对他们构成了一道不可逾越的鸿沟,有一天天气晴好,二老相互搀扶走出家门,享受阳光。没想到两人同时感到天旋地转……居委会发现后把他们送回家中,下楼的远征宣告结束。

2015 年 1 月齐鲁网报道了家住日照市南湖镇许家庵村的 85 岁许传录老人的凄惨生活:他无儿无女,早年患过麻风病,现独自住在村里的破旧小学里,无任何经济来源,生活凄惨,家中的仅有就是一张破桌子、两个凳子外加一口破水缸和一个破烂的土炕,土炕上面堆满了老人自己捡来的破棉被,低矮的房间里堆满了老人捡来的破破烂烂的东西,如同一个"垃圾屋"。

"安度"是我们一直追求的。晚年的安度,需要有一定的经济基础,需要保持身心健康,需要家庭子女的关照与孝顺,需要政府加大养老投入,提高社会福利,来实现"老有所养,老有所医和老有所为"。

"欢度"晚年,是我们梦寐以求的理想状态。是无病而终的自然老去,是毕生发展的终极阶段,是"尊严生、尊严死"的人生圆满状态。此阶段的老年人在"安度"晚年的基础上，返璞归真，进一步找到人生的真正价值与意义，回归事物的本身，听其内在的自然，摒弃外部强加的标准，保持内在固有的禀性，做最好的自己，感悟生死沟通的大智慧，可以温柔而有尊严地面对死亡。

中国工程院院士、上海交通大学医学院附属瑞金医院终身教授、上海血液学研究所名誉所长王振义教授，在获得国家最高科学技术奖项时激动地说："人生有终了的时间，我已经接近古稀，回想起当年作为血液科的医生，看到白血病患者非常痛苦，家属背负沉重的包袱，才将白血病作为研究方向。现在我仍要努力，再做对人民有贡献的事情。"然而"从事医学研究这么多年来，我们只攻克了一种白血病，即急性早幼粒细胞白血病，还有 20 多种白血病没有被攻克，特别是成人白血病的存活率还很低，我的余生将为攻克白血病继续努力。"

2. 毕生发展观中寻求生命的价值

人到老年是否还能够继续学习？在普遍的社会观念中通常得出否定回答，认为学习是年轻人的事，"人到老年万事休"。心理学则认为，人到老年仍然保持着较好的学习能力，仍然具备学习的可能性，这个思想的集中代表就是 20 世纪 50 年代巴尔特斯等人提出的"毕生发展观"。毕生发展观认为，心理能力的发展贯穿于人生的全过程，从生命降生到生命消失，发展如影相随，无处不在。

先行到老，体验生命。虽然迄今为止，仍然无法做到长生不老，但我们可以帮助他们在人生的最后阶段，尽量活得健康、安宁、幸福。我们希望全世界的老年人不再有苦度的日子，国家能有更多的惠老政策保障，有更多的人去敬老、助老、爱老，使老人们能安度甚至是欢度其晚年，有机会去"毕生发展"实现人生的完满，"生死两无憾"，安详、而有尊严地迎接死亡。[①]

《天堂午餐》[②]（扫码本专题二维码获取）是河北传媒学院大三学生刘啸宇用相机拍摄的一条视频短片，短短六分钟，讲述了一个"有缺憾的爱"的故事，必须指出，随着年龄的增长，身边的亲人会慢慢地离开我们。有时等着自己有能力的时候再尽孝时，也许会失去了尽孝的机会，然而究竟我们该如何尽孝呢？所以，我们要学会表达对亲人的爱，及时并使用力所能及使父母欣慰的方式来尽孝，也许是"肉麻"的短信；也许是常回家看看陪亲人聊聊天；也许是陪着亲人做他们喜欢做的事；饶有兴致地听着反复重复的得意故事……重要的是我们要积极行动，不要给自己留下遗憾。尊老、敬老、爱老，帮助老人实现最后的生命成长，这不仅仅是我们当代青少年应承担的社会责任之一，不仅仅是一种负担，更是我们自我生命走向成熟的必然需要，更重要的是自我生命存在的发展和表现。

"夕阳无限好，只是近黄昏"，这是古人对老年生活美好而又留恋的生动比喻。社会发展到今天，无论是发达国家还是发展中国家都面临着不同程度的人口老龄化问题。老年人如何摆脱孤独，需要形成全社会尊老、敬老、爱老蔚然成风的氛围。"天意

---

① 可参见：http://news.ifeng.com/gundong/detail_2011_01/15/4297418_0.shtml
② 可参见：http://www.tudou.com/programs/view/uToPQoHB0LQ

怜幽草，人间重晚晴。"认识生命的老化，能让我们体认到，生活在这世界上的每一个人都会变老，关注老人的今天，就是关注我们的明天！

 聚焦提升

1. 老化是人生命季节的必经阶段。
2. 老化是生命过程中的正常现象。
3. 老化是人生圆满状态的实现阶段。
4. 衰老的理想状态是无病而终的自然老去。
5. 学习温柔而有尊严地面对死亡。
6. 薪火相传的助老、爱老、敬老是中华民族文明。
7. 优生优逝，帮助老人实现最后的生命成长，亦是自我生命存在和发展的需要。

 思考感悟

1. 谈谈你对老年人的人生价值与生死问题的理解。
2. 为你周围的老人做一件你认为有意义的事，并把自己的真实感受记录下来。

 拓展延伸

1. 品读书籍

阿图·葛文德. 最好的告别关于衰老与死亡，你必须知道的常识[M]. 彭小华，译. 杭州：浙江人民出版社，2015.

上野千鹤子. 用自己喜欢的方式慢慢变老[M]. 许岚，译. 北京：电子工业出版社，2014.

2. 影视赏析

《飞越老人院》由中国第六代导演张扬导演，由张扬、霍昕、张抻编剧，颜丙燕、斯琴高娃、许还山、廖凡等主演。在 2012 年 5 月 8 日在中国国内公映。影片讲述了一所民营的老人院里，一群平均年龄达到八十岁以上高龄的老人们，为了实践人生的理想，登上梦想的舞台，他们联合起来，再次点燃激情，施计驾车飞越老人院，在追寻梦想的途中所发生的一系列感人肺腑的故事。

《老人 Z》是大友克洋 1991 年出品的动画片，横山智佐等参与演出。1991 年获第 46 届"每日映画 CONCOURS"（每日电影大赛）动画电影赏。

扫码查看
相关资料

专题十三

以死观生　通达生命

> 认识了生活的全部意义的人,才不会随便死去,哪怕有一点机会,就不会放弃生活。
>
> ——海因里希·海涅①

 专题导语

　　世间万物,有生存,有发展,也就会有死亡。但人类的死亡不仅是一种生理现象,同时也包含社会、文化、历史、法律、心理、医学及伦理的诸多方面的因素,这些因素紧密地交织在一起,加之医疗技术的应用,使得生命的死亡也变得复杂起来。而本专题则是从死亡权利切入,去探讨生命的另一面——青少年自杀问题,并透过其现象,分析其原因,探索其意义,思考死亡的权利,进而真正懂得我们来得不容易,去得也不能太轻易;领悟只有活得充实,才能死得其所。

---

　　①　海因里希·海涅(1797—1856),德国抒情诗人和散文家,被称为"德国古典文学的最后一位代表"。1821年开始发表诗作,以4卷《游记》(1826—27,1830—31)和《歌集》(1827)而闻名文坛。诗歌成为海涅的武器,他在作品中对德国进行讽刺、嘲弄和攻击。然而,掩藏在这痛恨之下的,却是海涅对德国无法割舍的赤诚的爱。

 **思维导图**

以死观生　通达生命

认识死亡
- 死亡的概念
- 生理死亡的判断标准

死亡权利
- 死亡权利的争论
- 死亡权利的构成

青少年自杀问题
- 自杀现象
- 自杀现象的问题分析

预防自杀：从心理治疗模式走向生命教育模式
- 在科学及理性的层面重建生命的神圣性
- 建立起预防和干预自杀的机制
- 透过生命教育培育青少年健康的生命观

 **体验活动**

死亡认识的小测试①

以下是一些对"死亡"的说法，您赞同哪些？为什么呢？

1. 人死如灯灭。（来自俗语）

2. 死亡是灵魂离开肉体。（来自古希腊哲学家柏拉图）

3. 未知生，焉知死。（来自圣人孔子）

4. 大休息。（来自革命先驱瞿秋白）

5. 长眠不醒。（来自莎士比亚戏剧中的哈姆雷特）

6. 预谋死亡就是预谋自由。（来自法国作家蒙田）

7. 死是人的缺陷也是人的权利。（来自法国作家波伏娃《人总是要死的》）

8. 死就是 game over（游戏结束），我们在网上叫"挂了"。（来自一个超级游戏玩家）

9. 别害怕，死是我们注定要去做的一件事。（来自美国电影《阿甘正传》）

10. 意识消失、呼吸停止、心跳及脉搏消失、瞳孔散大固定。（来自临床医生）

11. 全脑即大脑半球、间脑和脑干各部分功能的不可逆性丧失。（来自脑死亡标准）

12. 万事空。（来自陆游的诗）

13. 永垂不朽。（来自追悼会的横幅和花圈）

---

① 罗点点等：《我的死亡谁做主》，作家出版社，2011年版，第6页。

关于"死亡认识的测试",相信不同的人会有不同的答案,对死亡也保持着不同的观点。然而人终有一死,这一点大概没人否认,也就是说人的向死而生已成共识。

 理论学习

也许你会问,为什么要讨论死亡这个既敏感又禁忌,既伤心又痛苦的话题?为什么生命教育一定要涉及死亡议题?这是因为——死亡无处不在,是每个生命的终极归宿。在地球上,每年约有 55 713 600 人死亡,相当于每天 152 640 人死亡,每小时 6 360 人死亡,每分钟 106 人死亡,每秒钟 1.8 人死亡。据有国家统计局 2022 年发布的中国人口最新数据,2018 年死亡人口 1 014 万人,死亡率为 7.18‰,如以逝者一人有直属亲属 5 人计算,则有 5 070 万人有生死哀伤问题;若以每一逝者约有 10 个亲友来计算,则每年又有约 1.014 亿人有生死之痛的问题。三项相加,中国一年约有 1.62 亿人遭遇生死问题的困扰。若再加上每年的清明、冬至等祭祀活动,也许全中国 14 亿人口都直接或间接地与生死问题有关。

目前中国每年约有 1.6 万名中小学生非正常死亡,平均每天有 40 多人,相当于每天消失一个班级;中国每年还有 10 万人丧生于车轮之下;每年自杀人数有 28 万人之多。非正常死亡的事实告诉我们:死亡问题必须很好地去面对,否则,现代人的生命质量难以真正地提高。更何况很多人或多或少都存在着死亡焦虑。庄子说:"人生天地之间,若白驹过隙,忽然而已。"当我们感叹时间飞逝,青春不在,下意识地回避死亡话题,其实正是在忧患生命。所以只有懂得生命意义,才有勇气探讨死亡,探讨死亡是为了让生命活出意义来。

一、认识死亡

死亡是生命的必然结局,对于每个人来说都具有终极性和不可避免性。死亡是生命的应有之义,有生必有死,生与死是相互依存的统一体。只有认识和理解了死亡,才能更好地生存。

2005 年乔布斯在斯坦福大学演讲时说:大约一年前,我被诊断患了癌症。那天早上 7:30 我做了一次扫描检查,结果清楚地表明我的胰腺上长了一个肿瘤。可那时我连胰腺是什么还不知道呢! 医生告诉我说,几乎可以确诊这是一种无法治愈的恶性肿瘤,我最多还能活 3 到 6 个月。医生建议我回家,把一切安排妥当,其实这是在暗示我"准备后事"。这意味着你要把今后十年要跟子女说的话在几个月内叮嘱完;也就是说,把一切都安排妥当,尽可能不给家人留麻烦;也就是说,去跟大家诀别⋯⋯

这是我和死神离得最近的一次,我希望在今后的几十年里,都不要有比这一次更接近死亡。在有了和死神擦肩而过的体验后,我可以更加肯定地告诉你们:谁都不愿意死。就是那些想进天堂的人也不愿意死后再进。然而,死亡是我们共同的归宿,没人能摆脱。我们注定会死,因为死亡很可能是生命最好的一项发明。它推进生命的变迁,送走老者,给新生代让路。现在你们还是新生代,但在不久的将来,你们也将逐

渐老去,走向生命的终点站。很遗憾说得这么富有戏剧性,但生命就是如此。①

我们现在来认识死亡,不再对死亡回避和遮掩,其实是在郑重地提醒自己不能再把活着看成理所当然。如有可能,开始思考自己来到世上的价值所在。

(一)死亡的概念

死亡是指"由存活到濒死的变化历程","是迈向死亡的一个过程"。"直到生命停止运作,才是死亡状态的呈现。"

"死""亡"两字在字典上有分别解释。"死"是生命终止,"亡"则含有"逃走""消失"和"无"的意思。所以"死亡"在汉语里的意思不仅仅是"死",还有"从此离去"和"归于虚无"的意思。

死亡在科学视域的定义是:

死亡是一种生命运动的表现形式,是机体生命活动和新陈代谢的终止,是人的自我意识的消失。死亡是一种向生命终止的"事件"和"状态"的运动过程。这个过程,医学上把它分为濒死、临床死亡和生物学死亡三个时期。

(1)濒死期:即"挣扎期"或"濒死挣扎期",是死亡的开始,此时心肺等脏器已极度衰竭,濒于停止其功能的状态。随着意识和反射逐渐消失,呼吸和脉搏逐渐停止,机体将转入临床死亡。

(2)临床死亡期:即"个体死亡"或"躯体死亡"期,是濒死进一步发展的阶段,是生物学死亡前的一个短暂阶段。此时,病人的心、肺、脑等生命器官功能丧失,并导致全身各器官的功能丧失、反射完全消失;宏观上是人的整体生命活动已停止,但微观上组织内代谢过程仍在进行。

(3)生物学死亡期:又称"真正死亡期",是死亡过程的最后阶段,是中枢神经系统和重要生命器官的消失过程不可逆发展的结果。此时,机体细胞和组织死亡,代谢完全停止,生命现象彻底消失。外表征象是躯体逐渐变冷,发生尸僵,形成尸斑。

(二)死亡的种类

一般对死亡的判定,通常从"生理死亡"加以认定,包括:无动作及无呼吸、身体僵硬、对刺激无反应、器官停止运作,以及脑电波图呈直线等生理现象。然而,从二维四重生命观的角度,除经历生理的死亡之外,人类往往还会经历"心理的死亡""社会的死亡""精神的死亡"三种死亡过程。

(1)心理的死亡:指当一个人无法认出周围他认识的人时,即为心理死亡。一个人产生心理的死亡,身体变得异常衰老,并且丧失部分的脑功能,因而对周遭世界产生意识模糊的现象,此时即为心理的死亡。

(2)社会的死亡:指个人已经不被其他人知觉他的存在,是一连串家庭、人际、社会关系等角色的丧失。正如米兰·昆德拉所言:"死亡最可怕的地方不在于让你丢失未来,而在于让你没了过去。实际上,遗忘是死亡的一种形式,贯穿于整个人生。"

---

① 可参见:乔布斯在斯坦福大学的演讲 https://v.qq.com/x/page/c0548k82tkp.html

（3）精神的死亡：是指还有一种人被称为"活死人"的人，是形容其思想观念无法与时俱进及意识无法做出清醒的判断，只是身体仍照常活动而已的一种人。[①] 尽管生理上毫发无伤，但是当人们在精神上选择"主动放弃一切"时便走向了死亡。利奇在期刊《Medical Hypothese》的研究中，将"精神死亡"分为：社会退缩、淡漠、丧失意志、精神失能、精神死亡 5 个阶段。

一般生理死亡在先，社会与精神死亡会滞后，维持时间长短不一。有的人虽死犹生，活在人们心中。正如司马迁所言："人固有一死，或重于泰山，或轻于鸿毛。"

（二）生理死亡的判断标准

现代医学的发展极大地增强了人们与死亡对抗的信心与能力，但死亡最终是不可避免的。因此，科学准确地判定个人的死亡时间，在医学、法律上均具有极为重要的现实意义。

1. 心死亡

历史上，人体的死亡是通过没有心跳和呼吸来确定的。1951 年美国《布莱克法律词典》将死亡定义为："血液循环全部停止以及由此导致的呼吸、脉搏等动物生命活动的终止。"1979 年我国《辞海》中把心跳、呼吸的停止作为死亡的重要标准。即，呼吸停止、心脏停搏、瞳孔散大和对光反射消失是死亡的三个指征。大多数死亡仍然是根据这些生命体征的消失来确定的。但是，在人工呼吸器或呼吸机以及其他维持生命系统被用于维持生命以后，通过没有心跳和呼吸来判断死亡的传统手段就显得不全面了。如依靠传统的生命体征，一位脑功能不可逆丧失的患者（包括丧失脑干功能），只要用人工系统维持其心肺功能，就可以被视为活人。

2. 脑死亡

医学界推出了"脑死亡"的概念，当由于应用医学技术而使传统的生命体征模棱两可时，就靠它来确定一个人是活还是死。当脑死亡时，包括自发呼吸在内的脑干功能丧失，不过心搏和其他体内平衡有关植物机能可以继续起作用，因为这些机能并不完全依赖于整个脑干。

脑死亡即全脑死亡，包括大脑、中脑、小脑和脑干的不可逆死亡。按哈佛大学脑死亡标准为：无感受性及反应性；无运动、无呼吸；无反射；脑电波平坦。上述项目 24 小时后复查无改变，去除体温过低（低于 32 ℃）及中枢神经抑制药的影响，即可作出死亡的诊断。

需要注意的是"脑死亡"的判断标准不是取代脉搏、心跳和呼吸这些传统的临床死亡确定标准，而只是对它们进行补充。纵观人类从传统的"心死亡"（即呼吸与心跳停止）到现代临床医学死亡新概念——"脑死亡"（即全脑功能的永久丧失）的确立，我们可以看出人类对死亡尊严即生命质量的日渐关注。

---

① 林绮云、张菀珍等：《临终与生死关怀》，华都文化事业有限公司，2010 年版，第 4 页。

二、死亡权利

对于作为生物体的人类来说,死亡是一种自然宿命。但是,当死亡成为一个选项的时候,生还是死,就变成了复杂的哲学、道德乃至法律上的难题。生死由谁决定?对于个体而言,是否像具有生存权利一样也具有死亡权利?

死亡权利的提出主要源于科学技术的发展,人类寿命的不断延长。医疗技术水平的大幅度提高,挽救了众多人的生命。"在现代,平静地死在家中已经不太可能,家人、医生总是会想尽办法来挽救病人的生命,如果不这样,就会受到谴责,甚至是法律的制裁。"然而现代社会,生命的价值与意义越来越受到人们的关注,与其没有意义地活着,不如有尊严地死去成为越来越多人的追求。英国学者汤因比就曾从晚期病患个人的角度出发,认为人有权通过结束自己的生命来摆脱困境,呼吁社会应该赋予人们这种权利并加以保护。然而争取"优逝"权的过程漫长艰辛,在下一专题中将有更多的学习与讨论。

(一) 死亡权利的争论

1. 死亡权利

要明确人究竟有没有死亡权利,首先必须弄清楚什么是死亡权利。死亡权利也是权利的一种,而关于权利,古今中外众多的学者都莫衷一是,没有一个最终的定义。古典法学者将正义与法学相结合,认为法律所支持的正义就构成了权利。近代法学家将权利的本质归为自由,认为权利就是在法律规定的范围内人们自由的行为。现代法学家将平等视为权利的核心,认为人人都平等地享有权利。而目前,在国内最具影响力和代表性的权利学说则有资格说、主张说、自由说、利益说等八种学说。但无论哪种学说,我们都可以看出权利一方面表现为主体对利益的追求,另一方面必须为法律所承认、认同即正当性。正如北岳教授所说:"尽管处于不同的研究角度、不同的论证需要,我们可以将权利的构成要素作多样化的分解,包括道德权利、习惯权利、法律权利等。可见权利的基本构成要素只有两个:一是利益,另一是正当、应得。"

2. 死亡权利的争论

对于死亡的权利一直是争论不休的议题,至今没有统一的答案。有人认为死亡权利是人之为人的基本权利,应受到法律的保护。一方面,他们认为生命权是一个人神圣不可侵犯的权利,而生命是包含从出生到死亡的全过程的,那么死亡权利也自然而然地包含在生命权当中。死亡是个人对自我生命的一种选择,属于个人自由。霍菲尔德认为:"一个人的权利至少包括请求权、自由权、权力和豁免权,而死亡权利在性质上是属于自由权的。"

而反对者却认为人的生命是神圣不可侵犯的,不允许任何人剥夺,正如康德所说:"人并不因为痛苦而获得处置自己生命的权利。"如同意人民有选择死亡的权利,则违反了社会上保护生命之公共利益及法律上的基本利益,因此认为死亡权利不是人的基本人权。

(二) 死亡权利的构成

1. 将死亡作为对个人正当利益的一种追求

利益是隐藏在权利背后的动因，人们追逐、渴望获得权利是为了满足自己某些方面的利益。但利益又分正当与不正当，只有正当的利益才会被认可为权利。因而，死亡权利的获得必须以人们追求正当利益为前提。正如对那些濒临死亡，受尽折磨的病人来说，摆脱痛苦、维护尊严、实现自我安乐就成了他们追求的一种正当利益。反之，如果人们的死亡是为了不正当的利益，诸如骗取高额保险金、陷害等，那么不管是否还具备其他的条件都不能获得死亡的权利。

2. 有为人们所认可的正当理由

死亡权利不同于一般的权利，生命的一次性使得人们不能轻易地去享有这种权利，即使是为了个人正当的利益，因为在最高的生命利益面前，任何利益都不能与之匹敌。因而，任何人想要获得死亡权利，必须有正当的理由，表明确实可以结束生命，为人们所认可才行。正如一个身体健康的人，仅仅因为承受不了打击就去自杀是不被认可的。而安乐死虽然一直饱受争议，但对其合法化的努力却一直在进行中，正是因为安乐死所针对的是身患不治之症、濒临死亡且饱受痛苦的患者，对于这些人的死亡要求，人们是可以理解的，是符合现代社会的人道主义精神的。

3. 履行相应的义务

权利与义务总是联系在一起的，"任何声称绝对权利的说法都经不起仔细的推敲。就法律而言，即便是最珍贵的权利也是附加一些限制的"[1]。因而，要想获得死亡权利，也必须履行相应的义务。主要包含两个方面：第一，个人的死亡不得对他人或社会造成损害。我们每个人都处于一定的社会关系当中，与他人发生着千丝万缕的联系，能够享有死亡权的个体必须尽力消除或减少这些联系。以濒临死亡的绝症患者为例，由于他已经濒临死亡，丧失了工作、劳动能力，对于社会、家庭所需承担的相应责任也自然没有了，而至于感情，由于长期忍受病痛的折磨，人们对其选择死亡的行为也是可以理解的，这时就可以享有死亡权。相反，一些身体健全，只是忍受不了打击就想结束生命的个体是不享有死亡的权利的。因为对于这些个体而言，虽然家人、朋友了解他所受到的打击与痛苦，但这种痛苦并不是不能治愈，感情上无法真正接受他们的死亡。而作为社会的人，他们也承担着相应的责任与义务，选择死亡就意味着对责任的逃避。第二，死亡是一个涵盖众多领域的问题。死亡权利的拥有也必须从伦理、道德、法律等上来说是合理的、合法的、不危害社会的。即需要采用一种为道德、法律所认可，不会给社会带来大的影响的方式，否则个体的死亡自然无法得到认同。[2] 自杀者大多采用的极端方式，给周边的人产生极大的心理阴影，从文化上来说无法得到人们的认同。

综上所述，死亡权利不同于一般的权利，生命的一次性使得人们不能轻易地行使

---

① 《马克思恩格斯全集(第3卷)》，人民出版社，1973年版，第12页。
② 向鹭娟、杨足仪：《人的死亡权利论略》，《前沿》2014年第11期，第65页。

这种权利,即使是为了个人正当的利益,因为在最高的生命利益面前,任何利益都不能与之匹敌。

三、青少年自杀问题

(一) 自杀现象

自杀是指一个人采取主动的方式结束自我的生命。自杀是心理失范引起,失范是指一个人由于大多数重要的需求无法满足,而引起的难以忍受的精神痛苦。一般而言,死亡给人类的是最大的恐惧和痛苦。而主动选择死亡者,是需要相当大的决心与毅力的。这种决心和毅力足以对抗死亡的恐惧与痛苦,甚至迫切地投入其怀抱,寻求一种最大的解脱。这其中的复杂原因和心理、精神的变化是很难被活着的人所觉察与体会的。

世界卫生组织估计,全世界每年有大约 78.6 万人自杀,其比例为 10.7/10 万。如果以时间轴衡量,意味着每隔 40 秒就有人自杀。据《中国卫生统计年鉴 2020》统计,2019 年中国城市自杀率为 4.16/10 万,农村自杀率为 7.04/10 万。其中,青少年已成为自杀的高发人群之一。

1. 中小学生自杀现象

据《中国儿童自杀报告》中显示,我国每年约有 10 万名青少年死于自杀,平均每分钟就有 2 个孩子死于自杀,8 个自杀未遂,虽然数据有待考证,但从侧面反映出青少年自杀并不是个例。《中国卫生和计划生育统计年鉴》的数据显示,在所有的非疾病死因中,自杀,已成为 10—25 岁青少年的第三大死因。特别值得提出的是,中国每年还有相当数量的未成年儿童要经历母亲或父亲死于自杀所带来的无尽伤痛,从而形成青少年的生死问题,他(她)们极易成为所谓的"问题小孩"。可见,青少年的自杀问题(或生死问题)已经严重到非重视不可的地步,而预防青少年自杀、降低青少年的自杀率更是社会、学校和家庭共同的责任。

研究表明,我国青少年自杀未遂报告率为 2.7%,7.3% 的青少年曾拟定自杀计划,17.7% 的青少年曾产生自杀意念。[①] 南京市一项针对少年儿童生命意识的问卷调查表明,近两成的南京小学生无法正确理解死亡的含义。据《中国教育发展报告(2014)》的分析:2013 年媒体上关于中小学生自杀的报道共计 79 例,其中自杀率从小学六年级出现攀升迹象,最高的为初中。

上海市的相关研究机构也曾联合对 9 所中小学校学生进行匿名自评问卷调查,结论是上海市中小学生自杀行为状况不容乐观,必须引起高度重视。[②] 因为少年儿童对生死的概念模糊,行为可能会产生种种偏差。孩子们对死亡的观念模糊,不知死为何物,也不知死会酿成何种结果与悲剧,只知死是一种解脱。而在他们生活中,难

---

① 董永海、刘芸、刘磊、等:《中国中学生自杀相关行为报告率的 Meta 分析》,《中国学校卫生》2014 年版第 4 期,第 532-536 页。

② 李新玲:《中小学生自杀数据不该成为研究禁区》,《中国青年报》2014 年 6 月 2 日。

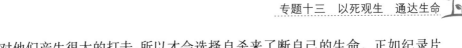

关苦楚对他们产生很大的打击，所以才会选择自杀来了断自己的生命。正如纪录片《小彪和狗》中主人公谈到的："我不怕死，只怕受伤。"

2. 大学生自杀现象

据有关材料，目前我国大学生自杀率为每年十万分之二到十万分之四，大大低于全国人口每年十万分之二十三的自杀率。过去，学习压力、精神疾病、情感挫折分别是大学生自杀的前三大诱因，现在就业压力逐渐成为大学生自杀的一个新诱因。相对于中小学生，大学生及研究生应该说更加成熟了，甚至已成"天之骄子"，跨入了大学或研究生院，在众多的中小学生眼中，似乎解决了一切人生的问题，应该不会发生自杀的现象。但实际上，大学生及研究生的自杀现象也许更为严重，起因也更为复杂，损失更为巨大。

据 2019 年大学生自杀的不完全统计：1 月 1 日，新年的第一天。河南理工大学 22 岁的大四女生小苗，选择用自缢的方式，结束了自己年轻的生命，并留下"受不了周围嘲笑的眼光"这样的遗言。通过家人的回想猜测，小苗的自杀原因可能跟半年前的一次失火事件有关。3 月 16 日下午，地处长沙市岳麓区含浦科教园学士路的湖南中医药大学校园里发生一起悲剧，一名 19 岁大二女医学生坠楼身亡。4 月 29 日凌晨，湖南第一师范的一名 21 岁大四女生小易在从深圳返校途中失联。经警方调查，小易疑似已跳江自杀，生还希望渺茫。此前，小易被多次诊断患有抑郁症，家属称小易轻生可能因就业压力太大有关。8 月，南京一所著名的"211 大学"毕业 2 个月的阳光大男孩许阳（化名）不幸坠亡。调查发现：跳楼前 1 年时间里，许阳从 10 家上征信的持牌金融机构贷款 36 次，累计获得贷款 7.2 万余元……一例例自杀事件呈现在我们面前，在震惊、痛心的同时不禁让我们思考：为什么人们的物质生活水平在不断提升，学校的设施在不断改善，而自杀问题却渐趋严重，且日趋低龄化呢？如此严重的问题该如何面对？怎样才能透过自杀现象看见背后的深层次问题并加以解决呢？

（二）自杀现象的问题分析

1. 自杀不仅是心理问题还涉及生死问题

在生命教育的研究和教学中，已经把如何看待和预防青少年自杀纳入其中并放在重要的位置上。但是，要真正预防自杀现象的频繁发生，必须找出导致自杀的真正原因。

关于自杀问题最普遍性的解释是：人们自杀是患了心理或精神的疾病，主要是忧郁症，所以要进行及时的医学治疗。但细究起来，这种解释是有问题的，如果自杀仅仅是精神心理干预不够的问题，则必须加强心理干预。而事实是虽然近些年来中国各级教育部门已加强了心理咨询、心理辅导的工作，青少年的自杀率却并没有显著下降。

有关调查显示，在国内许多自杀者并没有精神疾病，其自杀是在遇到强烈人际关系冲突之后迅速出现的冲动行为。70％左右的自杀死亡或自杀未遂者从来没有因为其问题寻求过任何形式的帮助；60％的自杀死亡者和 40％的自杀未遂者在自杀当时有严重精神疾病；全国的综合医院每年有 200 万急诊自杀未遂病人，但在其急诊治疗期间接受过精神评估或治疗的不到 1％。调查显示，在中国 659 例自杀未遂者中，仅 38％的人有精神障碍。许多自杀未遂者表现为冲动性自杀行为：37％的自杀未遂者自杀前考虑自杀的时间未超过5分钟,60%考虑自杀的时间不超过两小时。60%自杀者前两天有一个急性诱发事件,一般是人际关系矛盾。研究表明,每1人自杀会对周围的5个人产生巨大的心理影响。一个人的自杀会给亲朋好友带来巨大伤害,这种伤害涉及情感、社会和经济诸多方面,据世界卫生组织的估算,每年与自杀有关的经济损失高达数十亿美元。

可见,这些自杀者,不完全是心理问题,而是生命存在状态出了问题。所以,应该超越关于自杀问题解释的心理学医学模式,走向关于自杀问题解释的生死哲学模式;我们不但要有解决自杀问题的心理辅导精神医学的治疗方式,而更要有解决自杀问题的生命教育的预防方式。

2005年4月22日下午4点,北京大学理科2号楼内,一名女子从9楼坠下。据查为该校03级中文系本科生。以下是该女生死前留下的遗书:

"我列出一张单子,左边写着活下去的理由,右边写着离开世界的理由。我在右边写了很多很多,却发现左边基本上没有什么可以写的。回想20多年的生活,真正快乐的时刻,屈指可数;记不清楚上一次从内心深处感觉到归宿感是什么时候,也许是我自己的错吧,不能够去怪别人,毕竟习惯决定了性格,性格决定了命运。我并不是不愿意珍惜生命,如果某一时刻你发现活下去,二十年,三十年,活着,然而却没有快乐,没有希望,不愿去想象,还要这样几十年下去,去接受命运既定的苦难,看着心爱的人注定的远去,越来越不堪忍受的环境,揪心的孤独感,年轻不再,最终多年以后一个孤苦伶仃的可怜老人形象,没有亲人,没有朋友,苟延残喘活在过去回忆的灰烬里面,那又为什么不能够在此时便终结生命?不用再说生命的价值了。是的,比起任何一个还要忍受饥饿、干渴、瘟疫的同龄人。我真的觉得自己很幸福,但这是相对的,二十年回忆中真正感到幸福的时刻屈指可数,我不明白,为什么小学的时候无比盼望中学,曾经以为中学会更快乐,中学的时候无比盼望大学,曾经以为大学会更快乐,盼望离开欺负与讥讽自己的人,盼望离开被彻底孤立的环境,人生每一个阶段的最后,充满了难以再继续下去的悲哀,不得不靠环境的彻底改变来终结,难道说到了现在,已经走到了终点?对于亲人,我只能够无奈,或许死后的寂静,就是为了屏蔽他们的哭声,就是能让人不会在那一刻后悔。是的,二十年,但是却无法忍受这种行尸走肉一般的生活,觉得生活如同死水泥潭一般,而我自己其中,猥琐、渺小而悲哀,不可能再做出任何改变。如果人死的时候可以许一个一定会实现的愿望,我也许会许下让所有人更加快乐吧。人应该有选择死亡的权利,无法负担,以前或许不明白这种感觉,对自己的悲哀,痛到心尖在颤抖,或许死亡本身就是一个轮回的开始,用悔恨来洗刷灵魂然后新生。或者回到过去重新开始,记不清楚上一次发自心底的微笑是什么时候。"

从生死哲学来解读这名女大学生的自杀,可以发现她感觉到生活中不是不快乐,而是没有快乐;生活中感觉如此之差,而未来也没有改善的可能,所以,这位北大中文系的女生选择了自杀来结束自己的生命。她觉得,不快乐的人生还不如不"生",人应该有选择死亡的权利,她正是在使用这份权利。至于亲人因此而产生的无穷痛苦,她也无能为力。从表面上看,是生活的苦难压倒了她,但实际上则是她自己轻弃生命的观念害了她。陶国彰说:"每个时代的人都会死,但我们这个时代却似乎缺乏生命的沉重感,我想年轻人这么轻易地放弃了各种丰富的生命体验,跟他们对于自我价值的理解有关,生命似乎轻得着不到地。"

2. 生死哲学对自杀的解释模式

从生命层面分析自杀的深层原因是:生命神圣性的解魅。虽然在人类历史上,自杀的现象一直不断,但在一般的情况下,人们要采取自杀的行为时所考虑的因素是比较多的,其中生命神圣性是重要的因素。这一认知的影响相当程度上抑制了自杀的行为。所以,人类对生命的态度实际上直接影响到自杀行为,对这一因素的考量应该是分析自杀问题的起点。

为何现代人物质的占有与精神的丰富都已臻于相当高的程度之后,生命神圣性的体认却越来越成问题了呢?从本质上而言,所谓神圣性,指人类对某种对象发自内心的敬畏和崇拜;生命的神圣性,当指人类对自身生命的敬畏和崇拜。回观远古时代,人类周遭的神圣之物很多,不仅神秘的生命现象是神圣的,而且一些特别的石头、树、鹰、老虎、月亮、太阳等,皆具有神圣性,都成为人们顶礼膜拜的对象。随着社会的发展,人类依靠自我的理性获得了越来越大的征服自然与改造社会的力量,于是各种神圣之物逐渐地被"解魅"——消解附加于其上的神圣性,于是人类崇拜、敬畏、服从的对象越来越少,而生命的神圣性亦在这种解魅的过程里逐渐地消除。人们发现,石头不过是一种矿物质,植物是一种纤维体,动物是一种有机体,而曾经那么神圣的月亮和太阳也不过就是一颗行星和一颗恒星而已。至于生命,虽然比较复杂,但也就是一堆碳水化合物、一些 DNA 罢了。宇宙自然间的一切,社会生活里的一切,似乎都是可分析的、可理解的、可把握的、可改造的,又有何神圣性可言?

从生活层面分析自杀原因:生活感觉高于或重于生命的存在。人们走向自杀之路的原因有很多,也异常复杂,但从广泛的意义而言,自杀者中有相当一部分人不是精神病患者或抑郁症患者。但现在有许多人喜欢用精神疾病来解释自杀现象,似乎这是唯一的原因。这固然非常省事,也容易让人当下信服,且把一切自杀问题的解决都归之于药物治疗。但这与事实并不完全相符。我们的问题是:为何有许多看来是正常的人也会采取自杀这样一种对待生命的残酷态度呢?实际上,多是由生存的环境与人生观所引起的。

从自杀问题的角度来看,人生中存在的一个基本问题就是:生命与生活之间的紧张。本来,生命是生活的基础,生活是生命的体现,两者应该完全合一;然而在现实的人生中,生命表现为内在的,而生活是外在的;生命求的是稳定,生活求的是变化;生命是有机体的成长,而生活则是各种人生滋味的总和。于是,人之生命与生活实际上形成了一种内在紧张,两者经常发生矛盾、摩擦、不一致。我们常常会面临一个严重的两难问题:是生命延续重要还是生活状态的性质更重要?在传统社会,许多人都认为生命延续要重于生活状态,所以,再苦再累再困难也都要好好活下去,是谓"好死不如赖活"。而现代许多人则认为,生活状态要重于生命存在,他们想的是无享受的生活不如不生活——放弃生命;或者当生活变得难以忍受时,不如自我了结,是谓"赖活不如好死"。伊丽莎白·卢卡斯说:"如今有一种比艾滋病更易传染、更致命的疾病,那就是否定生命。"①

当人们把生活之内容置于生命存在之上,把精神的关注多投向生活的领域,欲望的满足成为现代人最重要的事。但每个人的能力与机遇有限,先天与后天的条件不同,人们所能满足的物质和精神的渴求总是有限度的。所以,人们的期望值总是高于自己所能获得的部分。也就是说,人之欲望与所得之间总是差距甚大的。在许多人那里,生活变得没有意义,因为自己想要的东西总得不到,自己想避的东西却总会到来,生活中没有享受,生命又有何价值? 这也导致了许多人在特定的情形下自杀。这即关于自杀的生死哲学的解释模式。

四、预防自杀:从心理治疗模式走向生命教育模式

那么,社会、学校、家庭究竟应该采取什么方法与途径来减少青少年的自杀现象呢? 关键在转变心理咨询和精神医学治疗的单一模式为强化生命教育的综合预防模式。除了坚持以前我们习惯的心理咨询心理治疗的模式之外,我们必须以生命教育的推行来对自杀问题做一个综合性的解决。这样,在各类学校内配备的心理辅导师就应该转型为青少年生命的领航员、生活的呵护者以及人生的导师。心理辅导仍然是其重要的任务,但却是他们工作的一部分而非全部;并且工作的内容也应该是在生命教育这个大的框架中展开。

(一) 在科学及理性的层面重建生命的神圣性

如果我们每一个人对生命价值的神圣性模糊不清,则无法在现实生活中安身立命,也就容易生命态度上较为随意,甚至走向自杀。如果我们把自我的生命存在完全系之于生活的感觉,而生活的状态又是如此千变万化、起伏迅捷,则我们的生命价值是很难彰显的。必须教育青少年在理性的层面重新恢复对生命神圣性的体认,消除个体死亡带来的无意义感,要对生命存有敬畏心、崇拜心。当然,这里并非倡导原始人那样地对生命现象的盲目迷信,而是在认清生命发展变化规律之后的顺遂;这亦非在生命面前顶礼膜拜什么都不干,或什么都不敢干,而是不逆生命之性质,不破坏生命之自然成长,更不强迫生命只按自我心愿地去发展。我们人虽然是生命的持有者,但也不能在对待生命的问题上为所欲为,我们要以一种带敬畏感的态度去看待和对待生命。这里的关键在打破理性与感性神圣之间的坚冰,使两者融合起来;在十分理性的基础上重新树立起神圣之物的权威,从而让青少年们都体会到生命的神圣,意识到生命的可贵。继而在体悟生命的基础上过一种完满的生活,能够在死亡到来之际坦然面对。中西方哲人对此有着深刻的论述,王阳明的"此心光明,亦复何言",尼采的"圆满人生,死得其时"正指向于此。

---

① 古尔德·弗兰克尔著,常小玲,等译:《意义与人生》,中国轻工业出版社,2000 年版,第 14 页。

(二)学校要建立起预防和干预自杀的机制

一要建立如预防自杀和干预教研组、预防和干预自杀委员会等机构切实担起预防的责任,组建预防和干预自杀的网络,学生与学生间的、老师与学生间、家庭与学校间上下左右齐动,关注着每一个学生、每一个时段的学习生活情况,发现苗头及时干预,把事情解决在萌芽之中。二要在教师和学生中开展有关自杀、预防和干预的相关知识的普及,让师生掌握必要的知识。三要建立起监控帮扶和干预体系,对于"问题"学生,进行重点监控,注意他们的言行。调查形成"问题"的原因,研究应对措施,实施帮扶,进行干预。帮助他们解决生活、学习上的困难,进行心理疏导,优化其生活学习环境,消除外界不良影响。四要建立保障机制,即机构保障、经费保障、制度保障、队伍保障、督导保障。

此外,自杀的预防,需要家庭、社会、个人各方面的努力。

首先,解除家庭方面的压力。家庭的压力可导致大学生发生情绪危机,如父母离异、家庭不和睦等。国外研究表明约为50%的青少年自杀与家庭破裂、家庭功能缺陷有关。而且父母有自杀行为,子女自杀的可能性极大。有研究指出,体验过家庭成员自杀行为的青少年,其自杀可能性将是同龄人的9倍。因此,要求家长能够了解其内心活动,及时给予开导,帮助解决实际问题,如稳定情绪或诱导宣泄等,从而排除忧患。

其次,社会各方面进行危机干预。自杀者从遭受挫折、产生绝望到实施自杀通常有一个心理过程,即会出现自杀先兆。自杀心理先兆是一种极度亢奋的状态,它表现为一种疯狂的宣泄行为,一般分为身心反应和"动作化"倾向两个阶段。怀着自杀心理的人常表现为紧张不安或不悦,生理上也有冲动性、爆发性、极端性等特点,往往有过强的情绪冲动,而用"行动"来表现其心迹。因此社会各方面要成立心理咨询小组,帮助有自杀意念的人解除心理矛盾,还应组织人力对自杀行为进行预测,从而加以防范。据统计,从自杀预警到行为实施,历时半年以上者达81.3%,故有时间来加以预防。

最后,应提高青少年心理受挫力。青少年自杀多与个体的性格有关。性格严重内向或抑郁者,承受挫折的能力不强,易受到事情消极面的影响,从而产生自杀心理。性格执拗者一旦受挫便易产生轻生念头。因此,青少年需要正视并纠正不良性格,掌握自我合理宣泄情感的技巧,建立起良好的自我防御机制。

(三)透过生命教育培育青少年健康的生命观

青少年的自杀,应该说大都缘于外在的原因,他们的心智还未能发育完成,许多人并不知晓自杀的严重性,他们更不懂死亡究竟意味着什么? 因此,突发性的外在的生活过程中的原因常常使青少年走向自杀,他(她)们毕竟还小,不能为自己的行为负全责。2015年6月9日,毕节市七星关区田坎乡4名儿童在家中服农药自杀。在遗书中孩子写道:"谢谢你们的好意,我知道你们对我的好,但是我该走了。我曾经发誓活不过15岁,死亡是我多年的梦想,今天清零了!"究其原因,留守儿童缺乏关爱的环境是引起自杀的一大诱因。因此,父母与学校、社会,在青少年自杀的问题上有着更为重要的责任,在这方面我们要有清醒的认识。所以,在学校中必须要有生命教育,让青少年认识生命的起源、本质,存在的意义与价值,让他们在受教育的过程,获得对生命的正确态度。

一般而言,青少年的自我毁灭大多是产生于一时的冲动,而生命的毁灭也往往只在一瞬间。例如2020年连续两条新闻登上热搜:辽宁14岁少女沉迷网游,氪金6万被父母发现,跳楼身亡;山西某大学大二男生补考作弊被抓,哭泣20分钟后跳楼自杀。因此,要大力推广生命教育,要让青少年都知道:在这个世界上,你要学会珍爱生命,学会承受挫折。青少年只有在情感、人格和人性各方面都得到较健康的发展,才能自然地体验到做人的尊严,并在自觉或不自觉中理解到生命的可贵,从而珍惜生命、呵护生命,获得生命的意义与价值。

1. 懂得处理生命与生活紧张的关系

在生命教育中,要让青少年从个人的生活感觉走向理性之生命,再从生理生命走向伦理生命,走向社会生命,走向精神生命,直至走向宇宙生命。我们要努力消除生命与生活的紧张,走向二者的和谐。也就是说,要使生命回归生活的基础,生活成为生命的自然表现。这就要求人们从自我化的生活走向普遍性的生命,由自我的感觉体会他人与社会的感受,由此来建构对他人和社会的关切与责任感。同时,要树立长远发展的理念,相信自己的内在潜力。存在主义治疗法代表人物欧文·亚隆曾提出波动影响的概念:每个人都有着自身的中心影响力,会对旁人、下代人产生影响,就像池塘里投入一颗石子,泛起的涟漪会随着波纹传递到更广的范围,这种影响是长期而持续的。所以可能你的一个举动就会对他人产生重要的影响,"我"的价值也得以彰显。

2. 懂得运用生命二维四重性原理

透过生命的二维四重原理,让青少年领悟到:人不仅仅是属于自己,还属于家人,属于社会,生命只有一次,失去便不能再拥有。人之生命是由父精母血构成,只有在社会中才能存在和发展。这样,青少年就可以意识到:我的生死绝非个人私事,而是家庭和社会的大事。此外,必须在生命教育中告诉他们一个道理:对那些已经自杀者来说,自杀也许是一种解脱,可是他们是否想过亲人的莫大痛苦呢?所以,学校和家长的教育要让每个孩子学会努力与别人相互沟通,个人生存奋斗的同时也要感觉到亲人和他人、社会的作用,从而使自我在生命层面上与所有的人和社会相关联,建构一种生命意识与价值。也唯有从生命层面入手,才能使青少年学会承受困难与痛苦,寻找到生命之意义与价值,学会关爱社会和他人,从一个"自然人"过渡为全面的"社会人"。获得生命的价值与人生的意义,避免生命惨烈的损失。

生活像一粒粒芝麻,生命恰似一个香脆的大饼;芝麻附在大饼上,让饼更加香味十足。所以,不要让生活中的一些不如意来影响生命的存在,不要破坏这一关系的平衡。如面对感情受挫而自杀的人就是把爱情视为了人生的全部,当爱情失去后,人生也就没有了意义,生命也就被剥夺了存在权。其实,这是一种狭隘的想法,爱情只是人生的一朵美丽的花而已,爱情之花谢了,还会再开,而且人生之树上还会开事业之花、亲情之花、友情之花。不要因为一朵花谢了,就剥夺整株花的生存权。总之,生命是"我"的,却也不完全是"我"的,放弃自我的生命并不是个人的权利,一个人没有任何理由可以采取自杀的手段结束一条自我健康的生命。

从生命的二维四重性来看,当人们取得生命之后,便在人世间形成了一个"生命场"。"身体发肤,受之父母",自杀既是对自我生命的否定,也是对自我家庭与社会的否定,更何况其血缘亲缘的生命与社会人际的生命并没有结束,白发人送黑发人的剧痛将刻骨铭心。

从生命与生活的区分的观念来看,一些大学生常常是将生活中的某些挫折、失意、痛苦等等"生活中不可承受之重"当成了"生命中不可承受之重",于是,由于感觉生活不好而走向放弃生命。人的生命是实体性存在,更是一种关系性的存在,我们没有自杀的权利。

 聚焦提升

1. 我们来得不容易,去得也不能太轻易。

2. "身体发肤,受之父母,不敢毁伤,孝之始也。"从血缘亲缘生命来看,生命是"我"的,却也不完全是"我"的,我们没有自杀的权利。

3. 敬畏生命,珍惜生命,要学会处理日常的生命与生活紧张的关系。

4. 我们每个人好比一棵生命之树,上面开着事业之花、亲情之花、友情之花、爱情之花……不能因为一朵花谢了,就剥夺整棵树的生存权。

 思考感悟

如果你只剩下"生命中最后 24 小时",你会如何安排这最后的时间呢? 会做哪些事? 会见哪些人? 请记录下你的这段时光,并分享完成作业后的感受。

 拓展延伸

1. 品读书籍

偶尔治愈. 生死之间[M]. 北京:中信出版集团,2019.

大津秀一. 换个活法:临终前会后悔的 25 件事[M]. 语妍,译. 北京:中信出版社,2010.

林恩·德斯佩尔德,艾伯特·斯特里克兰. 最后的舞蹈—关于死亡[M]. 夏侯炳,陈瑾,译. 北京:中国人民大学出版社,2009.

2. 影视赏析

《遗愿清单》是由罗伯·莱纳执导,杰克·尼科尔森、摩根·弗里曼、西恩·海耶斯、比弗莉·托德等主演的剧情片,该片于 2007 年 12 月 25 日在美国上映。该片讲述了两位身患癌症的病人,机缘巧合之下相识结为好友。二人决定在余下的日子里,完成他们内心所想的"遗愿清单"的故事。

《意外制造公司》由麦克·范·迪亚姆执导,杰罗恩·凡·康宁斯伯格、乔治娜·芜班主演。该片讲述了富翁雅克布签订意外死亡合同后,与同样报名自杀的安妮相爱,人生诸多意外,雅克布这才真正意识到即将到来的"意外"已经无法终止……该片于 2015 年在荷兰上映。

扫码查看
相关资料

专题十四

生死尊严　超越死亡

> 使生如夏花之绚烂,死如秋叶之静美。
>
> ——泰戈尔①

 专题导语

　　人的生命是一个向死而生的过程。这不仅是一个抽象的哲学问题,更是我们每个人早晚都要面对的终点问题。如何做到"优生优逝""生死两尊严"是本专题要学习的主要内容。我们将从尊严生死、临终关怀、器官捐献等生命成长最后阶段的问题出发,检视自己对待死亡的态度,从中认识生命的有限性,开启超越生死的智慧——以死观生,以更积极正面的态度面对未来,活出生命的精彩。

―――――――――――――

　　①　最早出自印度泰戈尔《飞鸟集》第 82 首,英文原文:"Let life be beautiful like summer flowers and death like autume leaves."郑振铎译为"使生如夏花之绚烂,死如秋叶之静美"。泰戈尔是印度诗人、哲学家和印度民族主义者,1913 年他获得诺贝尔文学奖,是第一位获得诺贝尔文学奖的亚洲人。代表作为《吉檀迦利》《飞鸟集》。

 **知识地图**

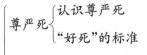

生死尊严　超越死亡
- 尊严死
  - 认识尊严死
  - "好死"的标准
- 临终关怀
  - 临终关怀现状
  - 临终关怀概念
  - 临终患者权利
  - 临终病人的心路历程
  - 临终关怀的医疗照顾模式
  - 生命照顾法在临终关怀中的使用
- 另一种永生——器官捐献
  - 器官捐献的定义
  - 器官捐献的性质
  - 器官捐献的范围
  - 器官捐献的意义
- 由死观生，超越死亡
  - 注视死，懂得活
  - 面对死亡的超越之路

 **体验活动**

死亡印象画

请用自己喜欢的方式（简笔画、抽象画等）来绘制"死亡的容颜"，并用三个词来表述你对死亡的感觉……

讨论分享：

你完成这幅画作之后的感悟。

"死亡印象画"的分享，相信不同的人会有不同的答案，对死亡也抱持着不同的观点。有人觉得死亡是没有颜色，所有拥有的丧失，对死亡充满恐惧；有人认为死亡是人生圆满状态的总结，更是新生命的开始，是安详与平静的；有人认为死亡是生命的终止，而亲人的爱和怀念会始终留下来……然而人终有一死，这一点大概没人否认，死亡到底是一扇门？还是终结？

图 14-1 《生命之舞》爱德华·蒙克①

 理 论 学 习

新世纪的人类远比任何一个时代的人都要怕死,这是因为科技的长足发展使人们更有可能延缓死亡的到来。由于现代人的生存状态远远高于前人,特别得关注"生",以至于沉迷其中,无法割舍,无暇对死做深度的思考,在死亡问题上产生了极大的困惑和恐惧。然而,同样是科技发展带来的资讯却也天天在提醒着人们除了疾病之外,天灾、人祸等意外事件每天都可能发生,威胁人们的生命。死亡是如此靠近我们,而人们仍然不知道它将如何发生,何时降临;面对死亡,我们似乎毫无招架之力。尽管 21 世纪的科学发展研究出很多方法,教人们控制疾病、养生之道,却没有一门专门学问教我们去面对死亡。

生死尊严议题是生命最后阶段的议题,包括尊严死、临终关怀、器官捐献、由死观生超越死亡四个重要层面。

一、尊严死

2021 年十三届全国人大四次会议上有代表提出《关于加快推进尊严死立法进程的建议》,国家卫健委在官网上发布了相关建议的回复内容。回复称,该建议提及的实施"尊严死"中的一些内容可以通过推进安宁疗护工作得以实现,但对于尊严死立法,相关法律、医学、社会伦理学界仍存在一些争议,社会认识还不统一,目前还存在

---

① 《生命之舞》爱德华·蒙克(Edvard Munch 1863—1944),挪威表现主义画家和版画复制匠,现代表现主义绘画先驱。绘画带有主观性和悲伤压抑的情调。正如这幅作品,作者永不和谐的色彩勾勒出充满变化的生命之舞,隐喻人们对生与死的的思考。

较多困难。一时间关于"尊严死"的话题在社会上被广泛讨论。

（一）认识尊严死

随着医疗技术的发展，有时人类会陷入技术伦理的争议中。运用医疗手段维持自己的生命，有时候活得越久就意味着需要忍受更多来自身体、精神与情感等各方面的巨大痛苦。面对此种"痛不欲生"的情况，有的临终病人希望，医生能够帮助自己了结生命，而不是让自己的生命在痛苦中延长。这里产生了一个极富争议的"道德难题"：我们是应该尊重临终病人的自主选择，让他们有权利"选择死亡"，还是坚持认为医生的天职只能是"救死扶伤"，不能允许医生帮助病人"提前了结生命"？

"尊严死"就是在这样的背景之下提出来的。在"尊严死"的支持者看来，"选择死亡"是一种不能被忽视的"权利"。在临终病人面对衰弱、痛苦、侵入性治疗而导致面目全非、痛苦不堪时，他们通过选择死亡，保全自己的"生命尊严"。

"死亡"可以"选择"吗？"尊严死"的支持者显然需要回应这样的疑惑，给出具有说服力的理由，告诉公众为什么"选择死亡"是道德上正当的，并且应该成为一种权利。

"尊严死"的支持者常用康德的"自主性（Autonomy）"概念为"死亡权"的主张辩护。在康德看来，"自主性"是指一个行动者对自己的行为有完全的自主权利与能力，不受他人或任何外力影响。换句话说，"自主性"代表着人具有自我反省、自我规范的能力，让"人之为人"特质得到充分的彰显，而这恰恰是"人之为人"最高的价值所在。

"自主性"在现代生命伦理学上，延伸出一个得到普遍接受的原则，即"每个人对于具有自主性的行动者，都必须赋予同等的尊敬并且接受其自主性的决定"。具体而言，只要一个人是成年人，并且没有任何影响其理性能力的因素，当他有这样的能力、自主并且自愿地做出相关的决定，而这样的决定并不影响其他人应有的权利，那么其他人应当尊重他做出的决定。

应用到临终病人的情形，只要临终病人具有理性、有清楚的意志与认识，他就应当被视为"主体"来对待。当他动用自己的理性，选择死亡而不是继续延续自己的生命，任何人都应当尊重。

尊严死是指在不可治愈的伤病末期，放弃抢救和不使用生命支持系统。让死亡既不提前，也不拖后，而是自然来临。在这个过程中，应最大限度尊重、符合并实现本人意愿，尽量使其有尊严地告别人生。

2022年6月23日，深圳市第七届人民代表大会常务委员会第十次会议表决通过《深圳经济特区医疗条例》修订稿，在全国首次将患者"临终决定权—生前预嘱"写入地方性法规。

中国台湾地区的傅伟勋先生在《死亡的尊严与生命的尊严》中写道：现代人天天讲所谓的"生活品质"，却忘记"生活品质"必须包括"死亡（的尊严）品质"在内，或者不如说，"生活品质"与"死亡品质"是一体两面、不可分离的，高龄化到死亡的过程，不外是训练每一个人培养"生命尊严"与"死亡尊严"双重实存态度的最后阶段。

(二)"好死"的标准

"尊严死"就是追求所谓的"善终",也就是俗话所说的"好死"。但对"好死"的界定却没有简单的定义。埃德温·施耐德曼提出"好死"的判断标准:

表 14-1 判断"好死"的 10 条标准

死得自然	而不是意外、自杀或者他杀
人已成年	年老,接近精神机能的顶峰而寿命长得足以拥有见多识广且有所建树的人生。
合乎预期	既不是猝死,也不是意外作故;出现了某些即将去世的前兆。
名誉良好	一份肯定的祷告,充满了敬语(传递尊敬)。
准备充分	制订了围绕着死的合法的计划,比如葬礼安排、遗嘱和仪式。
接受命运	"愿意履行义务",体面地接受不可避免的死。
文明告别	热爱活着的人们,临终场景被鲜花、美丽的图画和低回的音乐装点得生气勃勃。
泽及后代	将"家族智慧"传给年轻一代,与亲友分享记忆和历史。
表达悲哀	体验伤心和遗憾情感,但不会垮掉;带着某些未竟计划死去:"以没有一个人生是完美无缺的范例教育后人。"
心情平和	临终场景充满了和睦与爱,荡漾着摆脱身体痛苦的轻松气氛。

经济学人智库对全球 80 个国家和地区进行调查后,发布了《2015 年度死亡质量指数》报告:英国位居全球第 1 位,中国大陆排名第 71 位。

1999 年,巴金先生病重入院。一番抢救后,终于保住生命。但鼻子里从此插上了胃管。进食通过胃管,一天分 6 次打入胃里。胃管至少两个月就得换一次,长长的管子从鼻子里直通到胃,每次换管子时他都被呛得满脸通红。长期插管,嘴合不拢,巴金下巴脱了白。只好把气管切开,用呼吸机维持呼吸。巴金想放弃这种生不如死的治疗,可是他没有了选择的权利,因为家属和领导都不同意。每一个爱他的人都希望他活下去。哪怕是昏迷着,哪怕是靠呼吸机,但只要机器上显示还有心跳就好……就这样,巴金在病床上煎熬了整整六年。他说:"长寿是对我的折磨。"

罗点点发起成立"临终不插管"俱乐部时,完全没想到它会变成自己后半生的事业。罗点点是开国大将罗瑞卿的女儿,有一次,她和一群医生朋友聚会时,谈起人生最后的路。大家一致认为:要死得漂亮点儿,不那么难堪;不希望在 ICU,赤条条的,插满管子,像台吞币机器一样,每天吞下几千元,最后"工业化"地死去。

随后不久,罗点点在网上看到一份名为"五个愿望"的英文文件。

(1)我要或不要什么医疗服务。

(2)我希望使用或不使用支持生命医疗系统。

(3)我希望别人怎么对待我。

(4)我想让我的家人朋友知道什么。

(5)我希望让谁帮助我。

这是一份叫作"生前预嘱"的美国法律文件,它允许人们在健康清醒时刻通过简单问答，自主决定自己临终时的所有事务，诸如要不要心脏复苏、要不要插气管等。

罗点点开始意识到："把死亡的权利还给本人，是一件意义重大的事！"于是她携手陈毅元帅的儿子陈小鲁，创办了中国首个提倡"尊严死"的公益网站——选择与尊严。

二、临终关怀

临终关怀是人生旅途中最迫切、最严肃，也最实际的重大问题，更是人性尊严中的至真、至善、至美的关怀流露。最终目的是让患者舒适坦然地善终，在生命结束的刹那间了无牵挂、平静安详地走完人生最后的里程。

（一）临终关怀现状

临终关怀译自英文 hospice，中国台湾称作"安宁疗护"，香港地区称作"善终服务"。这个词最早可追溯到 12 世纪，当时交通不便，路途遥远，许多人饥病交加，苦不堪言，于是，有慈善者修好驿站，以供休养生息，这就是"hospice"最早的意思。20 世纪 50 年代，圣约瑟安宁疗护院的西西里·桑德斯女士，是一位既有护士背景，又有社会经验，还具有医师身份，置身于临终关怀事业的人，她在事业中发展出"全人照顾"的理念和做法。世界第一个临终关怀机构是 1967 年英国的西希里博士在伦敦创建的。1971 年美国耶鲁大学护理学院主任弗洛伦斯·斯·沃尔特创建了美国第一所临终关怀病院。1988 年 7 月天津医学院成立了中国第一所临终研究中心。1990 年 3 月台北马偕医院建立了中国第一幢临终关怀安宁病房。1992 年第一个独立的善终服务病院——白普理宁养院在香港沙田落成。2001 年在李嘉诚基金会的资助下，全国先后建立了 20 家具有大陆特色的宁养院。

（二）临终关怀的概念

临终关怀是为生命即将结束的病人及其家属提供全面的心身灵照护与支持，使病人平静、安然地度过人生的最后历程。临终关怀是现代社会一种更具人性化、人道化的对患者的关怀方式，是在医学的科学性质的基础之上融入社会人文的一种延展性的照顾模式。

（三）临终患者的权利

临终关怀是对人生落幕时的临终者最终的身心灵的照顾。其权利与需求应得到社会各界的重视，特别是现代的医务工作者。1977 年，Barbus 所发表的《临终病人的权利与要求》条例之中阐述了临终者的权利，他一一列举了临终者"有权要求被以常人待之，直至死亡。有权以自己的表达方式抒发临终前的感受与情绪反应。有权避免孤独而终。有权免除疼痛的折磨。有权安详与尊严的死亡。有权要求死后仍能维护身体的神圣庄严"等十七条权利，充分表达了临终者的生死期盼。

（四）临终病人的心路历程

临终病人的心理过程用美国死亡学开拓者之一库布勒·罗斯的"五阶段"模型来看，一般可分为否认与孤离（denial and isolation）→愤怒（anger）→讨价还价

(bargain)→消沉抑郁(depression)→接受(acceptance)。

关于第一阶段的"否认",末期患者在刚刚意识到患有绝症的时候,总想否认说:"不,绝不是我,不可能是真的。"几乎所有的末期患者在开始都至少要做部分的否认,甚至过了第一阶段之后,情绪上有时仍有想否认的倾向。

第二阶段就为"愤怒""妒羡""怨恨"等负面情绪所取代。开始自问:"为什么偏偏是我? 为什么我要这样倒霉?"与第一阶段相比,这个阶段对于家属与医生、护士来说,极难应付,因为患者的负面情绪自然会发泄到周围的人身上。

第三阶段的"交易"或"讨价还价",并不是每一位末期患者都会经历的,这一阶段也相当短暂。所谓"讨价还价",作为"交易"条件,她(他)自内心发誓,愿意康复之后"重新去做好人""此生献身于对社会有益的工作"等。这一"交易"充分反映了末期患者陷于完全无依、无靠、无力,而又同时希望借助奇迹维持自我生存的特殊状态。

第四阶段为"消沉抑郁",末期患者由于发现自己病情日益严重,或由于更加消瘦虚弱,不但不会继续"否认",连愤怒不平的情绪也会被一种自我丧失的感觉取代,表现出来的情绪或感情状态较为消极。

第五阶段是"接受",末期患者已经接近死亡而即将告别人间的时刻,就是最后阶段。库布勒·罗斯用"接受"一词来表示,并说:"'接受'不应误解为一种愉快的阶段,其实是几乎没有情绪感情而言,就如同苦痛以去、挣扎已过一般。也正如一位患者所表达的,是'长途旅行之前的最后歇息'(the final rest before the long journey)。"[①]

在美国加州有这样一场特殊的婚礼,婚礼上没有新郎,只有新娘和她的父亲,而新娘是一个11岁的小女孩。不久前她得知处于癌症晚期的父亲将无法参加她未来的婚礼,为此伤心欲绝。然而在好心人们的帮助下,他们一家举办了一场属于她和爸爸的特别婚礼,圆了爸爸作为一个父亲一辈子的心愿。

(五) 临终关怀的医疗照顾模式

中国台湾地区安宁疗护动画短片《妈妈的脸》生动形象地讲述了小杰在医护团队帮助下面对妈妈癌末直至离世的故事。和妈妈相依为命的小杰,为什么不敢进入妈妈的病房探视? 是妈妈病中的面容让他感到恐惧,还是他害怕无声的死亡的逼近? 当他看到了妈妈死去的脸,当他为妈妈带上亲手制作的项链,当他哭着跑向妈妈的灵柩……小杰最后在治疗师的帮助下接受了妈妈生病的事实,学会表达了对妈妈的爱,让妈妈安详的离开。

讨论分享:

观看短片后,你对临终关怀有着怎样的认识?

你愿意尝试学习临终关怀的技术和方法,帮助临终病人吗?

临终关怀强调积极协助临床患者减轻疼痛,改善不适症状,尊重其意愿,满足其需求;陪伴家属,度过哀伤历程,使其生活获得调适,让患者和家庭获得相对的最佳生

---

① 傅伟勋:《死亡的尊严与生命的尊严》,北京大学出版社,2006年版,第32-33页。

活品质。

临终关怀的照顾对象,除了患者还包括家属、朋友及任何有关联的人,强调以对待一个整体"全人"的方式来照顾濒死的患者,而不只是"病"或"病的器官"而已,也就是说临终关怀必须顾及患者的身体、心理、社会的需求。所以,"全人、全家、全程、全队"的"四全照顾"是现今临终关怀与安宁疗护的特色。

(六)生命回顾法在临终关怀中的使用

生命回顾,也称为"怀旧治疗""回顾治疗""记忆治疗""生命回忆"等,即启发和帮助临终患者作生命的回顾,共同怀念难忘的事和人,调节心理平衡。患者在临终阶段不仅会对即将来临的死亡进行思考,而且还会对自己所走过的人生道路进行回忆。就社会学而言,一个人一生中都在表现自我、发挥自我。患者在临终阶段会自觉或不自觉地对自己的人生旅程进行回忆,在回忆中体会人生的酸甜苦辣。回忆不仅可以分散患者的注意力,填补空虚、脆弱的精神世界,而且可以平衡患者的心理。生命回顾在与临终患者沟通中的作用主要有:

第一,回忆他们的痛苦经验。当他们回忆到伤心的往事时。他们会咬牙切齿,甚至要揍人泄气。这与缅怀治疗衍生的"激怒治疗"相似。虽然回忆激发怨恨和怒气,但宣泄出来后许多患者会显得心平气和。

第二,回顾以往的成功经历,再次肯定自我,找寻生命价值。很多患者在临终阶段,喜欢回忆自己以往的成就,并把它告诉别人,希望得到别人的赞赏与肯定,找寻生命的价值与意义,产生一种成就感和死而无憾的感觉。

第三,回忆美好的友谊与爱情。对以往生活中的美好回忆,可在相当程度上使临终患者产生心理上的满足感与价值感。

三、另一种永生——器官捐献

2010年12月30日傍晚,史铁生静静地平躺在朝阳医院急诊区的手推板床上,呼吸微弱,命悬一线。下午,他做完例行透析,回家后突发脑出血。立即送至离家不远的朝阳医院。晚上九点多,凌锋医生闻讯赶来,轻轻翻开史铁生的眼皮,发现瞳孔已经渐渐放大。环顾四周,一片纷乱,于是,凌锋医生迅速联络,将史铁生转到宣武医院的重症监护室(这里有全北京最先进的急救设备)单间,一个安静的环境。作为有丰富颅脑外科急救经验的临床教授,她将预后告知了史夫人陈希米。没有太多的解释,陈希米告诉凌锋,放弃一切介入性的急救举措,平静地签署了停止治疗的知情同意书。陈希米告诉凌锋,这不是她即兴的决定,而是史铁生生前郑重的预嘱。他们夫妇在一起的日子里,不止一次地讨论过死亡,安排如何应对死亡,处置遗体。

根据我国人体器官捐献管理的程序安排,凌锋联系上协调华北地区器官捐献的天津红十字会,陈希米郑重地签署了捐献肝脏和角膜的文件,"铁生讲过,把能用的器官都捐了"。她还告诉凌锋:轮椅生涯几十年,铁生很想知道他的脊椎究竟发生了怎样的病变。

此时,铁生的呼吸越来越微弱,然而,他硬是坚持到天津红十字会取器官的大夫赶到,才舒缓地呼出最后一口气,以便让每一个捐献的脏器都处在血液正常灌注状态。凌锋大夫不由得感慨,铁生真坚强,真配合。在庄严肃穆的气氛中,所有在场的医护人员在安魂曲中向铁生鞠躬,致以最崇高的敬意,然后虔诚地取出他捐献的器官,认真、细密地缝合好躯壳,整理好妆容。器官被火速送往天津,那里,接受移植手术的病友及手术团队正急切地等待着……九个小时后,史铁生的肝脏、角膜在两个新的生命体中尽职地工作,史铁生的生命依然在欢快地延续。

能把曾被认为是毫无希望的患者挽救过来的最富有革新精神的、也许是最富于戏剧性的医疗技术之一就是器官移植。"从一位捐赠者身上将一种活组织或者细胞转移到一位接受者身上,目的是维持被移植的组织在受体上功能健全。"1954 年,波士顿的彼得·本特·布里格姆医院将双胞胎之一的一只肾移植到其兄弟身上,这是人类所做的第一例移植手术。此后,器官移植逐渐演变成了标准的医疗实践组成部分。1967 年,克里斯蒂安·巴纳德成功地完成了第一例成年人心脏移植手术。此后,1968 年在脑死亡的定义上取得了一致意见和 1976 年发现免疫抑制药环孢菌素的两件事件对器官移植史起到重要作用,器官移植也越来越被公众接受。然而遗憾的是:每天约有 68 个人接受器官移植,而等待接受手术名单上的另外 70 个人因为得不到足够的器官而死去。器官捐献成为延续接受者生命的关键因素。那么什么是器官捐献呢?

(一)器官捐献的定义

器官捐献是指自然人生前自愿表示在死亡后,由其执行人将遗体的部分器官捐献给医学科学事业。或生前未表示是否捐献意愿的自然人死亡后,由其直系亲属将遗体的全部或部分器官捐献给医学科学事业的行为。

(二)器官捐献的性质

器官捐献作为一种公民自愿履行的善行,只许捐赠,不可买卖,是无偿和公益的。2007 年 3 月 21 日由国务院第 171 次常务会议通过的中华人民共和国《人体器官移植条例》中"第二章人体器官的捐献"明文指出"人体器官捐献应当遵循自愿、无偿的原则。公民享有捐献或者不捐献其人体器官的权利;任何组织或者个人不得强迫、欺骗或者利诱他人捐献人体器官。"

(三)器官捐赠的范围

它主要包括细胞捐赠、组织捐赠和器官捐赠。

细胞捐赠:是指从一个健康人的体内提取有活力的细胞群,输入另外一个需要救助的人体内。临床上最典型的就是捐赠骨髓以救助需要骨髓移植的人。

组织捐赠:是指将身体的部分组织捐赠给那些需要救助的人。这些组织包括:皮肤、眼角膜、骨骼、肌腱、血管、神经等。一位捐赠者可以依照自己的意愿,同时捐赠多种组织给那些等待移植的人。

器官捐赠:是将身体的某个仍然保持活力的器官捐赠给另外一个需要接受移植治疗的人。这些人的病情通常非常严重,而且已经不能用其他治疗方法治愈。在 20

世纪 60 年代已经成功地进行过心脏、肾脏、肝脏、胰、肺、小肠以及腹部多器官联合移植等多种移植。

(四) 器官捐献的意义

每年 6 月 11 日是中国器官捐献日,谐音"路遥遥",中国器官捐献日是由中国人体器官捐献与移植委员会、中国器官移植发展基金会发起设立,属于万千器官捐献者和移植者的节日。2019 年的第三届器官捐献日活动的主题是"我的生命,你的名字"。在中国每年大约新增 30 万病人因"终末期器官功能衰竭"需要器官移植,仅 2 万人有机会获得移植器官,而阻碍器官移植发展的最大问题就是器官来源的短缺。

对于患有器官终末期疾病的病人,获得器官移植就等于重获新生。目前我国仍有数十万病人在等待器官。因此登记自愿捐赠器官的意义在于,你的爱心将有可能让数十位苦苦等待器官、组织移植的患者免去病痛的折磨,让他们和家人重新过上健康快乐的生活。截至 2022 年 3 月,我国器官捐献登记人数已超 450 万。这一数据在 2010 年仅为 1087 人。数据的几何级增长意味着,当生命不可挽救时,"自愿、无偿"捐献能用的器官让生命以另外一种方式延续,正在成为越来越多人的主动选择。

四、由死观生,超越死亡

"死是生的导师"。从我们每个人一出生,生命之钟的倒计时就开始了。人生就是一个向着死亡的过程,在我们赞美生命的美丽、青春的活力的时候,我们其实就是肯定了老迈的合理性和死亡的必然。每个生命,因为思索死亡而带给了自己和更多人力量。所以,每个人都应该在活着的时候认识到先行到死,由死观生,由生观死,生死互渗的人生智慧,妥善规划生活的方向,并依自己的意愿,决定告别人生舞台的方式。

(一) 注视死,懂得活

首先,注视着死能让我们不仅要追求生活中的所获,更应该追求生命中的所获。当一个人面对死亡时,一切平时特别看重的金钱、地位、权势等都不重要了,因为这些物质性的东西都是转瞬即逝的。人们生带不来,死也带不走,诚所谓"去天堂的车没有行李架"。但是,人类情感与精神性的东西却可以历久弥新、永存不朽。

从这一点来看,人生中最最重要的东西并不在金钱、享乐和权力,除了这些生活中的所求所获外,我们还能从生活走向生命,从而懂得:人的生命在于创造,在于你为这个丰富多彩的世界增添了一些什么,一如我们的前辈先贤所做的那样。所以,我们在一味追求快乐的感性生活的同时,应该想一想,我们为这个世界、社会、民众创造了什么,有没有维系好亲情、友情和爱情,这些才是生命之事,这些才是人生最重要的内涵,是最为宝贵的东西。

汶川大地震后,有一则短信被广为转发:

"活着真好,莫在意钱多钱少,汶川的震波,分不清你是乞丐和富豪;活着真好,莫计较权大权小,汶川震塌的楼板,不认识你头顶着几尺官帽;活着真好,莫为身外之物、世态炎凉烦恼,汶川的废墟,掩埋了多少豪情壮志,俗事纷扰;活着真好,记住汶川这分分秒秒,幸存的生命,再次演绎了爱的伟大、情的崇高;请记住我在时时刻刻为你祈祷,珍惜这份情,这份爱,你会活得更好!"

可见,注视着"死"才能透悟出"生"的真正含义——"活着真好!"这是汶川地震后,人们对生命最强烈的眷恋。所有的功名利禄在生命面前都显得那样微不足道。

其次,注视着死可以让我们以一种"幸存者心态"来看世间。所谓幸存者即在大灾大难,甚至死亡胁迫下躲过来、挺过来的人。我们每一个人都可以说是生活的幸存者,因为人总是要死的,而死亡在何时降临也无法准确预测;况且生活中的灾难与痛苦可以说是常常会突然降临,我们在这样的生活实际中应该悟出幸存者的心态。也就是说,在生活过程中,要有死亡的意识,否则我们抓不住生活,丰富不了生命。我们要以人人必死的生活真相来时时警示生活的有限性,以一个幸存者的心态来对待生活中的每一天、每一时、每一个生活的事件、每个与他人的交往时刻。这样,人们才可能真正超越忧、烦、畏、痛苦与不幸的状态,全身心地拥抱生活、享受生活。

有一名经历四川汶川特大地震者这样说:每一个生者都是幸存者。从5月12日开始,我们的生存都是劫后余生。事后才知道,我们只是经历了一场有惊无险的地震,在遥远的汶川,城市夷为平地、楼房轰然倒塌。多少张鲜活的面孔瞬间定格在永恒的记忆里、多少场正在上演的浪漫爱情也戛然而止,画上句号。大地不经意地抖一抖,却让您的儿女遭受非人的痛苦。惨不忍睹的场面,让我们的双眼一次次地朦胧。在灾难突如其来的时候,生命总是如此脆弱、不堪一击。人生的成与败、得与失,在此刻也显得那么渺小、苍白……

经历过这场地震的洗礼,我们对生活的态度也在一瞬间做出了很多改变。曾经金钱充斥着我们的良心、名利迷离了我们的双眸、道义遗忘在某个角落、良心被无知掩埋、感情变得一文不值……只有在此刻,我们深深体会到了生命的神圣与可贵,生命是不能重来的,但我们的人生可以重新来过。为什么有些话在我们来不及说的时候才想说、有些事在我们来不及做的时候才想到去做呢。于是我们才开始醒悟了,我们抛弃了人世间累赘、浮华的东西,没有了虚情假意,也淡泊了金钱名利。只有道义、良心、亲情、人情。我们内心深处散发出了人类最本性的善良芳香,我们被某些人、某些事感动着,我们冷漠的双眼也留下了热情的眼泪。一次地震,让我们失去很多、又让我们得到很多。又是一夜无眠,心系灾区人民,可我们又能为他们做些什么呢。我们唯有祈祷生者坚强、逝者安息!

再次,注视着死让我们明白"珍惜当下"的重要与必要,让我们从生命的残缺甚至凋零中理解生活的圆满。生活状态是在比较中才能凸显其存在之性质的,一个人仅仅局限在自我生活中难以了解其真实状况,这就是许多人身在福中不知福,更无"惜福"的原因。如同我们和残疾人生活一段时间,便会知道自己四肢健全是多么的可贵;去悉心照顾临终患者,便会更珍惜自我之生命与生活的美好,更懂得如何善度此生,怎样去把握人与人相识的缘分。这就是我们从生命的比照中得到了生活的圆满,也在相当程度上消解了生活中的忧、烦、畏、痛苦与不幸。

（二）面对死亡的超越之路

郑晓江教授提出面对死亡，我们仍能找到一条超越之路。

1. 消解死亡恐惧的生命觉解法

人不可能怕"死"本身，那是怕不了的；而是怕"死"的观念，我们每个人在生活中都会有这样的经验：我们越不熟悉的东西与环境，我们就越容易产生担心与害怕的心理境况；而我们越熟悉的事物与地方，我们则可以安心和无惧。人们对死亡的害怕，第一个方面就是"未知的恐惧"。人们对"死"的未知，实际上正显示出"死亡"本质的一面，即：活着的人是不可能经历"死"的。中国古代的哲人也讲"生不知死，死不知生"，又何必怕死？又焉能怕死？试想一下，我们什么都不知晓了，拿什么去害怕呀！"恐惧"是一种人的心理活动，它带给人一种无助的、担心的、焦灼的痛苦，其产生的基础是我们活着的机体；而"死亡"一降临，活的机体已不复存在，我们又焉能"恐惧"？生死学家伊丽莎白·库伯勒·萝丝说："死如同生一样，是人类存在、成长及发展的一部分，它是我们生命整体的一部分，它赋予人类存在的意义。它给我们今生的时间规定界线，催迫我们在我们能够使用的那段时间里，做一番创造性的事业。因此，从正面的积极意义来看，死亡的意义可说就是'成长的最后阶段'，也就是说：'你是什么，以及你所作的一切，都在你死亡时达到了最高潮。'"

2. 消解死亡痛苦的生命体验法

一个人若仅仅从自我生命的视角来观察，必会觉察生命由形成、孕育、出生、成长、成熟、衰老、死亡等阶段构组而成；而死亡意味着生命的毁灭，这是人生最大的痛苦。不过，我们如果能够跳出自我生命的限制，从生命整体的高度来看一看，我们就能发现：所谓生命的毁灭仅仅是个体生命的消解，而绝不是整体生命的完结。恰恰相反，个体生命的死亡正是整体生命创生的一种形式。所以，与其说"死"是生命的终结，毋宁说"死"是生命再生的中介。所以，我们每个人虽然都会"死"，都必"死"，但一当死去，我们便参与到整体宇宙生命的创生过程中去了。正如古希腊哲学家德谟克利特所说："死亡是自然的、不可避免的自然之身的消解。"我们身体的分解，实使更多的生命在繁殖；我们的生命信息仍然在世间保存并持续施加影响；我们的"死"形成了滚滚不息生命洪流中的一朵美丽永恒的浪花。生命体验法其关键在突破个我生命的限制，把自我之小生命与他人之生命，乃至宇宙的大生命加以沟通并融汇为一、合成一体，从而体会到这样的真理：生命具有共通性，"死"不是毁灭，而是新生、再生、共生——从而永生。

3. 从中国传统文化中寻找超越死亡的大智慧

第一，将个我之生命与亲人之生命相沟通，将自我与家庭家族融会贯通为一，这样，个人生命虽然在某时某地归于结束，但血脉却在家庭家族中绵延不绝，此为"虽死犹生"。做到这一点的关键在践履孝道，形成家风。正所谓古人言："耕读传家久，诗书继世长。"第二，将个我之生命融入社会国家之大生命中，修身齐家治国平天下，从而载之史册，是为不朽，此为"虽死犹荣"。做到这一点的关键，正在任其事而尽其忠。南宋名臣文天祥被俘后拒绝元廷招降，留下千古名句"人生自古谁无死，留取丹心照汗青"。第三,沟通天人,将"小我"之生命汇入自然宇宙之"大生命"中,借助于后者之无穷无限性,获得自我生命的永恒,此为"虽死而永存"。苏轼说:"自其不变者而观之,则物与我皆无尽也。"当个体生命的死成为类我生命之"生生不息"中的某个环节时,人们的生死困顿也就消弭于无形。做到这一点之关键,在回归"生生"之道以发显"仁"德。如此,生死皆存在皆快乐,是谓"乐天知命",则人们何会痛苦于"死"之将临?所以,超越了生死,解决了生死的困惑,就会有"死"之坦然与安心。这就是我们立于中国传统生死智慧的基础之上,由人之实体生命而深入去体悟生命的关系性、整体性,认识到生命是可以在"死"之后回归生命之大本大源而延续永恒的生死智慧。正如庄子所说:"察其始而本无生,非徒无生也而本无形,非徒无形也而本无气。"只有这样,我们才能真正建构卓越的现代生死观,以展开自我的人生之路,应对生活的挑战,以及死亡的结局。让我们能更加珍惜生命、善待生命、创造生命的辉煌;同时也大大提升了自我抵御死亡焦虑与恐惧的能力,终则达到超越死亡的理想境界,真正获得有意义且幸福快乐的人生。

 聚焦提升

1. 人生最重要的课题就是解决生死大事。
2. 优生优逝,善始善终,生死尊严。
3. 死是生的导师。
4. 由死观生,超越生死。

 思考感悟

设计自己的墓志铭。你可以在上面记载:

(1) 一生的最大目标;

(2) 在不同年纪时的成就;

(3) 对社会、家庭或其他人的贡献;

(4) 我是一个怎样的人……

 拓展延伸

1. 品读书籍:

阿图·葛文德. 最好的告别[M]. 王一方,译. 杭州:浙江人民出版社,2015.

吴庆红,马晔丹. 生命的温度:临终关怀志愿服务"口述史"[M]. 北京:中国社会出版社,2021.

罗点点,等. 我的死亡谁做主[M]. 北京:作家出版社,2011.

2. 影视赏析:

《非诚勿扰2》是华谊兄弟传媒有限公司出品的爱情喜剧电影,为电影《非诚勿扰》的续集,由冯小刚执导,葛优、舒淇、孙红雷、姚晨、廖凡等人主演。该片延续了第一集的故事,继续讲述了秦奋和梁笑笑的爱情故事。

　　《寻梦环游记》由华特·迪士尼电影工作室、皮克斯动画工作室联合出品,李·昂克里奇执导,安东尼·冈萨雷斯、盖尔·加西亚·贝纳尔、蕾妮·维克多、本杰明·布拉特等主要配音的 3D 动画电影。该片讲述了梦想成为音乐家的小男孩米格尔和魅力十足的落魄乐手海克特在五彩斑斓的神秘世界开启了一段奇妙非凡的冒险旅程。2018 年 1 月 21 日,获得第 29 届美国制片人工会动画类最佳影片奖;3 月 5 日,获得第 90 届奥斯卡金像奖最佳动画长片。

体味幸福　乐享生命

> 真正的幸福只有当你真实地认识到人生的价值时，才能体会到。
>
> ——穆尼尔·纳素夫①

专题导语

　　个体生命发展的终极目标是成就幸福的人生。为此，我们不断努力、奋力前行。生命教育的重要目标之一，就是让人们通过学习，对生活、生命与人生的内涵有更为深刻的理解与体察，从而获得真正的人生幸福。本专题从个人对幸福的感受与理解入手，通过分析幸福的概念、幸福是什么、为什么幸福不常有来认识幸福；通过探讨幸福究竟在哪里来找寻幸福；通过确立目标、学会选择、调整心态等来拥有幸福。

知识地图

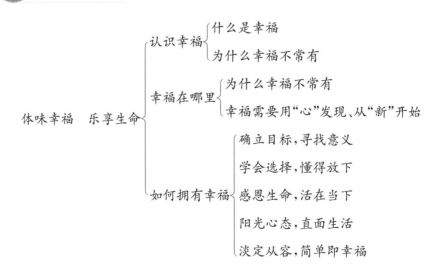

---

　　①　穆尼尔·纳素夫，出生于科威特，女作家、记者、专栏评论家。

体验活动

幸福观澄清

请思考生命中有哪五样东西你认为最值得追求并拥有、最能给你带来幸福？请在白纸上写下来,比如健康、生命、亲情、友情、爱情,或金钱、权力……

请认真观察你写出的五样东西,拥有了它们,你就拥有了幸福。然而,人生中总有一些不如意,由于某些原因,你不得不一样一样地将它们舍弃。每一次舍弃就意味着一样宝贵的东西从你的生命中消失……最终,你只能保留一样。

四轮舍弃后,请你认真看着仅剩的这样东西,郑重地在纸上写出保留它的原因并分享你的感受。

讨论分享:

1. 四轮"舍弃"中,你是什么心情?
2. 你的"舍弃"顺序是什么?
3. 你最终保留的东西是什么? 为什么?

理论学习

安妮·芙兰克说:获得幸福,是所有人的生活目标,这让我们殊途同归。那么,幸福是什么? 是一种心态,是一种满足,还是一种渴望……每个人对幸福都有自己的解读,每个人都想得到幸福,但是又有几个人能清晰地解释什么是幸福,以及如何去追求自己的幸福。曾经,人们将幸福寄托于物化的未来,可随着物化目标的陆续实现,我们逐渐发现,幸福并没有伴随着物质如约而至。抱怨、焦虑、不安……幸福,始终是一个大问题。

一、认识幸福

(一) 什么是幸福

关于幸福是什么,不同的人有不同的观点,同一个人在不同的时间也会形成不同的答案:生病时,它是健康;穷困时,它是金钱;饥饿时,它是食物……

在我国,幸福曾被表述为"福""福德"等。《尚书·洪范》指出"福"的五个内容:"一曰寿,二曰富,三曰康宁,四曰攸好德,五曰考终命。"《礼记·祭统》认为:"福者,备也。 备者,百顺之名也,无所不顺者谓之备。"可见,在中国传统文化中,幸福既是一种生活方式,又是一种心灵体验,是对生命的理解与领悟,与道德存在着复杂关系。儒家强调幸福在于心灵的泰然,周敦颐说:"心泰则无不足,无不足,则富贵贫贱,处之一也。"道家强调幸福在于心灵的自然,认为每个人都有先天本性,只要自然本性得到充分的发展就是幸福,是一种认知上的领悟与超越,进而践行为一种清静无为、顺其自然的生活方式。

幸福是一个深刻而复杂的多元概念。亚里士多德认为，幸福是生命本身的意图和意义，是人类存在的目标和终点；梭伦认为，只有财富并不能决定幸福，还必须要有德行；大卫·休谟曾说，人类刻苦勤勉的终点就是获得幸福，因此才有了艺术创作、科学发明、法律规定，以及社会的变革。根据马克思主义的观点，人们对幸福的看法是与其对人生目的和意义的理解分不开的，且归根到底是由一定社会的经济关系和生活条件决定的。不同时代、不同阶级、不同生活目标的人，有着不同的幸福观。人的幸福生活不仅包括物质生活，还包括精神生活。

总体而言，目前学界有关幸福的定义，最具代表性的是"快乐论"和"实现论"两种。伊壁鸠鲁的伦理学说被称为"快乐论"。他指出，人生的目的是追求快乐和幸福，幸福生活就是"身体的无痛苦和灵魂的无纷扰"。"快乐论"以"快乐就是幸福"为核心，认为幸福就是快乐的主观心理体验。人的一生都在追求幸福，无论是现在的还是将来的、物质的还是精神的。追求快乐、避免痛苦，是人类的本能。当然，这并不意味着要人们不顾一切地追求感官欲望的满足。伊壁鸠鲁强调：感官的快乐是暂时的，灵魂的快乐才能持久，只有精神生活的幸福才是高尚的、永久的。"快乐论"又可细分为感性快乐派和理性快乐派，前者认为幸福就是感官的快乐；后者认为人不应只追求低级意义上的感官满足，还要追求高级意义上的精神快乐。

许多哲学家不赞同将快乐作为幸福的标准。在"实现论"看来，幸福不仅是快乐，还是人潜能的实现、本质的显现。幸福是客观的，是不以人的主观意志为转移的自我完善、自我超越、自我成就，是自我潜能的完美实现。享乐主义的快乐是一种庸俗的理想，使人成为欲望的奴隶。真正幸福的人应该是将自身功能发挥至完善的境界，是"优秀地"实现人的功能，是达人之性。

我们认为，幸福是人的目的性实现时的主观状态，或是人潜能的实现、本质的显现，是"价值性的实现""目的性的实现""人的本质的实现"。

（二）为什么幸福不常有

伴随社会经济的高速发展，人们的物质生活越来越丰富，本该是共享劳动成果的时刻，可社会各处却充满了忙碌与疲惫的身影。由此，有人发出了这样的疑问："你幸福吗？"然后会听到这样的答案："我怎么绞尽脑汁也想不出值得自己幸福的事呢？""考试无穷多，人的个性都磨灭了，我觉得生活一点意思都没有。""每天除了忙就是忙，哪有幸福可言？""无聊的生活，感受不到的幸福。"那么，为什么幸福不常有呢？

其一，竞争。现代生活似乎十分重视竞争，无论是评优评先还是考研考招教，都意味着你要成为那个前"百分之几""千分之几"甚或"万里挑一"。这种"成功竞争"总会让我们过于紧张、过于焦虑，感受不到幸福。

其二，无聊与兴奋。经历了艰苦奋斗的高中时期，熬过了高考，踏入大学校园的学生们普遍出现了目标迷失。一方面，他们将大学生活定位为"吃喝玩乐"，享受着不受迫于明确目标的"绝对自由"；另一方面，他们兴奋于大学活动的丰富多彩，借助各种活动的"强烈刺激"来"丰富生活"。而事实上，无所事事与过度消耗，都难以让人感受到幸福。

其三，疲劳。疲劳分很多种，神经性疲劳已成为当前发达社会最严重的疲劳。我们很难在现代生活中避免神经性疲劳，无意识地屏蔽噪声、不断地遭遇陌生人、难以控制的学习节奏、对未来的忧虑与恐惧……这些都使我们感受不到幸福。

其四，嫉妒。从某种意义上说，嫉妒应该算是人类情感中最普遍、最根深蒂固的一种，也是正常人性中最令人遗憾的一种性情。事实上，嫉妒是一种恶习，部分关乎道德，部分关乎智力，它观察事物的着眼点从来不是事物本身，而是彼此间的关系。一个明智的人，不会因为别人有别的东西，就停止享受自己的快乐。

其五，舆论恐惧。除非自己的生活方式与世界观大致得到了与自己有社会关系，特别是和自己共同生活的人的认同，否则很少有人能感到幸福①。与所有其他恐惧一样，舆论恐惧会压制、阻碍人的成长，使人无法获得蕴含着真正幸福的精神自由。

二、幸福在哪里

(一) 幸福的迷途

从古至今，人们都在追逐幸福的路上不懈努力着。物质文明与科学技术的不断进步，理应让我们离幸福越来越近，然而，郁闷、焦虑、无聊……诸多负面情绪始终在身边萦绕。或许是我们面对的诱惑、追逐的东西太多，迷失了真我，常常为负向情绪所累，生活品质下降，引发种种生命困顿与生命问题。究其原因，其实是我们没有把握幸福的本质②。

幸福≠快乐。 在生活中，人们常常把快乐与幸福混淆起来。追求快乐本是人类趋乐避苦的本性使然。生活如果没有快乐，便也不能称之为幸福生活。快乐是欲望得到满足时所产生的感官上的愉悦状态，欲望得到满足就会产生快感。可人的需要与欲望亦有健康与不健康之分。不健康甚至是病态的快感对我们来说是有百害而无一利的。比如，酗酒、吸毒、网瘾等种种成瘾行为，虽然满足了感官的愉悦，却不能获得真正的幸福，甚至还会造成不可挽回的伤害，痛失幸福。

事实上，幸福与快乐在价值性、无限性、超越性和动力性四个方面都有着本质区别。首先，幸福有价值性，但快乐没有。幸福可以作为人生的终极目的去追求；快乐则不然，它可以作为一时的目标，却不能为人的终极目标实现提供满足感。其次，幸福具有无限性，快乐具有消费性。生活中感受到的快乐通常短暂而有限，多与感官、物质和利益密切相关；而幸福则不然，它会以纯粹意义的方式被保存积累。再次，幸福具有超越性。很多时候，精神方面的幸福感能够让人超越肉体上的痛苦，明知吃亏、吃苦也会乐意去做，"痛并快乐着"。最后，幸福具有强大的动力性。精神层面的幸福感是一种强大而持久的动力；快乐则不然，动力短暂且有限。

幸福≠目标的实现。 当想到有意义的生活时，人们经常会谈到"目标"。明确的

---

① 伯特兰·罗素著，黄菡译：《幸福之路》，天津人民出版社，2021年版，第69—187页。
② 郑晓江、张名源：《生命教育公民读本》，人民出版社，2010年版，第49—60页。

目标可以指引人们前进的方向,避免其他纷扰与困惑。然而,有目标或者实现目标并不能保证人们必然感受到生存的意义。生活需要目标的引领,但不是所有目标都能使人们感受到幸福,我们真正需要的是那些让我们从内心感到有意义的目标。要过真正有意义的生活,目标必须是自发的,是为了实现自我存在的意义,是一种"真我的呼唤",而不是单纯为了满足社会标准或迎合他人的期望而设定的。就像萧伯纳所说:"这才是生命的喜悦,那种为了源自真我的目标而奋斗的感觉"。

同时,如果总是保持着"一旦目标实现就会幸福"的错误观念,就会只看到目标,不停地从一个目标奔向另一个目标,疲于奔命。当你还是小孩子时,总是盼望自己能够快快长大,早日离开父母的怀抱,踏上属于自己的快乐旅程。遗憾的是,你很快就会发现,那种美好的向往将被新的孤独、迷茫与郁闷替代。于是你告诉自己,要快点找个伴儿走进婚姻,有了孩子以后,你会更加幸福。可是你又发现,事实并非如此。于是又会觉得是因为孩子太小了,如果他们长大了,一切就好了吧。孩子长大进入青春期后,你又发现要密切注意他们的一切。你总是不断地告诉自己,过了这段时间,也许就会感到幸福了吧。而事实上,生命的历程不应仅只是这样的一种"加速的固定模式",还应是充满情趣的旅行、是学会驻足欣赏沿途的风景、是在目标引领下享受生活的过程、发现生活的乐趣。

(二)幸福需要用"心"发现、从"新"开始

走出幸福的迷途,在探寻幸福的路上,我们要用"心"找寻幸福的真谛,重"新"获得幸福。事实上,幸福无处不在,教育是获得幸福的最好机会。生活中原本有许多美妙的东西,只是由于人们过得太匆忙、太浮躁,没能好好地去品味、去把握。现在,如果让你静下心来,回顾之前的幸福生活,你将会怎样思考人生呢?毕淑敏说:"人千万不要做幸福的盲人,要训练自己对于幸福的感知与把握,只有这样,你才能活出幸福来。幸福就在我们身边,只要你弯下身,只要你张开手臂,只要你敞开心,就能将它拥抱入怀。"其实很多事物都暗含美感,都会给人带来欢欣和喜悦,只是需要我们用心去感知,用情去体会。我们来欣赏一下《叫作幸福的十张图片PPT》(扫码本专题二维码获取):

第一张,爱情。沉醉于爱情中的人是幸福的。长长的人生之路,有你的陪伴、扶持,足够了……第二张,白头偕老的爱情。有人说爱情是一杯茶,时间一久就淡了。我说爱情更像是一个浓汤煲,时间越长越有滋味……第三张,母爱。如果整个世界都抛弃了你,至少还有母亲不会放弃你。还记得儿时母亲的怀抱就是我最美的天堂……第九张,求知。这是一张老照片,初看时感觉心酸,逐渐地,我们发现了求知的力量,破旧的教室、打满补丁的衣裳,却掩盖不了她心中对知识的渴望,与那些一坐进教室就头疼的城里孩子相比,她就是幸福的。第十张,孩子。他们是落入凡间的精灵,那笑容是可以让人忘记烦恼的。

人们总是抱怨生活压力太大,工作、家庭、金钱,甚至爱情,这些本该是生活的快乐所在,却成了背上的枷锁。我们开始习惯面无表情的生活,习惯让自己的心很坚硬,忘记了世界上还有一种东西叫幸福。其实,幸福很简单,如果你不那么匆匆忙忙,

如果你肯用爱的目光,如果你有足够的宽容,幸福真的离我们很近……

除了要有一双发现幸福的眼睛,我们还要积极地创造和分享幸福。如果我们热爱生活,就会创造出平凡的伟大,为自己和更多的人带去幸福。有这样一位喜欢自己的职业、热爱生活的厨师利用普通的蔬菜食材创造出了精美、充满童趣的艺术品,一起观赏《厨师生活态度与创造力》的资料(扫描本专题二维码获取),我们是否能从中领悟些什么?

幸福在职业里。我们要认清自己的愿望,寻找可以为之奋斗终生的事业,从工作中获得幸福。有调查显示:在人的一生中,有近40%的幸福感来源于职业。从某种意义上说,我们人生中的大部分时光是在职业生活中度过的,如果无法在职业生活中体验到幸福,那将是十分遗憾的。如若将教师视作一种职业,则其拥有较之其他职业更高的要求,因为我们很难想象,一个没有职业幸福感的教师能为受教育者带去幸福。那么,作为准教师的你,能否找到教师的职业幸福呢?

一方面,教师可以用"心"发现身边的小幸福。在办公室无人的时候,拿出相机记录下自己放肆或甜美的微笑吧,伴随着明媚的阳光,开启美好的一天;深夜批改作业时,别忘了抬头看一看默默陪伴着你的温柔的月亮啊;春暖花开时,停下匆匆的脚步,感受小花初绽时的青涩与勇敢。你用心感受到的每一份美好,都会给你带去当下的幸福。

另一方面,学会品味辛勤劳作的快乐,热情拥抱来自学生的职业幸福感。作为学生健康成长的引领者,每位学生的成长、成功及其对教师的真情实感都是教师职业幸福感最重要的源泉。一声声"老师好",一句句"您辛苦了,要多注意身体啊",一张张渴求知识的小脸,一串串成长的脚印……都给你带去满满的幸福。即便你们同行的旅程结束,看到他们成长、成才,你有满满的幸福;当你收到他们的来信,哪怕只是几句问候,也会涌出甜甜的幸福;当你愕然发现已然桃李满天下时,你倾听到了幸福的声音。

幸福值得我们每个人去追求,而人生的路上会有很多的欲望和诱惑,使我们迷失本性,忘记最初的梦想,由此失去幸福。因此,找到我们最看重的幸福价值观,意义重大。

还记得刚才的体验活动吗?我们通过体验活动,初步澄清了自己的幸福观。有人说:"这种选择太痛苦了,有好几次我都快哭出来了。我最后保留的是亲情,因为没有父母就没有我的存在。在我看来,健康、友情、爱情、自由都是可以舍弃的,唯有亲情剪不断。"还有人说:"这个游戏使我看清了什么是自己最想要的,我保留的是生命。正因为有了生命,我才会更好地学习、更好地工作、更好地恋爱、更好地孝顺父母、更好地帮助别人。生命是神圣宝贵的,它寄托了太多人的希望,我有什么理由不好好珍惜呢?"

确实如此,我们在舍弃时,是矛盾的、难以割舍的、迷茫的,甚至是残忍的、折磨人的、撕心裂肺的……也许在今天之前,我们从未认真思考和珍惜过它们。可相信经过刚才痛苦而艰难的选择,从这一刻开始,我们知道了什么是我们应该追求的真正的幸

福。这不仅是一次虚拟的幸福选择,更是我们对自我生命存在意义的一次深入思考。

三、如何拥有幸福

人的生命是有限的,但具有无限的可能性。面对生命中的种种挑战,我们必须经历一次又一次地选择与放弃,并从中体味人生的五味杂陈。那么,我们如何拥有幸福呢?

(一) 确立目标,寻找意义

人生的动力源于为自己确立的人生目标,源于人们进行的人生抉择。哈佛讲师本·沙哈说:"一个幸福的人,必须有一个明确的、可以带来快乐和意义的目标,然后努力地去追求。真正快乐的人,会在自己觉得有意义的生活方式里,享受它的点点滴滴。"目标是意义,不是结局。如果想保持幸福感,就必须改变我们通常对目标的期望:与其把它当成一种结局(相信它可以使我们开心),不如把它看作是意义(相信它可以加强我们旅途中的快乐感受)。当目标被认可为意义时,它才会帮助我们规划旅途中的每一步。正确的目标认知,带给我们的是一种安宁。这也就是说,幸福的生活,需要选择一个可以带来快乐与意义的目标,而这个目标必须是源于内心深处的渴求,必须是主动选择的。追逐这些目标不是为了向他人炫耀,而是因为它对我们有着深层的意义并会给我们带来价值与幸福。

(二) 学会选择,懂得放下

奥地利心理学家弗兰克说:"人最大的自由,是他在任何遭遇中都可以选择自己的态度。"幸福其实来自自我的"放下"、烦恼的"消融",而不是任何东西的"获得"。请看这样一则寓意深刻的故事:

一个顽皮的孩子在玩耍时,把手伸进了收藏架上摆放着的一个做工精美的青花瓷古董花瓶。糟糕的是,当他想把手收回来时,却怎么也拔不出来了。男孩的父亲试着帮他拔了几次都无济于事,便想到把瓶子砸碎好让儿子的手拿出来,可是这花瓶太稀有了,让人难以取舍。最后,男孩的父亲决定孤注一掷,说道:"孩子,你把手伸直,五指并拢,使劲往外拔,就像我这样。"(父亲边说边做着示范)男孩却大叫:"爸爸,我不能那样做,如果我松开手,那枚硬币就会掉进瓶里。"父亲终于明白了儿子的手拔不出来的真正原因。一枚硬币,差点毁了一件名贵的藏品。

故事把"取""舍"的含义诠释到了极致。我们不也常常做出"丢了西瓜,捡芝麻"的事吗?选择与放下,是一种心态,是一门学问,是一种智慧,是人生中处处面对的关口。昨天的放弃决定今天的选择,明天的生活取决于今天的选择。只有"难行能行、难忍能忍、难舍能舍",才能赢得精彩的生活,拥有海阔天空的人生境界。

(三) 感恩生命,活在当下

学会运用"生命与生活紧张的原理",意识到"生命追求幸福,生活追求快乐"的道理。一般而言,生命是人生的存在面,是过去现在未来的一条"流",在生命层面,人生与过去的生命存在和未来的生命存在都联系在一起,是为"生命之场";而生活则是人生的感受面,是当下此在的一个"点",在生活层面,凸显的是人们当下此在的感觉,转瞬即逝。因此,人之生命所求与生活所求是不同的:在生命层面,必须换一个立场、换一种视角,在"生"前便先行(在意识上)到"死"(观念中),立于"死"的基点来观照生前。

(四)阳光心态,直面生活

如果不能改变事情,那就改变面对事情的态度吧。马斯洛曾说:"心若改变,一切皆不同。"一个人心里想的是快乐的事,他就会变得快乐;心里想的是伤心的事,心情就会变得灰暗。事实上,人生的成功与失败、幸福与坎坷、快乐与悲伤,有相当一部分是由自己的心态决定的。"要么是你驾驭生命,要么是生命驾驭你。你的心态决定谁是坐骑,谁是骑师。"

我们常说,一个人能否成功往往取决于他的心态。调查也表明:成功者始终是那些积极乐观、心态良好的人;而失败者恰恰相反,他们消极悲观、难以自拔。想要拥有幸福,就要重视内在的力量,全然接纳自己,调整心态,直面生活。

幸福源于自我而非他人。每个人心中都有一把"幸福的钥匙",可我们总是自觉或不自觉地将它交到别人手里,由他人掌控自己的幸福。事实上,思想成熟的人总会将"幸福的钥匙"握在自己手中。前进的道路上怎会没有荆棘坎坷?它可能是你学业不顺时的自我怀疑、自我否定,可能是你竞选落败时的不甘与无奈,可能是你处于成长瓶颈期时的迷茫与无力,可能是你不敢站上讲台的恐惧与无错……但其实,你会发现,这些你曾经以为过不去的事情,你都咬紧牙关勇敢地走过了!那些怀疑与否定、不甘与无奈、迷茫与无力,都在你勇敢地直面生活后,成为你成长的养分、幸福的阳光。

(五)淡定从容,简单即幸福

乔治·艾略特说:"金子般的美妙时光曾在生命中荡漾,我们却视而不见,任凭沙石掩埋;天使曾降临我们身边,我们却浑然不觉,唯有她离去时才恍然醒悟。"我们总是被时间压力支配,希望能够在更少的时间里做更多的事情;我们总是被欲望支配,希望能够拥有更多的东西。然后,我们忘了对身边的事以及对已经拥有的东西感恩,忘了享受它们、感受幸福。事实上,很多我们习以为常的东西,就是别人眼中的幸福。

你所厌恶的读书,是他人渴求的学习机会;你讨厌吃的青菜,是饿到发慌的人们眼中的佳肴;你觉得爸妈抱着你不舒服,可有些人从未感受过爸妈的拥抱……

淡定从容、简化生活、珍惜拥有、感恩惜福,都能提升我们的幸福感。让我们一起来想:天存在,才有我们;地存在,才有我们;亲人存在,才有我们。天地负载是值得感恩的,不然,地震、海啸、龙卷风一来,我们都无法拥有此刻的安宁自在;日月照临是值得感恩的,不然,太阳爆炸、月球撞地球,宇宙间的一点点失序,人类都会灭亡;山河大地是值得感恩的,不然,没有水、没有食物,我们将无法生存;父母养育更应该感恩,没有父母,哪有今天的我们;老师与朋友也要感恩,没有他们的一路相伴,我们可能早就被挫折打败了。感恩伤害你的人,因为他磨炼了你的心志;感恩欺骗你的人,因为他增进了你的见识；感恩遗弃你的人，因为他教导了你应自立；感恩绊倒你的人，因为他强化了你的能力；感恩斥责你的人，因为他助长了你的智慧。感恩所有使你坚定的人……此时此刻，相信你我心中已汇聚了满满的幸福与感恩，已经要流淌出来了。

 聚 焦 提 升

1. 幸福是"如人饮水，冷暖自知"，真正幸福的人，会在自己觉得有意义的生活方式里享受它的点点滴滴。

2. 幸福的滋味是酸甜苦辣咸五味掺杂，因为丰富，所以幸福。

3. 幸福要用"心"发现，从"新"开始，幸福要靠自己去寻觅、去创造。

4. 学会爱就是享受幸福的开始，而最大的幸福是幸福着别人的幸福。

5. 作为一名辛勤的园丁，山花烂漫丛中笑，那是满满的职业幸福感。

 思 考 感 悟

寻找并拍摄你心中的"小确幸"，书写自己对幸福的理解。

 能 量 补 给

1. 品读书籍

赵汀阳.论可能生活：一种关于幸福和公正的理论（修订版）［M］.北京：中国人民大学出版社，2004.

乔纳森·劳赫.你的幸福曲线［M］.杭州：浙江教育出版社，2019.

2. 影视欣赏

《幸福终点站》（*The Terminal*）是2004年出品的一部电影，由美国斯蒂芬·斯皮尔伯格导演，主要演员有汤姆·汉克斯、凯瑟琳·泽塔-琼斯、斯坦利·塔奇和齐·麦拜特。影片讲述了主人公前往美国途中家乡发生政变，政府被推翻，所持证件不被美国入境当局承认，被拒绝入境却又不能回国，被迫滞留肯尼迪国际机场期整整9个月，主人公学会因地制宜，在机场照料自己的故事。

《阳光小美女》是由乔纳森·戴顿和维莱莉·法瑞斯共同执导的一部家庭喜剧电影，由艾伦·阿金、阿比吉尔·布莱斯林和史蒂夫·卡瑞尔等联袂出演。影片里，胡弗斯一家总是有着各种各样理不清的问题，可当7岁的小女儿奥利弗听到广播中传来的"阳光小美女"选美比赛的一刹那，他们发现没有什么比小女孩的大梦想更重要，6口之家随即踏上了从小镇阿尔伯克基长途跋涉到加州参加比赛的路途。

专题十六

行知精神　铸造师魂

扫码查看
相关资料

> 捧着一颗心来，不带半根草去。
>
> ——陶行知①

专题导语

　　探讨教育与生命、教师人文精神与教师职业精神的建构，关系到教师职业生涯的确立和职业幸福感的获得，是教师职业人生的重要问题。这一探讨旨在理解教育与生命之间的密切关系，领悟"生活即教育"的教育思想，并以行知精神为象征，在每一个师范生心中树立起一面旗帜，即树立"捧着一颗心来，不带半根草去"的职业精神旗帜，并在此感召之下，进一步思考自己的职业定位与职业发展，体悟为人师者的精神、责任与使命，铭记"德高为师，身正为范""德以修己"的深刻内涵，努力做一名经师与人师统一的"四有"教师，在自己的生涯实践中过一种健康而完整的教育生活。这也正如习近平总书记强调的，教师要做塑造学生品格、品行、品味的"大先生"。

---

　　① 陶行知（1891年10月18日—1946年7月25日），原名陶文濬。安徽省歙县人，中国人民教育家、思想家，伟大的民主主义战士，爱国者，中国人民救国会和中国民主同盟的主要领导人之一。1908年十七岁的他考入了杭州广济医学堂。1917年秋回国，先后任南京高等师范学校、国立东南大学教授、教务主任等职。1926年发表了《中华教育改进社改造全国乡村教育宣言》。1929年圣约翰大学授予他荣誉科学博士学位，表彰他为中国教育改造事业作出的贡献。1931年主编《儿童科学丛书》。1935年，在中国共产党"八一宣言"的感召下积极投身抗日救亡运动。1945年当选中国民主同盟中央常委兼教育委员会主任委员，兼教育委员会主任委员。

 **知识地图**

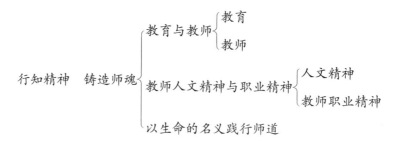

 **案例思考**

教师的启示

许多年前,汤普逊老师对着她五年级的学生们撒了一个谎,说她会平等地爱每个孩子!但这是不可能的,因为前排坐着——泰迪·史塔特。一个邋遢、上课不专心的小男孩。汤普逊老师总是很不高兴地用粗的红笔在泰迪的考卷上画个大大的叉,然后在最上排写个不及格!

某一天,汤普逊老师检视每个学生以前的学习记录表,她意外地发现泰迪之前的老师给的评语十分惊人。一年级老师写道:"泰迪是个聪明的孩子,永远面带笑容,他的作业很整洁、很有礼貌,他让周遭的人很快乐!"二年级老师说:"泰迪很优秀,很受同学欢迎,但他的母亲患了绝症,他很担心,家里生活一定不好过!"三年级老师:"母亲过世泰迪一定不好过,他很努力表现但父亲总不在意,若再没有改善,他的家庭生活将严重打击泰迪。"四年级老师:"泰迪开始退缩,对课业提不起兴趣,没有什么朋友,有时在课堂上睡觉。"直到现在,汤普逊老师才了解泰迪的困难,而深感羞愧。

圣诞节来临她收到泰迪送的礼物,别人的礼物是用缎带及包装纸装饰的漂漂亮亮的,泰迪送的礼物却是用杂货店的牛皮纸袋捆起来的,汤普逊老师更觉得难过。汤普逊老师忍着心酸,当着全班的面拆开泰迪的礼物,有的孩子开始嘲笑泰迪送的圣诞礼物,一条假钻石手链,上面还缺了几颗宝石,另外是一罐只剩四分之一的香水。但是汤普逊老师不但惊呼漂亮,还带上手环并喷了一些香水在手腕上,其他小朋友全愣住了。放学后泰迪·史塔特留下来对汤普逊老师说:"老师,你今天闻起来好像我妈妈喔!"一等泰迪回家,汤普逊老师整整哭了一个小时,就在那一天,汤普逊老师不再教"书":不教阅读、不教写作、不教数学,相反地,她开始"教育孩童"!

汤普逊老师开始特别关注泰迪,而泰迪的心似乎重新活了过来,汤普逊老师越鼓励泰迪,泰迪的反应越快,到了学年尾声,泰迪已经成为班上最聪明的孩子之一。虽然汤普逊老师说过她会平等地爱每一个孩子,但泰迪却是她最喜欢的学生。

一年后，汤普逊老师在门边发现一张纸条，是泰迪写来的，上面说：汤普逊老师是他一生遇到最棒的老师！

六年过去了，汤普逊老师又发现另一张泰迪写的纸条，泰迪已经高中毕业，成绩全班第三名，而汤普逊老师仍是他一生遇到最棒的老师！

四年后，汤普逊老师又收到一封信，泰迪说有时候学校生活并不顺利，但他仍坚持下去，而不久的将来他将获得最高荣耀以第一名毕业！他再一次告诉汤普逊老师，她仍是他这一辈子遇到最棒的老师！

四年过去，又来了一封信。信里面告诉汤普逊老师，泰迪大学毕业后决定继续攻读更高学位，他也不忘再说一次，汤普逊老师还是他这一生遇到最棒的老师，而这封信的结尾多了几个字："泰迪·史塔特医学博士。"

隔年春天又来了一封信，泰迪说他遇到生命中的女孩，马上要结婚了，泰迪解释说，他的父亲几年前过世了，他希望汤普逊老师可以参加他的婚礼并坐上属于新郎"母亲"的位置。

汤普逊老师完成了泰迪的心愿。但你知道吗？汤普逊老师竟然戴着当年泰迪送的假钻石手环，还喷了同一瓶香水。他们互相拥抱。史塔特博士悄悄在耳边告诉汤普逊老师"汤普逊老师，谢谢你相信我，谢谢你让我觉得自己很重要，让我相信我有能力去改变！"汤普逊老师热泪盈眶地告诉泰迪："泰迪，你错了！是你教导我让我相信我有能力去改变，一直到遇见你，我才知道该怎么教书！"

讨论分享：

1. 汤普逊老师对待泰迪与其他人有没有什么不同？她是如何关注与帮助这个孩子的？

2. 故事有没有给予你"教师的启示"？

3. 什么是行知精神？与故事中的教师的精神有无相通之处？

4. 故事是否引发了你对教师职业的思考？

 理论学习

大教育家夸美纽斯说过："老师是太阳底下最光辉的职业。"作为师范生的你，有没有想过未来会在什么样的学校上班？会接触什么样的孩子和家长？你如何理解教育？想要成为什么样的教师？

一、教育与教师

（一）教育

何谓教育，"教育"一词源于孟子的"得天下英才而教育之"。拉丁语 educare，是西方"教育"一词的来源，意思是"引出"。社会根据受教育程度选拔人才。人通过受教育实现社会地位的变迁。教育伴随着人类社会的产生而产生，随着社会的发展而发展，与人类社会共始终。《辞海》中关于教育的定义是：狭义的教育是指专门组织的学校教育。广义的教育是指影响人的身心发展的社会实践活动，是一种提高人的综合素质的实践活动。

教育乃是对人的生命发生影响的活动，与人的生命之间有着必然的联系。雅斯贝尔斯曾这样谈到教育："教育是人对人的主体间的灵肉交流活动，包括知识内容的传授，生命内涵的领悟，意志行为的规范，并通过文化传递的功能，将文化遗产交给青年一代，是他们自由地生成，并启动自由天性。"由此可见，人是教育的根源，教育的原点是关乎人生命的教育，它源于生命发展的需要，同时，生命发展的过程也是教育的过程。生命的发展又不仅仅是自然实体性生命的生长，更不会凭空地产生出关系性人文生命，而是在人与文化间的矛盾产生——矛盾解决——新的矛盾又出现的循环过程之中得以形成。所以，生命与文化是教育的原点，文化源于生命的存在，故此，教育的最根本原点在于人的生命本身。

教育以人为本，"本"是根所在，本是根本，生命与教育本是一家，教育因生命而发生，因提升人的生命价值和创造人的精神生命而发展。同样，生命因教育而延续，使人的生命在自然实体生命的基础上不断提升人际社会生命与精神超越生命。正是依据这种生命与教育的天然联系，我们大胆提出：教育即生命。教育意味着生命的发展与成长，教育没有其他的外在目的，内在的直接目的就是生命。正如叶澜教授曾说："教育具有鲜明的生命性，在一定意义上，教育是直面人的生命，通过人的生命，为了人的生命质量的提高而进行的社会活动，是以人为本的社会中最体现生命关怀的一种事业。"

（二）教师

教师是指受社会的委托对受教育者进行专门的教育的职业人。作为人类社会最古老的职业之一，教师是人类文化科学知识的继承者和传播者，又是学生智力的开发者和个性的塑造者。在整个社会发展中，担负着人类文化科学知识的继承传播和发展的使命，是学生的智力与人格塑造的重要他人。在教育过程中，教师起着主导作用，是学生们身心发展过程的教育者、领航者、组织者。教师工作质量直接关系我国年轻一代身心发展的水平和民族素质提高的程度，从而影响到国家的兴衰。从这个意义上看，教师已经不再只是一个专门的谋生职业，而是一种充满愉悦的智力生活以及生命的彻悟的一项志业。因此，人们常将"人类灵魂的工程师"这一美誉给予人民教师。

二、教师人文精神与职业精神

（一）人文精神

人文精神是指人类发展中形成的优秀文化积淀，凝集而成的精神，是人一种内在的精神品格。人文精神可分为三层内涵：第一是人，解决人格塑造和人性发展；第二是文，解决社会应当培育什么样的文化素养和文化品格；第三是精神，是回答一个社会一个职业应该有什么样的价值观。

首先，人文精神体现在对人的价值、对人类和对生命价值的充分肯定，对人的独立自主和追求完美的肯定，相对于科学精神，人文精神以求善求美为主要特点；其次，人文精神是以人的思想素质为载体，包括人文思想和人文素质；最后，人文精神包含价值观、道德观、思想境界及其他非智力因素。也就是说，人文精神内含对生命价值和生活意义的追求与关怀，囊括了对生命和人基本权利的敬畏与尊重为主题的人文思想，体现为语言、思维、情感、仪态、意志、文化技能等方面的人文素养，富含着对民族文化兴衰存亡的理性认识，富含着对国家、社会、他人以及自然的关切。

教育中的人文内涵是教育的重要组成部分，特别是伴随现代教育的发展和人文教育的提出，人文作为教育的灵魂，已经成为教师的精神支柱。

教育人文是对教育中的人文内涵的概括和抽象，是人文科学、社会科学与教育学相结合的交叉性学科群。它包括教育伦理学、教育心理学、教育哲学、教育方法学、教育人类学、教育美学、教育社会学等。

(二) 教师职业精神

教师职业精神是教师人文精神中的重要核心内容。教师职业精神是指教育工作者在教育教学实践中创立和发展，并为整个教育界乃至全社会、全人类所肯定和倡导的基本从教理念、价值取向、职业人格及职业准则、职业风尚的总和。

教师职业精神培育，是教师专业成长过程中不可缺少的重要内容。一个职业精神欠缺，缺乏责任心与爱心，不具备沟通能力的教师，给人类、给社会、给孩子带来的是灾难。教师因为有了职业精神，才将自己彻底区别于其他社会角色，充分体现出特有的自我价值；而职业精神因为有了教师，才使其真正鲜活起来，成为真实的客观实在。

我们常把教师职业精神比作教师职业生活中的"镜"与"灯"。教师不断地在心灵的"镜"前省思，不至于迷失；在黑暗中前行时，又有"灯"火导航，寻找到职业价值的隧道口。

"捧着一颗心来，不带半根草去。"陶行知先生用自己奋斗的一生，来诠释着深入骨髓融进血液的教育职业精神。在新时代的背景下研究学习陶行知，我们就是要以"行知精神"为教师职业精神的象征，在每个教师、准教师心中树起这样一面旗帜，并呼吁"以生命的名义践行师道。"

1. 爱满天下的博大胸襟

陶行知一生热爱祖国。"我是一个中国人，要为中国作出一些贡献来"[1]，这是陶行知少年时期就立下的爱国志向。"国家是大家的。爱国是每个人的本分，顾炎武先生说得好：'天下兴亡，匹夫有责。'我觉得凡是脚站在中国土地，嘴吃中国五谷，身穿中国衣服的无论是男女老少，都应当爱中国。"这是他对爱国主义最通俗的解释，也是最朴素的感情。"我是中国人，我爱中华国。中国现在不得了，将来一定了不得。"这

① 华中师范学院教育科学研究所：《陶行知全集：第 1 卷》，湖南教育出版社，1984 年版，第672 页。

是他对祖国所寄予的希望和坚定信念。爱国必然爱民,由此他以"爱满天下"的精神,爱平民,爱农民,爱工人,爱广大劳苦大众。"他爱人类,所以他爱中华民族,所以他爱中华民族中最多数最不幸之农人。"他愿为苦难的农民"烧心香",因而他大力倡导乡村教育;他爱工人,他唱出了"光棍的锄头不中用呀!联合机器来革命呀!"他倡导"科学下嫁",创办各种工学团,开展工农教育。从爱国爱民出发,他爱教育,决心一辈子献身教育,立志要用教育来爱国爱民,救国救民。

2. 乐于奉献的伟大情操

2014年9月,习近平总书记在讲到做"四有好老师"时指出,好老师要有"捧着一颗心来,不带半根草去"的奉献精神,自觉坚守精神家园、坚守人格底线,带头弘扬社会主义道德和中华传统美德,以自己的模范行为影响和带动学生。

"捧着一颗心来,不带半根草去"是陶行知献身精神的生动体现。陶行知的献身精神具体体现在:一是全心全意为人民的教育事业献身。为了中国的教育事业,他是"为了苦孩,甘为骆驼;于人有益,牛马也做""愿把整个的心捧出来献给小孩",愿为农民"烧心香";二是他甘愿为抗日救国事业献身。民族危亡,国难当头,他挺身而出,不顾劳累,出访28个国家和地区,宣传抗日救国,揭露日本军国主义罪恶,争取国际援助,力争侨胞支持。回国后倡导国难教育、战时教育,创办育才学校,收留难童,培养人才幼苗,使教育为抗日救国服务。

3. 炽烈真诚的教育激情

徐特立说:"杜威虽是一个伟大的教育家,但不是一个革命家。行知却是一个革命家,同时在教育方面起了伟大的革命作用。"[1]

那么作为一个革命家,陶行知炽烈真诚的教育激情体现在何处呢? 首先,在祖国处于半殖民地半封建社会,阶级斗争与民族斗争都十分激烈的背景下,他虽然不是一个共产党员,但他的阶级斗争觉悟却很高。"为人民奋斗者,血写人民史诗",为了国家,为了人民,他全心全意跟着中国共产党走,奋斗到最后一刻,真正做到鞠躬尽瘁,死而后已! 其次,在世界观的自我改造、自我革命上,陶行知也很突出。他自觉从"知行"观念转变为"行知"观,从唯心主义变为唯物主义。他自觉下农村,办乡师,实行知识分子与工农相结合;他又自觉办工学团,与工农交朋友,拜农为师……最后,教育理论与教育实践上的大胆改革与创新,也是陶行知教育激情的重要体现。

4. 不屈不挠的刚毅品质

陶行知说:"失败是成功之母,奋斗是成功之父。"他一生奋斗,带头乐于为事业苦战的精神是一致公认的。他的艰苦奋斗精神,主要表现在:事业上的专一性,他赤诚爱国,忠心革命,为了救国救民,矢志不渝地探索开拓,立志创新;意志上的坚韧性,他做任何事情都目标明确,意志坚决,一经决定,苦战到底,不达目的,誓不罢休;思想作风上的踏实苦干精神,他在思想理论上的探索,细致周密,虚心求真,一步一个脚印,如办学实践上的探索,他从计划、募捐、教育、教材、教法……处处周密部署,从校长、

---

① 徐特立:《陶行知学说》,载《解放日报》1946年8月12日。

教师到工友，凡事都要亲自动手；生活上艰苦朴素，他公私分明，不抽烟，不喝酒，处处以身作则，为人师表，他原是留过学的大学教授，在当时社会，地位不算低，收入不算少，只要他愿意，他本可以像他的同学那样飞黄腾达，当官做老爷，但是他为了自己所认定的事业，甘愿脱掉西装革履，下乡办乡村师范，甘愿赤脚穿草鞋与师生同吃同住同劳动，做农民戏称的"挑粪校长"。为了事业，他无论办学还是出国访问，总是夜以继日，连续苦战，忍饥挨饿，战斗不息。

5. 求真务实的思想作风

"千教万教教人求真，千学万学学做真人"，这是陶行知为人与教人的宗旨之一。为此，他政治上求真，追求进步，追求光明，追求革命，他从旧民主主义革命走向新民主主义革命，从"天生孙公做救星呀，唤醒锄头""革命成功靠锄头"转变为"光棍的锄头不中用呀！联合机器来革命呀！"在世界观的改造上，他接受王阳明"知是行之始，行是知之成"的"行知"观，是其在哲学思想上求真的结果。在教育思想上，将杜威的"教育即生活""学校即社会""做中学"翻半个筋斗为"生活即教育""社会即学校""教学做合一"，是他"吾爱吾师，吾更爱真理"的求真的结晶。"民之所好好之，民之所恶恶之。教人民进步者，拜人民为老师。"[1]他一生求真，谦逊待人，求真善美，反假恶丑。

6. 开拓求新的创造精神

"敢探未发明的新理"，"敢入未开化的边疆"，一生探求、开拓、创造，是陶行知最大的特点。陶行知从中国的国情出发，从实验着手，创造了一整套以生活教育理论为核心的教育学说；创办了一批内容与形式全新、多层次、多轨制、多形式的幼儿园、中小学、乡村师范、工学团、育才学校、社会大学等。"处处是创造之地，天天是创造之时，人人是创造之人"。他在办学指导思想、课程教材教法、教学组织管理等方面进行了一系列探索，为中国教育创造了一批新的办学典型。他倡导和发起了平民教育、乡村教育、普及教育、国难教育、战时教育、民主教育等一系列教育运动，为中国的教育改造探索新路，也为中国的革命事业和教育文化事业培养了一大批具有开拓创造精神的人才。陶行知重视创造，倡导创造，自己也事事处处开拓创造。他的创造，不仅为中国的教育开辟了道路，更重要的是为提高中国劳苦大众的科学文化水平，提高中华民族的觉悟和素质，为中国革命作出了贡献。

陶行知的六种精神在他一生的教育生活中融会贯通，形成了一个完整的有机体。其中，爱国精神和奉献精神是陶行知精神的两大基石。教育激情是陶行知精神的原动力，求真精神是陶行知精神的核心，艰苦奋斗精神、创造精神是献身精神和求真精神的重要体现。正是这六种精神，构筑了陶行知丰富而深邃的精神世界，为他在中国文化诸多领域进行开拓创新，提供巨大的精神动力。

陶行知先生的教育观、生命观、生活观以及其一生的工作和教育实践蕴藏并体现

---

① 华中师范学院教育科学研究所：《陶行知全集：第4卷》，湖南教育出版社，1984年版，第660－661页。

了博大精深而又宝贵的生命教育思想和实践资源，他的全部思想的起点是对生命的信仰。他一生的教育实践也是在用他全部的生命来诠释。

2014年习近平总书记在同北京师范大学师生代表座谈时从四个方面对好老师的特质做了概括，并在概括时多次引用陶行知的名言警句，明确提出教师要做"四有教师"。

第一，做有理想信念的教师。陶行知说，教师是"千教万教，教人求真"，学生是"千学万学，学做真人"。教师肩负着培养下一代的重要责任。正确的理想信念是教书育人、播种未来的指路明灯。"师者，所以传道授业解惑也。"古人云"经师易求，人师难得"，一个优秀的老师，应该是"经师"和"人师"的统一。

图16-1 陶行知先生

第二，做有道德情操的教师。教师的人格力量和人格魅力是成功教育的重要条件。广大教师必须率先垂范、以身作则，引导和帮助学生把握好人生方向，特别是引导和帮助青少年学生扣好人生的第一粒扣子。好教师要有奉献精神，自觉坚守精神家园、坚守人格底线，以自己的模范行为影响和带动学生。

第三，做有扎实学识的教师。教师自古就被称为"智者"。扎实的知识功底、过硬的教学能力、勤勉的教学态度、科学的教学方法是教师的基本素质，其中知识是根本基础。这要求教师要不断进修，不断更新自己的知识结构，正如陶行知所说："出世便是破蒙，进棺材才算毕业。"

第四，做有仁爱之心的教师。教育是一门"仁而爱人"的事业，爱是教育的灵魂，没有爱就没有教育。好教师应该是仁师，没有爱心的人不可能成为好老师。教育风格可以各显身手，但爱是永恒的主题。

正如马克思在《青年在选择职业时的考虑》一文中指出的那样："如果我们选择了最能为人类福利而劳动的职业，那么，重担就不能把我们压倒，因为这是为大家而献身；那时我们所感到的就不是可怜的、有限的、自私的乐趣，我们的幸福将属于千百万人，我们的事业将默默地、但是永恒发挥作用地存在下去，而面对我们的骨灰，高尚的人们将洒下热泪。"

三、以生命的名义践行师道

如何以生命的名义践行师道，如何能让"行知精神"闪闪发光？其实，"行知精神"已经深深扎根中国大地，存在于我们的身旁，我们需要通过学习并理解优秀的教师榜样，汲取精神力量，激发生命活力践行师道。接下来我们一起来认识三位优秀的人民教师。

"人民教育家"于漪：三尺讲台系国运

2019年9月29日上午，北京人民大会堂金色大厅，气氛热烈庄重。中华人民共和国国家勋章和国家荣誉称号颁授仪式在这里隆重举行。在雄壮激昂的《向祖国致敬》乐曲声中，中共中央总书记、国家主席、中央军委主席习近平亲自给上海市杨浦高级中学名誉校长于漪佩戴上金色的"人民教育家"奖章。这是共和国首次颁发"人民教育家"这一国家荣誉称号，于漪作为基础教育界的唯一代表获此殊荣。她的教育事迹和贡献必将永远写在共和国的史册上！

于漪是从基础教育第一线走出来的人民教育家。作为90岁高龄从教68年的她"备课、上课"是最熟悉的两件事。从教68年来，她主持的语文公开课超过2000节，早已是教育界的大明星，但她坚持"诲人不倦"，总是说："做一个老师是了不起的，如果做一名教师，做学生的良师益友的话，她可以使很多学生从无知到有知。所以我这一辈子最崇高的目标就是做一名合格的优秀的教师，她会恩泽莘莘学子，一个孩子如果碰到一个合格的优秀的教师，真是一种幸事。"她一上讲台就要求自己必须做到八个字"胸中有书，目中有人"。在从事语文教学的第二十个年头之时，于漪被评为新中国第一批特级教师。

20世纪90年代初，于漪撰文《改革弊端，弘扬人文》，提出"工具性与人文性的统一是语文学科的基本特点"。这个观点被21世纪语文课程改革的课程标准所采用，深刻改变了我国语文教学的模式。

荣获"人民教育家"国家荣誉称号后，于漪说，这是全天下教师的荣誉，也是提醒大家：三尺讲台，也有千斤重担。"我们国家把自己的未来、自己的希望都交给我们老师，我始终感到自己身上有千斤重担，肩膀上的责任是非常重的。"

从实践中走来的于漪，从"人文说"和"教文育人"的教育教学观出发，实现"教文育人"的大目标，需要3个基础：一是"目中有人"的教育理念，也就是对育人要有全面具体的认识；"'目中有人'的教育理念指导着我一生的教育实践活动，成为我语文教学目的观——'教文育人'的第一依据"。二是时代的要求和使命意识，要有"以天下为己任"和"以教育为己任"的忧患意识和责任感。三是语文教学培养目标的整体性。逐步构建了完整而系统的语文教育体系，一直延伸到中国语文课堂教学的前线，扎根本土，直指时弊，具有鲜活的独创性。她用生命唱出了一部地地道道的"中国语文教育学"。

于漪不断地提升境界，拓宽格局，跳出个人之"小"我，自觉担当起国家民族的重任。她曾用诗一般的文字抒发自己的思想嬗变，"一颗狭小的心有浩浩荡荡的学子，有多情的土地，有伟大的祖国，胸怀就会无限宽广，无处不是学习的机会，无处没有智慧的闪光"。

登高望远，于漪将自己的工作、前途、命运与民族的前途、命运，国家的前途、命运紧密联系在一起。"休戚与共、血肉相连，在平凡工作中洞悉不平凡的意义和价值。"

正是这68年始终以人民为中心，全心全意服务人民，68年不断丰富的教育实践

和深刻的教育思想,方才成就于漪大写的流光溢彩的教育人生。

"儿童教育家"李吉林:将一生献给儿童

李吉林在中国的小学教育领域竖起了一面独特的旗帜,是从 1978 年探索情境教学开始,历经 28 年,创立了"情境教学""情境教育""情境课程",构建了情境教育的理论框架和操作体系,成为我国素质教育的重要模式之一。而后李吉林的身份也增加了很多,著名儿童教育家,江苏情境教育研究所所长、"全国先进工作者"……她最看重自己南通师范学校第二附属小学"小学老师"的身份。"我总认为一个人的角色意识很重要。它在顺境中给我一种召唤,在逆境中给我一股力量。"李吉林把教师二字看得比什么都重要。因为"对于神圣的儿童教育,我必须虔诚相待,全身心地沉浸在情境教育的实验与研究中"。

转眼间,李吉林从教已经 50 年了,她的体悟是两个关键词:甘愿、值得。因为甘愿,所以值得。这么多年的教学生涯,李吉林没有患上"教师职业倦怠症",反而当得有滋有味,充满劲头。在她看来,教育应该是如诗如画的,教师应该是充满活力的。所以不能把教师比作"春蚕""蜡烛",那样就太凄凉了。"在我心里,即便是'蚕',也是'蚕变成蛹','蛹变成蛾','蛾卵化出数不尽的小蚕子',那是没有穷尽的生命的延伸;即便是蜡烛,也是照亮了别人,升华了自己。""教师只有怀着激情和想象,才会产生到达教育美好境界的不竭动力。"李吉林如是说。

更重要的是,这种激情和想象,不是一时一刻,而是一下子就持续、贯穿了从教者的整个教育生涯。李吉林有自己的雄心:走出一条有自己特色的教育之路。为此她从中国经典的文化中去寻"根",由中国古代文论刘勰的《文心雕龙》出发,将从中归纳出的"真、美、情、思"四大元素创造性地运用于小学教育,从情境教学到情境教育,从情境教育到情境课程,及至涉足学习科学领域的"情境学习",走出了一条富有中国特色的情境教育之路。

与一些教育理论的"高高在上"不同,李吉林的情境教育与新课标理念相契合,既体现了课程的规定性,又具有情境教育的个性特征,具有极强的可操作性。她基于实践,又超越实践,从实践的土壤里不断汲取养分,情境教育长成了好大一棵树,长成了一棵好大的常青树"。

李吉林在生命的最后时刻,她首先想到的,还是她牵挂一生的儿童。"病房要朝向学校,让我能看到孩子。"这是李吉林因病必须住院治疗的时候,提出的唯一要求,据相关病区的医生护士回忆,生命末期的李吉林每天早上,都要让人打开窗户,聆听窗外孩子上学时的熙熙攘攘,聆听每日学校上下课铃声的清脆嘹亮,聆听隔壁学校发出的每一丝声响……2019 年 7 月 18 日李吉林永远离开了我们,可是她的"甘愿"与"值得"精神,连同她思想的光芒却留在我们的心中。

"全国师德标兵"张玉滚:点燃深山孩子的希望

张玉滚,河南省南阳市镇平县高丘镇黑虎庙小学校长。他毕业于南阳第二师范学校，之所以变成一位全科老师，完全是出于无奈。对于这一点，黑虎庙小学已经退休的老校长吴龙奇最能说清其中的原因："因为这是深山区，教师调不来。海拔1 300米，冬天大雪封山了，都不能走人了；暴风骤雨不能走人。平原调来留不住，也调不来，调教师来这里教学，有的哭都不来。"

黑虎庙小学所在的镇平县是国家级贫困县，而黑虎庙村又在伏牛山的深处，想进入这个学校必须经过上山八里、下山八里崎岖的山路才能到达。这里的人想到最近的一个镇上去，单是车程都要将近两个小时，而且这里到现在还没通公共汽车，所以很多人不愿意来到这里任教，但是张玉滚却来到了这里。

张玉滚说："自己本身是从山里出去的，当时山里走出一个中专生、高中生都很少，所以我就决心回到学校（任教）。"

张玉滚2001年刚开始任教时，由于没有教师编制，只能做一名代课老师，工资只有二三十块钱，家人都不同意他回来。直到2010年，他依然是个代课老师，工资也只有80块钱。在这期间，有朋友叫他出去打工，为此他也曾动摇过。

当初和张玉滚一起代课的几名老师，都因为待遇低、条件差，陆陆续续地离开了这里。老校长做了很多次的工作，强调留住了教师就留住了校，留住了教师就留住了血脉，假如说这里没有老师，好多学生都面临着辍学。为了老校长的心愿，张玉滚留了下来。不仅他自己留下了，他的妻子也留下了。当时，学校有四五十名寄宿生，没人做饭。请炊事员，学校没有钱，所以张玉滚就把妻子也动员过来了。

当时张玉滚的妻子张会云在外打工每个月还能挣千把块钱，留在学校是一分钱都没有，两个人只能靠张玉滚每个月当代课老师挣的几十块钱勉强度日。张会云左手劈柴，左手切菜，但是她并不是一个天生就用左手的人，而是几年前她给学生做饭时，右手的三根手指被压面机压碎了，不得已才用的左手。

由于这里有三分之一的学生是留守儿童，还有将近一半的学生是建档立卡贫困户的孩子，所以在校生一半以上的学生都会选择住校。

接下来的张玉滚在黑虎庙小学一干就是17年。在这17年里，除了寒暑假和周末学生不在校的时候，他会回家，剩下的时候他都是和妻子住在学校照顾学生。

2012年镇平县为了解决山区教育问题，特批了几个正式的教师编制，不过老校长吴龙奇并没有把名额给自己也是代课老师的女儿，而是给了张玉滚。他说："我退了，因为你干（校长）我放心。只有你干，山区的孩子有学上。你这几年当校长，你把这所学校坚守下来，坚持下去。只有这样，山区的群众有希望，孩子有出路，我自己一生也就这样做的。"

张玉滚没有辜负老校长的心愿，没有让一个学生因为贫困而辍学。他就像他给孩子们上科学课里讲的滴水穿石一样，不断地提升这所小学的教学质量，把自己打造成"全能型"教师。不仅语文、数学、英语、品德、科学样样"精通"，还肩负着学校教研课改的总体工作。为了孩子，他还练就一身过硬的好本领：手执教鞭能上课，掂起勺子能做饭，拿起剪刀能裁缝，打开药箱能治病。课桌椅坏了他来修，校舍破了他来补……让学生成绩在全镇考试排名中名次靠前。学校的光荣榜上，是张玉滚曾经的学生们。他们从这里起步,有的考上了兰州大学,有的考上了四川大学。

在张玉滚的感召下,同样是 80 后的张磊,2014 年放弃了深圳的工作,带着妻子回到了黑虎庙小学。

张磊说:"张老师曾经教过我,他这种敬业奉献的精神确实是对我的影响很大。我(觉得)应该像他一样扎根深山。"

现在张玉滚已经由一名代课老师,变成了一名正式的在编教师,工资也涨到3 000 块钱,还获得了很多荣誉。张玉滚继承了老校长的心愿,他也希望有人继承他的心愿:"我的心愿就是希望更多的老师走入山里,为咱山区孩子传授知识。"

张玉滚用自己的全心付出,照亮了山区农村孩子们的求学之路,也照亮了孩子们的心灵之路。他用高尚的品格诠释了师德的内涵,展现了新时代人民教师的光辉形象。2018 年 3 月 2 日,他被中宣部命名为"全国岗位学雷锋标兵"。8 月 31 日,又被教育部评选为全国教书育人楷模。

无论是近代大人民教育家陶行知,还是现代人民教育家于漪,不管是情系教育的李吉林,还是大山深处的张玉滚,他们都在以身示范,用自己全部的生命践行师道。这背后体现的是一种教育情怀。所谓"人师",所关注的是学生的心灵与素质的问题,是在知识的传授过程中,着力构筑学生的精神家园、价值体系和生命的终极关怀,理解"生命教育"的真谛,我们不是"教书",而是"教人"。

 聚焦提升

1. 教育是人学,与人的生命成长息息相关。教育的原点是生命。

2. 教师是承担"塑造生命"使命的人,是经师与人师的统一体,似"人"字,撇是技术能力,捺是人文修养,二者相互支撑,方能"顶天""立地"。

3. 职业精神是教师的"镜"和"灯"。

4. 行知精神是教师人文精神和职业精神的象征,像一面旗帜,指引我们前行。

 思考感悟

1. 什么是行知精神?

2. 你如何看待师范生和生命教育的关系?

 拓展延伸

1. 品读书籍

周洪宇.陶行知大传——一位文化巨人的四个世界(上卷)[M].北京:人民教育出版社,2016.

2. 影视赏析

《陶行知》是一部以伟大的人民教育家陶行知先生为主人公的传记故事片,用影像讲述陶行知先生献身教育、教书育人、爱满天下的动人故事。本片记录了陶行知先生一生。特别强调刻画了陶先生留学归来以后,创办平民教育,提倡教育救国。介绍了陶先生的教育理论和教育实践及无私的奉献精神和高度的爱国主义思想。

《蒙娜丽莎的微笑》是美国革命电影工作室于2003年出品的一部剧情电影。影片由迈克·内威尔执导,朱莉娅·罗伯茨、克斯汀·邓斯特和朱丽娅·斯蒂尔斯等联袂出演。电影讲述1953年的美国,时代正处于转变之中,毕业于风气开放的伯克利大学的凯瑟琳前往卫斯理女子学校教授艺术史,可是充满理想与热情的凯瑟琳,却大胆地向陈腐的教学制度发起挑战的故事。

《一生只为一事来》是由江西美臣文化传媒有限公司出品的剧情片,由张亚海执导,穆婷婷、谭凯、巩汉林联合主演。影片根据"感动中国2016年度人物"支月英老师的真实故事改编,讲述了支月英在偏远大山深处的艰苦条件下,以最质朴的信念坚守初心,为大山里三代孩子带来重大命运变革的感人故事。该片于2019年9月9日在中国内地上映。

3. 铭记这些从教者誓言:

河南教师誓词(试行)①

我宣誓:

我志愿做一名光荣的人民教师,忠诚人民教育事业,贯彻党的教育方针。爱国守法,敬业爱岗;教书育人,关爱学生;传承文明,勇于创新;严谨治学,启智求真;为人师表,乐于奉献。为实现中华民族的伟大复兴而努力奋斗!

青岛市教师誓词

我宣誓:忠于人民的教育事业,履行教师的神圣职责,贯彻国家教育方针,全面实施素质教育。

热爱学生,为人师表;追求真理,崇尚科学;依法执教,教书育人;勤勉敬业,严谨治学;团结协作,甘于奉献;终身学习,勇于创新。做学生良师益友,铸教师高尚人格。

为中华民族的伟大复兴,为人类社会的文明进步,我愿献出全部力量!

---

① 关于印发《河南教师誓词(试行)》的通知教师〔2014〕755号 http://www.haedu.gov.cn/2014/09/11/1410404217571.html。

专题十七

术业专攻　尚德笃行

> 闻道有先后，术业有专攻。
>
> ——韩愈①

 专题导语

　　生命教育不仅是一门课程、一个课程体系，更是一种全新的教育理念。生命教育不仅是面向青少年的阶段性教育，更是面向全体公民的终身教育。若想让生命教育收到良效，就一定要用生命化的方法来进行。本专题较为系统地介绍了生命教育课程作为专设课程、渗透式课程和专题活动课程的基本样态与开发原则；聚焦生命教育教学方法，重点阐释独特的生命叙事教学法；引导把握生命教育教学设计的基本步骤，强调课程资源开发、教学的生成性和总结反思；建立多维多元、动态有效的生命教育评价体系，重视生命成长日记的有效促进作用。透过生命教育课程的学习经验总结与分享，进一步根植生命教育核心理念，练就生命教育教学基本功，做到"术业专攻尚德笃行"，实现师生共同的生命成长。

---

　　① 韩愈(768—824)，字退之，河南河阳(今河南省孟州市)人，自称"郡望昌黎"，世称"韩昌黎""昌黎先生"。唐代杰出的文学家、思想家、哲学家、政治家、教育家。

知 识 地 图

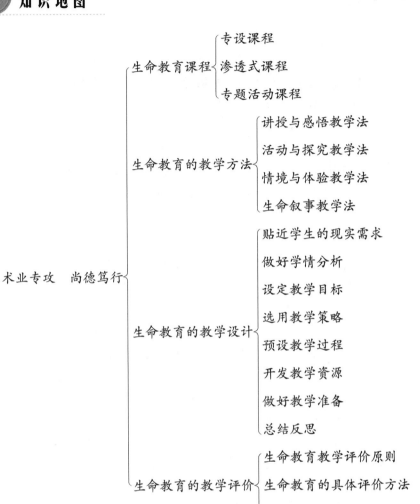

术业专攻　尚德笃行
- 生命教育课程
  - 专设课程
  - 渗透式课程
  - 专题活动课程
- 生命教育的教学方法
  - 讲授与感悟教学法
  - 活动与探究教学法
  - 情境与体验教学法
  - 生命叙事教学法
- 生命教育的教学设计
  - 贴近学生的现实需求
  - 做好学情分析
  - 设定教学目标
  - 选用教学策略
  - 预设教学过程
  - 开发教学资源
  - 做好教学准备
  - 总结反思
- 生命教育的教学评价
  - 生命教育教学评价原则
  - 生命教育的具体评价方法
  - 生命成长日记

体 验 活 动

绘制心中理想的生命教育教师画像

请在 15 分钟内，在一张 A4 纸上画出你心中理想的生命教育教师画像。想怎么画就怎么画，需要颜色的地方可以涂上自己想要的颜色，在整个绘画过程中，不要说话或与他人商量，也不要去模仿别人。画好后，请与组内同学交流自己作品的真正含义。

讨论分享：

1. 你心中理想的生命教育教师形象是怎样的？ 他有哪些特质？

2. 请你分享"绘制心中理想的生命教育教师画像"的活动心得。

 **理论学习**

一、生命教育课程

生命教育的本质是"使人成为人"，是一切为了人的教育。在"成人"的过程中，不仅有知识与技能的增长，还有适应生活、改善生活、提高生活质量的生命成长，更有拓展生命宽度、丰富生命色彩、实现生命幸福与人生不朽的价值追寻。除自身的生命省思外，我们还需要通过生命教育的课程学习予以实现。

生命教育课程就其实施形态而言，主要可以归纳为三种：专设课程、渗透式课程和专题活动课程，三者既相互区别，又相互联系，共同完成生命教育的任务，服务于"三全"育人目标。

（一）专设课程

生命教育专设课程，是指专门设立的生命教育课程。专设的生命教育课程具有连贯性、渐进性，将生命教育的基本内容系统且完整地呈现出来。师范生生命教育是师范院校的通识课程，是小学教育、教育学等专业的必修课程。

生命教育专设课程以"三全"理念为奋斗目标，即统整身心灵的"全人"、在贯穿终身的公民教育"全过程"中、"全方位"发展"二维四重"生命观的教育。课程将分层次实现知、情、意、行各方面的具体目标：探索生命奥秘，唤醒生命意识，学会珍惜自己、关爱他人；根植生命情怀，滋养生命本源，学会欣赏生命、尊重生命；思考人生价值，领悟生命意义，学会感恩惜福、择善固执；建构教育信仰，确立职业精神，做到知行合一、实现幸福人生。具体而言，"三全"理念指导下的生命教育专设课程，要贴近学生，真正关注学生的生命困顿与真实诉求，从学生需要出发设计课程，始终坚持把握五项基本原则。

第一，主体性原则。生命教育课程坚持彰显学生的主体性，明确教师不再是高高在上的权威，而是师生平等对话关系的建构者。教师要引导学生讲述自己的生命故事，在讲述过程中看到原本没有看到的自己，发现自身的闪光点，从而获得积极向上的生命正能量。

第二，全人性原则。尊重每一个学生的差异性，努力成全其身、心、灵的全人发展需要。在每个专题的学习中，坚持知识探索与心理体验后的灵性思考，坚持温柔而持续的价值注入，完成从身到心到灵的生命引领与守护。

第三，开放性原则。坚持为学生营造真诚、温暖、安全、透明的课堂环境，为学生之间、师生之间心灵的敞开与走入提供条件，用心灵碰撞心灵，用生命引领生命。坚持生命教育课堂没有权威，对的答案不止一个，教师常怀谦卑之心向学生学习，与学生共同成长，生命教育课程常讲常新。

第四，灵活性原则。生命教育课程成功与否，要看师生真实的生命故事是否流动起来，是否实现了共同的"生命在场"。教师要视课堂气氛与学生状态，弹性把握授课时间；同时，学习专题"菜单化"，使学生能够根据需要自主选择专题和学习内容。

第五，生成性原则。坚持课程不仅关注预先计划的完成，还关注学习过程中的生成性内容、任务的产生与完成。从静到动，从强调结果到关注过程，强调教师的目光与话语聚焦在学生是否身体舒展、心情开朗、精神重振上，关注学生是否愿意尝试知行合一新行动等生命品质的自动生成。

有了这些明确的目标与原则，生命教育专设课程的构建与内容选取就有了方向和支点。课程内容从个人实体生命的自然生命周期切入，按照生命教育特有的学科体系加以建构，如从生命的起源—生命的诞生—生命的成长—生命的境遇—生命的死亡—生命的意义等。将人的生命历程喻为生命四季，从出生、成长成熟、到衰老死亡，在整个过程中结合人生的一些重大议题，根据师范生的职业特点进行学习和讨论。课程分春、夏、秋、冬 4 个篇章 18 个专题，总计 36 学时，主要采用模块式教学法，各模块间既有系统性和渐进性，又有相对独立性。在具体的教学实施中，可以从夏季篇切入，经秋季篇、冬季篇，然后回到春季篇。

（二）渗透式课程

在专设生命教育课程、专门学习的基础上，还要将生命教育延展渗透到其他学科课程中，使其成为日常教育教学活动的重要组成部分，成为学生的日常学习行为。不同学科课程都有其独特、不同的重要任务，有不同的侧重点，但不可否认的是，都蕴含着重要的生命教育元素。从这个意义上说，任何课程都具有显性或隐性的生命教育元素，要学会根据不同年级、不同课程特点，充分挖掘各门课程的生命教育资源，将生命教育有机融合到其他课程的教学中去。

中小学的自然、科学等课程，可以为学生讲授生命相关的知识，引导学生认知生命现象、掌握生命特点、了解生命成长规律；中小学的体育与健康课程，可以帮助学生了解运动与健康的常识、掌握运动与健康的基本技能、学会安全自救的基本知识与方法，培养学生强身健体的综合能力、养成良好的生活习惯；中小学的道德与法治课程，可以使学生认识到社会关系中的"我"，以及社会对"我"的影响，学会处理人与人、人与社会的关系，学会人际交往，正确处理人际冲突。此外，中小学的文史类课程，能够通过历史人物、文本故事、阅读欣赏，使学生认识生命的意义，唤醒其生命意识，培育其人文精神。中小学的艺术课程，可以充分利用艺术美育陶冶学生情操，培养学生的审美情趣，使其保持乐观积极的心态、优雅的生活方式，激发学生对生命的热爱之情、对生活的创造激情[①]。

将生命教育的基本内容有机融入各门学科中，使学生可以体验一个系统的、完整的观点，就像看到一道七彩彩虹，在整体中又看到不同差异；帮助学生从不同角度获得知识，让学生从自己喜欢的维度、以自己擅长的方式去思考生与死的问题。不同课程的教师若能有很好的沟通和协调，学生就可以从不同专业背景的教师身上获得对

[①]　冯建军：《生命教育教师手册》，山西教育出版社，2018 年版，第 65 - 70 页。

生死这个议题更多的启发，从而有助于学生对生命形成更加全面的认识。

当然，生命教育渗透式课程的缺陷也是显而易见的。它缺乏连贯性、系统性，很难为学生提供一个具有逻辑顺序的知识体系。此外，现阶段中小学缺少具有生命教育素养的师资，大多数教师很难将生命教育元素有机融合到学科课程中去。从这种意义上说，生命教育的专设课程显得尤为重要。

（三）专题活动课程

生命教育不仅需要专设课程引领、渗透式课程滋养，还需要专题活动课程凸显、深化。生命教育专题活动课程是针对生命中的困顿问题，以短期的、时效性强的生命教育主题为设计对象，一般以系列活动、专题讲座等不固定的课程形式出现。这种类型的课程设置主体不一定是学校，还可以是社会其他行业或部门。

从内容上看，生命教育专题活动课程主要涉及青少年生命发展中的突出问题，如严重的自残与伤害他人、校园欺凌与暴力、生命安全、考试焦虑等。针对这些问题，可以开展行之有效的预防校园自我伤害、校园欺凌与暴力防治、生命安全、缓解考前焦虑等专题活动。

从形式上看，生命教育专题活动课程主要有专题报告、班团队活动、节点活动、社会实践活动四种。一是专题报告。专题报告主要是针对青少年学生的重要生命困顿问题，邀请生命教育专家学者、生命卫士、行业翘楚，讲授某方面的专业知识，让学生掌握相应技能和一些解决具体问题的方法，给学生以生命的启迪与激励。二是班团队活动。班团队活动是青少年学生相对固定的活动，学校可以利用一部分班团队活动时间开展生命教育。充分利用班团活动、节日、纪念日活动、仪式教育、社团活动、社会实践活动等载体开展生命教育活动，有助于学生感悟生命价值。要将生命教育与班级文化有机结合，以生命教育为主题，开展系列主题班队活动，举办关于生命故事、生命微课、生命微电影、绘本故事、教育戏剧等形式多样的活动，帮助学生在成长过程中完善自我。三是节点活动。许多节日都蕴含着丰富的生命教育资源，要有意识地开发节日生命教育活动。比如，利用春节、元宵节、清明节、端午节、中秋节、重阳节等中华传统节日开展生命教育，引领学生在节日文化中感悟生命、体悟生命、慎终追远；利用二十四节气及植树节、劳动节、青年节、儿童节、教师节等开展生命教育，让学生感悟生命的成长；利用烈士纪念日、国家公祭日等开展生命教育，让学生珍爱生命、学会感恩、热爱和平；利用国际地球日、环境日、健康日、节水日等主题日开展生命教育，启发学生反思人与自然的关系，尊重自然，做地球公民。四是社会实践活动。生命教育不仅需要学校的努力，还需要家庭、社区和社会通力合作。学校要充分利用各类青少年教育基地、公共文化设施开展生命教育活动，拓展学生的生活技能训练和体验。比如，将生命教育渗透到实践活动中，让大学生在实践中感悟生命的意义和价值。通过组建"生命会心"志愿者团队，在深入理解生命教育内涵的基础上，结合师范专业自身特点，组织大学生到孤儿院、乡村学校、留守儿童家中开展志愿服务活动，引导学生进行自我体验，在实践中掌握生命知识，形成正确的生命态度和生命意识。

三种形式的生命教育课程相互支撑、相互影响。经过多年的生命教育实践，我们认为,"专设课程为主,配合专题活动课程,拓展渗透性课程"是促进生命教育健康发展的可行路径。

二、生命教育的教学方法

生命教育要用心灵去碰撞心灵,用生命去影响生命。要达到师生共同的"生命在场",将对生命的尊重与理解、信任与成全通过具体的教学鲜活有力地呈现出来,使生命教育真正成为一种直面人的生命、通过人的生命、为了人的生命质量的提高而进行的教育活动,就必须用生命化的方法来进行。具体而言,生命教育的教学方法主要有讲授与感悟教学法、活动与探究教学法、情境与体验教学法、生命叙事教学法。

(一)讲授与感悟教学法

这种教学方法从传统的以教师为主体的单纯知识介绍,转向以学生为主体,关注学生的了解、体悟和接受。比如,在"生存权利"专题中,教师首先通过大量的图文、视听媒体展示,利用声、光、电、背景音乐……共同烘托出强烈的震撼效果。直面大量翔实的资料,学生的心灵会受到强烈震撼,强烈感受到生命在灾害和事故面前的脆弱与无奈,自然萌生珍惜生命、保护环境的意识。而后,学生畅谈感悟,教师适时点拨,形成共识。当然,这还需要师生课下做大量的准备工作,尽可能多地收集各类资料,形成知识板块,使学生能够在充分感悟的基础上自然地领悟生命的内涵。

(二)活动与探究教学法

生命教育教学可以借用团体心理辅导的方法,如在每次教学活动前,安排热身游戏和体验活动,使知识与感悟在活动中自然形成。通常是:教师提出活动方案和要求;组织学生分组进行探究式讨论,小组内确定人选代表小组发言;课堂汇报,成果交流,教师进行现场采访、讲评、适时指导和总结提升。比如,在"有志一同 融通生命"专题中,安排"人椅"的热身游戏。同学们分享体会时说:原来是小游戏大道理,让我们入脑入耳入心地懂得了"人人为我,我为人人"的道理。之后的拓展活动是搭建"塔"的游戏,要求学生在游戏后分享感受,知晓个人在集体中的位置与作用,进而懂得:我可以做你不能做的事,你可以做我不能做的事,我们一起可以做伟大的事。

(三)情境与体验教学法

体验教学法主要通过创设各种开放情境,让学生通过自身的体验去体悟周围世界,并通过多种体验渠道发挥自身潜力,求得充分发展。生命教育重视学生的亲身经历,授课教师正是根据这些经历,结合生命教育内容创设出形象鲜明的各种场景,辅以生动的文学语言,利用虚拟仿真实验平台,借助音乐的艺术感染力,再现现实生活中的一些情境,使学生如见其人、如临其境。师生在"此情此景"中进行着一种情景交融的教学活动,使学习成为"体验、认识、再体验、再认识"不断丰厚、良性循环的渐进过程,最终促成学生行为和认知的统一,生命智慧与良知良能的内化。比如,在"生命老化"专题中,教师提前布置"采访几位65岁以上老人"的小组作业,请同学们在访谈中尤其要注意观察老人的外表、姿态、心态、语气等方面,之后,以小组为单位创编情景剧,通过角色扮演的方式体悟生命的冬季,使其发自内心地换位思考,去采取尊老、爱老、护老的行动,并有勇气帮助老人完成最后的生命成长。课上,很多同学触境落泪,由衷地感叹"原来觉得身边的老人为我们做什么事都是应该的,自己还会嫌他们唠叨嫌他们烦,幸亏老师让我们幡然醒悟,不让我们留下子欲养而亲不待的终身遗憾! 珍惜拥有的一切吧! 没有什么是理所当然的!"又如,在"生存权利 捍卫生命"专题中,通过地震小屋让学生体验不同的地震等级,采用视频观看、情景模拟、体验实操等方式,引导学生掌握基本的防灾避险、自救互救生存技能;课后,结合灾害虚拟仿真实验加深学生的理解,使其更加珍视生命。

(四)生命叙事教学法

生命叙事教学法创造性地运用后现代叙事心理治疗的理念与方法,成功地构建生命教育教学师生对话空间——去贴近学生,带着"好奇的""欣赏的""专注聆听的""相信学生是自己面对生命挑战的专家"的生命态度去一起讲述生命的故事。

生命教育的价值、功能和实质注定了它与后现代叙事心理治疗的完美结合。后现代叙事治疗的哲学观"去权威而有影响力""学生自己才是自己问题的主人跟专家",主张"多元性""异质性""自我关切"等,可以帮助生命教育充分体现对生命的尊重,成长日记亦是对"叙事信"的改良与应用。生命教育教学中引入叙事方法,不仅生动有效地呈现了师生共同的"生命在场",收获着入耳入脑入心的教学效果,促进师生生命品质自动生成,更是对叙事治疗应用范域的更新颖、更宽广的拓展,我们将其总结归纳为"1+2+3+4"生命叙事教学法。

树立"1"个新观点:生命教育的教师们一定要在心底相信,学生才是自己生命的主人,他们都是面对自己生命挑战的专家;相信在学生们的生命成长中有无限的可能性,因此才会有"不抛弃、不放弃,坚持做有意义的事"的决心和耐力。

体现"2"种新态度:其一,人不是问题,"问题"才是问题,没有有问题的学生,只有共同面对问题的师生;其二,意义并非事先存在,必须通过心与心的交流与互动才能加以创造。

承担"3"种新责任:其一,教师的责任是营造尊重、透明和好奇的环境;其二,教师有责任去尝试去中心化而有影响力的引导模式,这样才有可能为教师带来更多的活力;其三,教师有责任动员所有的资源(自我、重要他人、团体动力、生命成长日记)来见证学生的生命成长。

做好"4"个新角色:有了根植于心底的"相信"的力量,就会在生命教育课堂上认真做好"倾听者""引领者""陪伴者""催化者"。

倾听者就是教师要全身心地倾听,要放下教师的架子,走到学生中间,放下自己原有的价值量尺,不忙于评价和为学生贴各种问题标签,而是把自己放空,真诚地去包容学生,去好奇地倾听学生的心声。然而,每当我们遇到比较"顽皮""爱捣乱"的学生,要想做到不评价不贴标签并不容易,我们头脑中往往会自动闪现出"这是一个满是问题的学生""这是一个落后的学生"。生命教育教师要学会看出"问题学生"背后的渴望与善意,邀请他们参与到课程中来,肯定并鼓励他们的每一份付出。每次课后都可以请一些学生来谈谈他们对课程的想法,尊重并倾听他们的心声。慢慢地,这些"问题学生"会变成课程的"骨干"力量。积极倾听的目的在于无限地贴近和有力地理解、回应。一是要在学生讲述自己独一无二的生命故事时,用心记住他们发言中的原话,并在恰当的时候引用强化,让他们有更多的机会看到原来没有看到的自己;二是要同时开启新的对话空间,帮助学生挖掘自身的闪光点;三是要听出故事背后的故事,去努力无限地贴近和温柔地触碰学生的心灵。

陪伴者就是教师在整个教学过程中用欣赏的目光、真诚的语言、包容的态度、真诚的情感去陪伴学生。这种用心的陪伴不局限于课堂,还要延伸到课后,让师生的心贴得更近一些,陪伴学生一起欢笑、一起悲伤、一起成长。课堂教学时间总是短暂且有限的,课程往往结束在学生的意犹未尽和情绪高潮中,无论教师如何努力,都无法做到让每一个人在课上发言,接下来的"生命成长日记"将发挥其重要作用,成为师生尽情倾吐心声的心灵花园。阅读学生的生命成长日记是个让人享受生命成长的过程。学生用真诚的语言,将很多不曾与人说起的生命故事同教师分享,教师似乎可以看到学生纯真的面容和那颗渴望被理解的心,此时会忘却一切疲惫,全然沉浸其中,与学生进行心与心的交流、生命与生命的融合。

引导者就是生命教育教师尝试改变以自我为中心而产生更有影响力的课堂行动。虽然教师把更多的话语权交给了学生,突出了学生的中心地位,但绝不等于旁观和放纵,而是通过生命叙事特有的问话,来点拨和引领学生去看到原来没有看到的自己,使其在重新讲述自己生命故事的过程中慢慢恢复自信,回归人性的善端,鼓励尝试新的改变和行动。例如,在深圳大学讲授"幸福从心开始"的生命教育课时,一名女生轻声说:"老师、同学们,不好意思,我心中的幸福好像不太现实,好像是一个不可能实现的梦。我希望自己永远可以做一个小孩子,无忧无虑、无拘无束地做纯真的自己,这就是我心中的幸福,可是我知道这只是一个梦,一个永远也不可能实现的梦。"从这位女生的言语中,我们能感受到她的失望与无奈,此时尤其需要教师的支持与引领。教师回答:"老师觉得你的心灵深处有一个幸福的梦想,希望长大的自己永远也不会失去生命的本真。其实这个梦想离我们不远,因为它就在我们自己心中。当我们在心中永远保留一座叫作'纯真'的花园时,真诚、善良、美好之花就会永驻心田。那些成长的烦恼与挫折就会变成滋养我们生命之花绽放的养料,使我们出淤泥而不染。请相信泥土里定会长出莲花的,祝愿你美梦可以成真!"女生的眼睛一下子亮了起来,一边思考一边用力地点头。事实上,当学生陷入自己的"问题故事"时,往往会看不到希望,也找不到自己的力量,教师此时的点拨就像是为学生点燃了一盏心灯,让他们看到了不一样的自己,慢慢地增添力量。"教育是慢的艺术",我们已经播下了生命的种子,相信它一定会以自己的速度生根、发芽,生长成参天大树!

催化者是借用化学反应中的"催化剂"作用来形容教师在生命教育课堂上的第四个角色。在生命教育的课堂上,教师不做高人一等的权威,而是"酶促催化"般的陪伴学生的生命成长,使其有能力选择自己的人生之路并对此负责,之后,教师自然"脱落",放手让其展翅高飞。

正如上过生命教育课程的学生所说的那样:特别的课程,特别的课堂。虽然生命教育课没有脱离课堂主渠道,但教师为学生创造了一个十分特别的课堂。一个班级的学生就像是一个大家庭里的兄弟姐妹那样围坐在一起,奇思妙想的游戏拉近了学生与教师、学生与学生之间的距离。大家互相倾听并诉说着自己的生命故事,没有批评、没有嘲讽,每个人都是耐心的倾听者。在经过细心的倾听、联想之后,学生们领悟到教师要讲的道理。教师将话语权交给了学生,既锻炼了学生的表达能力,又让其学会了自己去感悟道理。生命教育是从"心"架起了桥梁,能够真正走进学生的心里。

实践出真知,以上关于"1+2+3+4"的生命叙事教学法,是我们在十多年生命教育教学实践中总结凝练的标志性教育成果。实践证明:可操作,可复制,可持续,可发展。同时,我们深深感受到一种对生命的尊重,一种爱的陪伴,一种相信的力量。正是这些尊重、相信的信念,才让我们持续地饱有对生命教育的激情和活力,去陪伴、唤醒和激发学生的生命潜能,去展示人格的魅力和人性的光辉!

三、生命教育的教学设计

生命教育的教学设计是指教师以学习理论、传播理论、认知理论、人本理论等现代教学理论为基础,运用系统的生命教育理念与方法,分析理解生命教育课程的内容与问题,确定教学目标,制定教学方案的活动过程。具体而言,生命教育的教学设计要依据关注生命困顿、关注生命个体、关注生命成长的基本原则,设计程序主要包括八个环节。

(一)贴近学生的现实需求

"教育即生活",生命教育应与学生实际生活需求紧密结合。首先要思考学生需要什么样的生命教育,学生在生命成长阶段会遇到哪些生命困顿。比如,在"生涯彩虹 延展生命"专题中学到的"三 mang"问题和部分公费师范生学习动力不足问题等。生命教育课程要根据学生生命发展的需要来设置生命教育课程内容。

(二)做好学情分析

学情分析是教与学目标设定的基础,是对"以学生为中心""以学定教"教育教学理念的具体落实。从某种意义上说,学情分析是教学设计的关键环节。教师要把握学生的成长规律,结合学生的现有水平,明晰学生学习方式的差异性,将生命教育内容设置在其最近发展区中,以利于教学效果的实现。

(三)设定教学目标

生命教育课程标准确定了课程的总体目标和分阶段目标,这些目标还需要再次分解为具体的、可操作的目标,以便教学活动的顺利展开。需要特别指出的是,设定的教学目标要指向学生核心素养的养成。

(四)选用教学策略

激发学生学习兴趣、实现教学目标,需要教师采用恰切的教学策略。设置情境、引导讨论、呈现教学材料、启发提问、组织讨论等,也需要灵活的教学思维和技能。

（五）预设教学过程

学期教学与单元教学需要教学计划表，课时教学设计同样需要合理的安排。生命教育教学需要具有设计性，避免盲目性，但设计不能过于刻板与固定，必须保有生命教育独特的灵活性、弹性和生成性。

（六）开发教学资源

教学不能满足于教材。生命教育的课程性质决定了其教学不能按照知识性教学方式来进行，需要开发丰富的教学资源，如视听媒体资源、绘本、实践基地、虚拟仿真实验等。

（七）做好教学准备

这主要指教学材料的准备（如媒体课件、影视作品、绘本、手工道具等），教师需要在课前检查这些材料是否准备齐全、是否适用。

（八）总结反思

课堂教学活动结束后，教师要对教学进行总结和反思。总结反思的作用在于进一步修改教学设计，以形成成熟、完善的教学设计。为了让生命教育课堂教学活跃而有序，教师、辅导员、生命教育志愿者要分担不同的角色，教师是生命教育课的设计者和导演，辅导员是生命教育参与者和协调者，生命教育志愿者在生命教育课堂讨论中起着"酶"的催化作用。可见，生命教育的教学反思，是教师＋辅导员＋学生志愿者团队的共同反思。团队成员要从不同角度提出建设性意见，促进授课教师的深度反思，推动课程设计的新一轮改善，这种组合确保了生命教育的教育质量和始终关注学生的设计初衷。

四、生命教育的教学评价

评价在教学中占有重要地位，往往用于了解教学目标是否实现、教学活动是否科学、教学效果是否良好等，具有鉴定功能、诊断功能、导向功能、调节功能。生命教育教学成功与否，并不完全取决于教师或是督导的评价、理论上的分析判断、学生的考试成绩，而是更关注学生在生命上是否获得成长、学生的生命品质是否提升。

（一）生命教育教学评价原则

教育教学评价是指评价主体依据一定标准，对教育教学过程或活动以及教学效果进行评价的活动。生命教育的教学评价应符合生命教育的特性，生命教育教学的评价原则是：单项评价与综合评价相结合，以综合评价为主；形成性评价与终结性评价相结合，以形成性评价为主；定量评价与定性评价相结合，以定性评价为主。

（二）生命教育的具体评价方法

生命教育摒弃以标准的智力测验和学生学科成绩考核为重点的评价观，树立多元灵活的评价机制，通过多种渠道、多种形式、在不同的学习情境下对学生进行多角度的评价。一是评价主体多维化；二是评价内容多元化；三是评价过程动态化；四是评价形式多样化；五是评价实施客观化。生命教育考查的是内化生命智慧、形成良知善举、解决生命困顿、生成生命品质的实际育人效果，通常采用360°全方位、全过程、全人的评价方法，如学生自评＋小组评价＋任课教师评价＋辅导员评价＋实习用人单位评价。

具体做法是：平时成绩（课堂表现、平时习作）（20％）＋生命成长日记（50％）＋生命教育心得及社会实践体会（30％）＝期末总评成绩。教师要在课上观察学生的课堂表现和平时习作，欣赏每个学生身上的闪光点，重在见证学生在生命教育课程中的变化与成长；教师要在课后透过"生命成长日记"呵护每一名学生，通过日记深化心与心的交流，使生命教育课程效果持续发酵；组织召开"心得感言美文赏析会""主题班会""学生志愿活动"等活动，丰厚生命教育课程的形式与内容；持续关注受过生命教育的学生，为其建立生命教育档案，记录其成长历程；在辅导员的配合下，了解生命教育课程结束后，学生在学习、实习和工作中的成长情况，定期组织优秀毕业生与生命教育新生班级朋辈交流座谈。

（三）生命成长日记

学生的生命是否获得成长，学生的生命品质是否得到提升，是生命教育评价的核心指标。下面将详细介绍"生命成长日记"作为形成性评价和定性评价的重要支撑，是如何促进学生生命成长的。

"日记"作为沟通交流的一种方式，在人类社会有着悠久的历史。日记将口头语言转化为书面语言，使故事摆脱时间的限制，被长久存续和保留。后现代叙事心理治疗的创始人Mike White（麦克·怀特）在其咨询治疗中喜欢用"简信"。他认为，许多对自己有负面看法的人，会感到他们的存在很渺小，对于这些人而言，光是收到一封指名寄给他们的信，就足以表示有人承认他们存在于这个世界。而生命教育中"成长日记"的运用，则是通过叙事心理治疗的理念，对"叙事信"方式的移植与改良，体现的是对个体生命的"全程"尊重。通过"课上、课下持续关注，知行合一、见证成长"来力争实现对每一个学生生命成长最温情的陪伴、最长情的告白。

生命教育强调要关注每一名学生，倾听每一个声音。然而，由于授课班额大、人数多，无法做到在课上让每一个学生都有发言机会。学生在课上会被教师创设的情境、素材、师生对话所触动，与任课教师"有话要说"。因此，师生可以共同约定，每次课结束后，由学生书写"成长日记"来表达内心的想法与感悟。同时做好两项约定：一是日记书写要及时，要在下课后的当天完成；二是日记的字数不限，可多可少，但一定是真情实感，不抄袭，不写表面化文章。

成长日记是师生平等交流和沟通的平台，但同时也加大了任课教师的工作量。粗略地计算：以一个学生每个学期的成长日记要完成10次，平均每次日记后教师回复的"简信"约50—500字，若以一个班级50人计算，则教师至少要写25 000字。有时，面对需要特殊关注的学生，教师每次的回复都可能是一封上千字的长信。坚持一个学期、一个学年容易，难的是十年如一日、乐此不疲，这正是教师无私奉献精神的体现。

每每翻开学生的日记，心中都会有一种莫名的感动。学生把埋藏在心底的故事与教师分享，以信任相托，教师又怎能不认真对待？于是，分享着故事后面的故事，成长着学生的成长，幸福着学生的幸福。一路走来，课程结束，但对学生的关心不会结束、无法结束。我们不仅关心着正在上生命教育课程的学生，还持续关心结束了课程、正在实习的学生，甚至还与毕业两三年的学生保持联系，似乎这种连接早已成为彼此生命中的一部分。朱小蔓教授曾说："但凡生命教育一定是师生生命相互敞开和走入的过程。""成长日记"作为连接师生心与心的桥梁，是教师送给学生最好的礼物，是"最温暖最长情的告白"，它也早已成为师生共同的心灵花园，承载着特殊的价值与意义。

生命教育教师在课上要用心聆听每一位学生的发言，真诚地去贴近、发现主线故事里的闪光点，进而看到问题的外化、解构式地提问，去丰富那些学生自认为重要的支线故事，并探索使用叙事地图，陪伴学生在行动蓝图与意义蓝图间来回穿梭，使其能够在其中看到过去没有看到过的自己，以唤起自身改变的内在力量。同时，利用班级的团体动力，作为回响和见证，团队给予支持，鼓励重写生命的故事。在课下，要通过"成长日记"来持续关注课上需要陪伴的学生，使生命教育的力量持续发酵、发挥作用。任课教师通过"叙事信"技术在成长日记中运用文字，去"好奇""鼓励""启发""引导"学生自主发现自我在绝境中的坚持与"生命的闪光点"，逐渐丰富、重构生命的故事，唤醒学生的生命力量，使其能够正视人生中的挑战。

总之，生命教育正在以其独特的教育方式走进师生的教育生活，不断滋养师生共同的生命成长，促进师生生命品质的自动生成。正如巴金先生所说："生命的意义在于付出，在于给予，而不在于接受。"这里所指的付出是指爱，生命的源头是爱，生命是爱的结晶。而爱的教育，不能只停留在爱自己、爱家人、爱生活的"小爱"上，还要向爱他人、爱社会、爱祖国"大爱"和"教真育爱""四有教师"的"博爱"扩展开来。这正是"学为人师，行为示范"理念的最好诠释与真正践行，是追求教育终极目标——回归教育本质的必然选择。

 聚焦提升

1. 术业有专攻，生命教育要用生命化的方法来进行。

2. 生命教育课需要师生共同的"生命在场"，要求师生共同构建生动、活泼、温暖、安全的教学环境，促进师生共同的生命成长。

3. 相信自己才是生命的主人，相信我们有能力面对和解决自己的问题。

4. 心底根植"相信"的信念，转变教学角色，做好"倾听者、引领者、陪伴者、催化者"。

5. 理解"1＋2＋3＋4"的生命教育教学理念与策略，做符合个体生命需要的教学设计。

6. 以生命的名义，思考教育、践行师道、教真育爱、铸就师魂。

 思考感悟

1. 如果请你帮助本教材设计一个新的专题课程，并分享你的设计。

2. 你是否认同生命教育的理念与方法？是否愿意成为生命教育的种子教师引领学生的健康成长？

 能量补给

1. 品读书籍

纪洁芳. 生命教育教学[M]. 北京：中国广播影视出版社，2014.

冯建军. 生命教育教师手册[M]. 太原：山西教育出版社，2018.

2. 慕课网站

中国大学慕课：生命教育与生命成长　赵丹妮等 https://www.icourse163.org/course/LYNC-1206705840

中国大学慕课：生命教育　刘慧等 https://www.icourse163.org/course/CNU-1205808802

中国大学慕课：爱与生命　何仁富 https://www.icourse163.org/course/ZJICM-1206016813

扫码查看
相关资料

专题十八
追寻价值　叩问意义

> 人如果知道了为什么而活,那他就可以面对任何生活。
>
> ——尼采①

 专题导语

　　每个人都拥有生命。然而,如何看待自己的生命,如何度过自己的一生,却各有不同。本专题通过对人的生命以及生命价值内涵的剖析,帮助我们正确看待生命现象、积极思考生命意义、努力把握生命真谛、重视引领生命进程,将命运掌握在自己手中,创造并享受自己的人生旅程。

 知识地图

```
                      ┌ 人生犹如旅行 ┬ 珍惜生命,珍惜时间
                      │             └ 延长人生时光的智慧
                      │
                      │                         ┌ 人生三问
追寻价值  叩问意义 ────┼ 叩问生命的意义与价值 ─────┼ 生命意义的多维建构
                      │                         └ 生命的价值
                      │
                      └ 知行合一,让爱远行 ┬ 知行合一
                                        └ 把爱传出去
```

---

　　① 尼采(Friedrich Wilhelm Nietzsche,1844—1900),德国著名哲学家,西方现代哲学的开创者,同时也是卓越的诗人和散文家。他最早开始批判西方现代社会,其哲学思想对后来的生命哲学、存在主义、弗洛伊德主义、后现代主义,都产生了重要影响。

 **体 验 活 动**

绘制"人生曲线"图

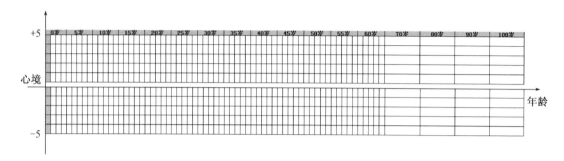

1. 首先绘制"人生曲线"图

（1）在过去的日子里有美好记忆的三件事；

（2）在过去的日子里最受挫的三件事；

（3）在未来的日子里最想做的三件事。

2. 计算生命的有效时光

（1）假设你能活到 100 岁,用一张有 0—100 的刻度的纸条来代表你 100 年的生命岁月；

（2）把你已经走过的"人生岁月"撕下来保存；

（3）再把未来的自己希望事业有成后颐养天年的人生年龄阶段也撕下来珍藏；

（4）那么你手上的就是你现在用来创造自己美好人生,努力奋斗获得生命价值的时间；

（5）尽管如此,你又不能不吃不睡,光睡觉就要撕掉手中三分之一的时间,此外,还要除去吃喝拉撒、文娱活动等时间。

讨论分享：

1. 在小组内分享绘制自己的生命线的内心感悟。

2. 看看手中剩下的"有效时光",你最大的感触是什么? 打算如何利用这有限的生命?

 理 论 学 习

一、人生犹如旅行

也许你还沉浸在体验活动所带来的触动中,当你在回忆中找寻美好的记忆和令人感伤的挫折事件时,仿佛进行着一场时空旅行,生命中的酸甜苦辣、悲欢离合,都成为促成我们生命成长的一部分,值得反思和回味。

（一）珍惜生命，珍惜时间

在"计算生命的有效时光"中，将时光视作手中的纸条，看得见也摸得着。起初我们觉得自己还是未满 20 岁的青年，100 年的岁月还很漫长，可随着游戏的进行，当我们看到手中剩下的有效时光时，是否有所顿悟？虽然我们拥有最好的青春年华，可为未来幸福生活奋斗的时光又有多少呢？

美国生物学家凯恩曾为人生做了计算：以 60 岁为标准，共计 21 915 天，其中，睡眠占用 20 年，吃饭占用 6 年，娱乐玩耍占用 8 年，穿衣梳洗占用 5 年，行路、旅游、堵车占用 5 年，生病 3 年，打电话 1 年，上卫生间 1 年，闲谈 70 天，擦鼻涕 10 天，剪指甲 10 天……最后剩余的有效时间仅为 10 年。

德国人计算人生有效时光同样以 60 年为标准，参加竞选、投票、游行、年轻时打架斗殴、成家后家庭吵架等丢掉 4 年又 3 个月，找东西用 1 年，看乱七八糟的广告用掉 2 年，打官司浪费 3 年，上厕所用 1 年……最后，真正用于工作和学习的时间是 9 年 8 个月！

生命来之不易，异常珍贵。珍惜生命、敬畏生命是生命教育的基础。珍惜生命就要珍惜时间，珍惜生活中的分分秒秒。我们不能增加生命的长度，但是可以拓展生命的宽度。

（二）延长人生时光的智慧

如何才能拓展生命的宽度呢？我们可以从"人生时光与物理时间不等式"原理中学习延长人生时光的智慧与方法。请欣赏视频《一生一闪而过》（扫描本专题二维码获取），看看仅有 29 秒的一生。正如视频所表达的那样，人的生命太过短暂，在时间一维、单向不逆转、不停歇的嘀嗒中，我们的生活也一去不复返，这是人生的物理时间。"人生时光与物理时间不等式"原理揭示了人生的大智慧：如何在一定的物理时间内，充盈生命，实现人生时光的相对延长，品尝更多的幸福。

"人生时光与物理时间不等式"原理促使我们思考这样一个关键问题：该选择怎样的人生态度来迎接我们自己？是愿意过一种风平浪静的日子，还是喜欢在人生的大风大浪中前行？是在人生险阻前望而却步还是迎头挺进？正如我们绘制的"生命曲线"图那样：当一个人生活状态的起伏越大，则其人生的内涵就越丰富；相对于一个生活状态稳定者，他（她）就在相同的物理时间内获得了更长的生活时限。从这个角度上说，在人生旅程中我们不仅要去追求幸福与顺境、快感与快乐，也要把痛苦、坎坷、悲伤等人生负面经历当作丰富人生内涵的部分坦然承受下来，这都是人生经历与经验，是人生时光的延长，是我们超越物理时间局限的"机遇"。虽然生活内涵的丰富性可以延长我们的人生时光，但正如"保健自强"专题所说的那样，在生活的价值取向上，"透支生活"并不是一种好的生活态度，我们还要学会适度，保持健康，从而更好地丰富生命，达到更理想的人生品质。

首先，树立时间观念和效率意识。强烈的时间观念，可以帮助人们最大限度地减少无意义的人生活动，增加有益的、有价值的生活时间，这便增加了单位时间内的意

义量,也就相应地延长了人的生命时间。同时,可以借助心理学、管理学中的时间管理方法,帮助我们更高效地利用时间、提高效率。

其次,丰厚精神生活和心理生活。人的心理时间是可变的,是可达无穷的,从这种意义上说,摆脱时间限制的最好方法,莫过于丰厚自我内在的精神生活和心理生活。精神生活与心理生活越丰富,自己所支配的心理时间就越多,从中获得的精神性时间就越趋于无穷。

再次,培育感恩之心,让人生更具意义。有人说,如果你是一个善良的人,你得到了别人的善意对待和帮助,心中会产生一种自然的情感,这种情感就叫感恩。仔细想想,需要感恩的似乎很多:父母的养育之恩、师长的教导之恩、朋友的相知之恩、伯乐的赏识之恩、智者的点拨之恩、对手的激励之恩、陌生人的帮扶之恩……

2015年秋天,22岁的大学毕业生周云丽,站上了云南丽江华坪女子高中的讲台。回归母校后,她成了一名高中数学老师。瘦小的她,如今已成为学校的骨干教师,和华坪女高的许多老师一起,接过了校长张桂梅手中的接力棒。

和很多贫瘠大山中的女孩一样,周云丽为读书发过愁、吃过苦,因为家庭生活艰辛,母亲早逝,她和姐姐都一度面临成绩够了却无钱继续读书的困境,而比起其他同学,她还因小时高烧导致右眼失明,心中萦绕着更多痛苦的愁雾。

对她来说,走进女高是人生至关重要的转折点。张桂梅老师以无私的大爱,拥抱了她看似渺茫的梦想,用眼中的希冀,点亮她改变命运的希望。更重要的是,在女高艰苦求学的过程中,她砥砺了奋进的精神,树立了人生的志向。曾经,她只想走出大山赚大钱,但看到张桂梅老师的作为之后,她立志要做一个对社会有用的人,要像她的老师们一样,成为一支蜡烛,燃烧自己,照亮他人,真的应了那首歌里唱的:"长大后我就成了你。"

一所好的学校,一个好的老师,对人的影响就是如此深远,不仅仅是传授考试所需的知识,更是帮助青少年塑造健全独立的人格、正确的价值观、形成良好的行为习惯,拥有丰富的精神世界,即便从泥沼之中困苦挣扎而出,也有攀峰摘星的勇气和信念。拥有了这些,一个人便有足够的能力和信心,去作出自己想要的选择,去走自己想走的路。而周云丽想走的路,就是回到女高当老师。

最后,始终保有一颗"赤子"之心。老子曰:"含'德'之厚,比于赤子。"在老子看来,像新生婴孩一样,返璞归真,接近自然是谓"含德之厚"。我们要学会在生命旅程中,以纯净的心灵去感受自然、社会与人生,努力实现一种"赤子"式的存在状态。

二、叩问生命的意义与价值

我们走过夏、秋、冬、春的生命四季,学习十八个专题的生命教育课程,是否能领悟到生命的真谛与智慧,获得生命的成长? 让我们一起来学习中国生命教育专家孙效智教授提出的"人生三问",澄清并明晰究竟什么才是对自己最有意义和价值的事。

(一) 人生三问

人作为万物之灵,不论富贵贫穷还是疾病健康,不论在社会上扮演怎样的角色,只要会思考,就会在某些时刻想起甚至可能必须面对人生的三个根本问题:人为何而活? 应该怎样活着? 又如何才能活出精彩的生命? 这三个问题称为"人生三问"①,是三个各自独立又彼此环环相扣、密切相关的问题。人生三问虽然重要,但又仿佛不存在,大部分人在平顺日子中不容易想起它们来,除非命运的打击突然造访⋯⋯

1. 人为何而活

"人生三问"中,第一问关切的是一个严肃的应然问题或者说哲学问题,也即,什么样的目的或意义才具有终极性或究竟性,又是什么样的价值才具有隽永的超越性? 也许有人会说,生命是每个人自己的,每个人的人生都要自己过,论及生命的目的或意义,没有什么应该不应该的问题,而且,即便要论应该,也应是每个人自己去决定人生应该追求什么样的目标或实现怎样的意义。从某个方面来说,这个看法似乎是没有错的,每个人要追求什么样的生命目的或意义,当然是个人可以决定的事,也理应由每个人自己去决定,这正是人之所以为人的尊贵与庄严所在,也是人作为自由理性之主体的真谛。问题是每个人都有权利选择自己的人生目标并不等于任何选择都是好的,否则西方不必自古希腊哲学就开始在意何谓"幸福",中国儒家也不必在乎大学之道通往的"至善"是什么了。

2. 人应该怎样活着

理解这个问题,可以从"道"这个概念的两个角度着手。一是道路,即人生的道路;二是道德,即有关如何做人的道理。这两个角度是一体的两面,一而二、二而一。第一个角度连接人生第一问与第二问,第一问关切人生目标,第二问探讨人生道路。道路随目标而定,人有怎样的目标就会走上怎样的道路。想当教师的,自然要学习掌握教育原理;想当律师的,则必须明白诉讼之理。事业心强的人,往往会一心扑在工作上,容易忽视其他事物。而当一个人明白"在人生走到终点时,你不会后悔没有完成某一笔生意,却会后悔没有好好陪伴家人"时,他就会意识到在工作与家庭之间维持平衡的重要。如果目标是生不带来、死不带去的财富或权势,人们选择的生活方式自然是向钱或向权看;而如果目标是究竟的,则人们自然会选择通往人生究竟目标的道路。当一个人追求的人生目标是"究竟的",是大人之学的"至善",那么其选择的就是合于做人道理的道路,也就是"明德新民"的道路。这也即"人应该怎样活着"的第二个角度——道德。依此,道德问题并非只是关乎做人与实践的形而下问题,更是与人生终极课题相通相连的形而上课题。探索人生道路与做人的道理,正是伦理学或道德哲学的主题。

3. 如何才能活出精彩的生命

一是认知要正确且深刻。关于正确的人生目标与道路,认识得越深切,才越有可能向正确的方向迈进。二是需要在情意方面努力,要通过持续的修养来提升自己的灵性。人生第三问探讨的显然是非常重要的课题,它涉及正确的人生观、价值观能否内化且"诚于中"而"形于外"。事实上,如何做到知行合一,是人生三问中最为关键的

---

① 孙效智:《打开生命的16封信》,中国青年出版社,2011年版,第7页。

问题。假如处理不好这个问题,那么,即使一个人的人生观、价值观是正确的,也知道通往人生正确目标的道路何在,却很有可能在实践上与自己的认知背道而驰,如果这样,那关于人生第一问与第二问的探讨也就都失去了意义。

(二)生命意义的多维建构①

当代新儒家主要代表唐君毅先生将个体生命称为"有心灵生命的存在"。作为有心灵生命的存在,会为"心灵"的存在探寻"理由"。人生在世所衍生出来的各种人生状态,即是所谓的"境"或"境界"。不同的"境"或"境界",也就是不同的生命意义表征,是让这个"生命存在心灵"存在下去的理由。因此,对生命的"思"与"想",根本的是对生命意义的呈现,即对生命存在之不同境界的"思"与"想"。而生命的意义在于对生命价值的领会。那么,如何为个体生命在人生中安顿"身心灵",为自己找到存在的意义和价值呢?

事实上,生命存在的意义不是靠生命存在自身说明的,它总是具有一定的意向,这种意向性作为灵性精神生命的现实存在形式,左右着现实个体生命的意义支撑系统。我们可以尝试以"'个体生命'的当下存在"为一个直接存在的"点",以这个点为中心去"思""想"这一个体生命可以怎样安顿自己,即为自己的存在植入意义。而在我们生活的现实世界的三维空间中,任何一个点都可能向三个维度延伸,即前后(长)、左右(宽)、上下(高)。因此,个体生命存在的这个点也可以尝试以这种方式将自己向三个维度延展。

1. 从生死维度看生命的长度

从前后向看,生命是从无到有、从生到死的进程。这一生命存在的前后向刚好可以用唐先生通用的三个词中的"生命"来表示。生,从无到有;命,有生而更生,最后将以一种独特形式归于无,这就是死亡。因此,个体生命的这个维度可以称为"生死维度",即从生到死的维度,这一维度彰显出的生命特征是生命的"长度"。

2. 从人文维度看生命的宽度

从左右看,生命是一个人与文交相作用的过程。与其他动物不同,人的生命最终是由文化缔造的。人的生命是父母创造、给予的,并总是存于不同层面的"人际"中,此谓内存于人;同时,人的生命又是文化塑造的,从"胎教"到"幼教"、从"小学"到"大学"乃至"终身教育",都在言说一个道理,那就是人的生命是文化塑造的。或者说,人的真实生命必须是从内存于人走向外在于文的。生命存在的这一"存""在"维度,可以称为"人文维度",即从人到文的维度。这一维度的"观"("思"与"想")可称为"横观",彰显出的生命特征是生命的"宽度"。

3. 从人格维度看生命的高度

从上下看,生命是一个从成己到成人再到成物的心灵人格建构过程。这一生命存在维度,可以称为"天地维度"或"人格维度",即从"天"(心)到"地"(灵)格局形成的

---

① 何仁富:《生命教育引论》,中国广播电视出版社,2010年版,第128页。

维度。这一维度的"观"（"思"与"想"）可称为"纵观"，彰显出的生命特征是生命的"高度"。

通过生命存在的顺观、横观、纵观，人的生命存在的生死维度、人文维度、天地维度被建构起来了。个体生命不再只是一个"点"状的生命存在，而是一个立体的生命存在。个体生命可以在不同的维度上找到自己生命的价值着眼点，找到自己存在的理由和意义。事实上，生命存在的每一个维度都会赋予个体生命无限的生命意义的可能性。因此，在此基础上还需要一个从整体生命的内外向上审视生命的性情维度。

4. 从性情维度看生命的亮度

从内外看，生命是一个有感受、可感动、能感通、可发光发热的性情体。人的生命存在最核心的东西，按照中国人的智慧来说是我们的"心"。心之未发状态谓之"性"，心之已发状态谓之"情"。因此，根据生命存在之"心"的未发、已发以及所发的状态，可以标示生命存在的整体特征。由此，生命存在的这一维度可以称为"性情维度"，心之在内未发谓之"性"，从未发走向已发谓之"情"。未发之性是心之本身，呈现本心本性即为情。本心本性的呈现，可以让自己的生命增加透明度、增加亮度。生命存在的这一维度的"观"（"思"与"想"）可称为"通观"，彰显出的生命特征是生命的"亮度"。

经过"思""想"，关于个体生命的思维结构就建立起来了。生命的价值便有了四个可以考量的维度，这也就意味着，我们可以从四个大的维度为自己的生命赋予意义。相应的，不同个体生命存在本身的意义也得以彰显。这便是生命教育中的多维意义建构。

（三）生命的价值

生命从孕育到死亡，经历着不同的阶段。人的生命在浩瀚的宇宙中虽只是一瞬间，但并不因其短暂而失去辉煌。我们要善用自己宝贵的生命，实现生命（各个）阶段的价值，在短暂的生命历程中创造生命的价值，让生命走向辉煌。

幼儿阶段，是生命脱离母体后的初始阶段。此时的生命很脆弱，很稚嫩。在母亲乳汁的喂养下，在众多亲人的呵护下，生命得以茁壮成长，养成健全的体魄。而我们面对这美丽世界露出的灿烂微笑，就是我们回报亲情与友爱、向人世间表达感谢的最温情的礼物。

步入青少年阶段，人的生命继续健康成长，恰如"早晨八九点钟的太阳"，构成世界上最美的春天。我们迅速长高，知识大量积累，开始学会思考；我们求知若渴，好奇向上；我们青涩懵懂，充满激情；我们求知、学习，各种观念迅速形成并逐渐巩固。此时，我们生命的辉煌就是建构起合理的生活观、生命观和价值观，积累知识，积累力量，为生命的健康发展打下坚实的基础。

壮年时期是生命的黄金期。此时，我们生理性生命的各种机能已经成熟，充满活力，是创造生命价值与意义的重要时期。我们享受生活、挥洒汗水，更应该创造和奉献。生命的欢歌在壮年时奏响最激昂的强音，生命的辉煌就在于不断地求索、不断地创新、不断地创造，为自己、为家庭、为社会创造丰富的物质财富和精神财富，推动社会的进步。

老年时期是人生命的晚年,也是生命的最后时光。这一阶段,人的生理机能衰退、器官老化,人的行动、思维相对迟缓,从事工作与创造的能力下降。此阶段的生命辉煌在于加强保健、锻炼健康的身体,抚平心灵;同时,做些力所能及的工作,老有所为、老有所乐,为生命增色生辉。

生命的辉煌是人生谱写的最华丽的乐章,虽然每个人的人生阶段有着不同的内容,但一致的目标都是要达到生命的完善与美好,实现人际性社会生命的完整和超越性精神生命的传承。生命的辉煌是一种境界——善用此生的境界、豁达逍遥的境界。帮助他人会留下开心,送人玫瑰手留余香。我们传承先人的生命而生,盛载社会希冀而长,满怀孝心而养,追求超越而活,不朽尊严而死。无论什么职业,无论身处何方,当我们以死观生,明白了生命的真谛,融个人之"小我"于天地之"大我",追求生命的永恒,在那一刻,我们便实现了生命的终极辉煌!

三、知行合一,让爱远行

很多人在结束生命教育课程时,都情真意切地表达对生命的学习没有终点,只有起点。这也说明,实现"活出精彩而有意义的生命"是一个持续修行、不断内化真爱以达到知行合一的过程。谈生命的学问不能只停留在人生观的建立、生命哲学的探讨与生活美学的熏习上,更重要的是帮助人们解决知易行难的问题。在知与行之间搭起一座桥梁,使人们能够体悟生命的真谛,拥有海纳百川的胸襟,从身边的点滴小事做起,学会感恩,乐于奉献,成为一个有力量、有爱心、有温度的顶天立地的人。

(一) 知行合一

"知行"一词,最早出现于《尚书·说命(中)》:"非知之艰,行之惟艰。"这是说,对于一件事情,知道它的道理并不难,但实行起来会很难。《论语·为政》有言:"四十而不惑,五十而知天命,六十而耳顺,七十而从心所欲不逾矩。"这意味着,即便是孔子,在不惑、知天命后,还需要二十年的工夫才能达到知情意行的统整和由内而外的知行合一。

《尚书·说命(中)》载傅说对商王武丁所言"知之非艰,行之惟艰"之说是为其证。其意是说,一件事情,知道它并不困难,难在如何将其付诸实践。从"知"到"行"需要一个过程,当代大学生经常出现"知易行难"的问题,对道理、观念的认识并不难,难在如何由知到行顺利转化。情、意是实现知向行转化的内部条件,情起催化作用,往往是行的内驱力;意起定向作用,并能维持行的连续性。品德的终端和结果是行,没有最后的道德行为,个人品德就成为空的东西。行是在知、情、意的基础上,通过一定的训练,习得而成。

可见,我们在生命教育中学习到的知、逐渐产生的情与意,都需要及时付诸行动,在爱与行动中获得知的升华和心灵的成长。

(二) 把爱传出去

"爱是看不见的语言,爱是摸不到的感觉,爱是我们小小的心愿,希望你平安快乐永远。爱是仰着头的喜悦,爱是说不出的感谢,爱是每天多付出一点点,双手合十不在乎考验。让爱传出去,它像阳光温暖我和你,不管有多遥远总有到的那一天。让爱传出去,那前方漫漫人生路,有你的祝福没有过不去的苦。"[①]那么,该人如何把爱传出去呢?

1. 培育大爱精神

所谓大爱[②],可以被理解为人对人的自身价值、前途和命运的自觉持久的关爱精神和高度负责行为的统一:从精神方面说,大爱是对人类自身命运的关爱精神,也就是常说的"爱心";从实践方面说,大爱是指主体对客体在行为上的高度负责。

那么,什么是大爱精神呢? 大爱精神就是人们对人类自身的价值、前途和命运的自觉关爱、高度负责与无私奉献精神。简要地说,大爱精神就是爱心、爱人之心、大爱之心——这里的"心"是精神的意思。大爱精神是人类在自身的社会生活实践中,逐步自觉并世代传承、发扬起来的。它发源于人类社会的生活实践,表现为人类的自我意识,传承于社会的价值文化;它在人类社会"生生不息"的生命历程中,一直是人类生命的"守护神",社会和谐、生活幸福的精神愿望和寄托;人们越是历经坎坷,越是崇尚大爱精神。

2008 年 5 月 12 日的汶川大地震,至今令人记忆犹新。危难之际,人们纷纷伸出援助之手奉献爱心,与灾区人民同呼吸、共甘苦、心连心,时时处处涌动着爱的暖流。一车车物资,一笔笔捐款,承载着八方爱心,源源不断地送往灾区。哪怕是一顶帐篷、一条棉被、一袋方便面,甚至只是一声真诚的祈愿与问候,都给灾区同胞带去了最温暖的感动与最美好的希望。执着而平凡的人间大爱,彰显出人性的光辉与可贵,让逝者得以安息,让生者继续前行! 心与心的交融,眼与眼的凝望,爱与爱的交汇……无疆大爱汇聚成无穷力量,让我们更加团结、更加凝聚、更加奋进。

2. 拥有一颗慈善之心,参与公益慈善

在中国传统文化典籍中,"慈"是"爱"的意思。孔颖达疏《左传》有云:"慈者爱,出于心,恩被于物也。"又曰:"慈,谓爱之深也。"许慎在《说文解字》中将"慈"解释为"爱也",尤指长辈对晚辈的爱抚,即所谓的"上爱下曰慈"。此外,"慈"亦可用作子女对父母的孝敬供养。如《礼记·内则》中说:"父母皆异宫,昧爽而朝,慈以旨甘。"此处的"慈"即"爱敬进之"。"善"在《说文解字》中解释为"吉也",即"吉祥、美好",后引申为和善、亲善、友好,如《管子·心术(下)》中所说"善气迎人,亲如弟兄;恶气迎人,害于戈兵"即是此意。"慈善"二字合用,则是"仁慈""善良""富于同情心"的意思。"慈善"意义上的敬老爱幼、扶贫帮困早已成为中国人民约定俗成的一种道德规范,有人将此视作慈善事业的最早萌芽。

在西方文化中,"慈善"一词也源远流长。慈善一词源自古希腊,含义非常丰富,最初似乎还包括公民对自己同伴的热爱,国王对他的臣民的仁慈,对特殊群体如老年

---

① 歌曲《让爱传出去》的歌词。

② 王少安、周玉清:《大爱精神与大学文化建设》,人民出版社,2008 年版,第 7 页。

人的尊重，以及关心孤儿、病人和陌生人。时至今日，该词才仅限于用来指针对特殊群体的利他主义的活动（或慈善）。①

慈善事业和社会互助是人类精神文明的体现，是社会保障的"最后防线"，最低生活保障只解决最基本的生活需求，无法满足低保家庭的特殊需要，如残障人、高龄人、多学龄子女家庭、意外灾害家庭致贫问题等。要解决这个问题可通过两个途径：一是由政府有关部门根据低保对象家庭不同的致贫原因，制定具体的帮扶政策，建立多层次、全方位的社会救助体系；二是通过慈善事业和社会互助，广泛开展社区服务，动员全社会都来关心特殊的贫困群体，改善低保对象的生活状态。

有人说"公益慈善就是最大限度地帮助需要帮助的人"。湖北恩施市逸夫小学74位退休教师成立了爱心基金会，从2012年起每人每年交50元作为活动基金，用以悼念、探望该校去世和生病的教师及其亲属。该校73岁的退休教师徐华为爱心基金会会长，他于1972年至1995年任教于恩施市逸夫小学。为增强该校教师之间的联系，帮助有困难的教师，在徐华倡议下，于2012年成立了恩施市逸夫小学退休教师爱心基金会。爱心基金会规定，该校教师的父母或配偶去世，基金会开支200元前往悼念；该校教师因病住院，基金会开支100元，每年只限一次；本会会员去世，基金会开支400元前往悼念；本校在岗教师亡故，基金会开支200元前往悼念。"虽然我退休了，但还是想为学校做点事。"徐华决定从2012年开始，每年从自己的退休工资里拿出1 000元资助该校一名学习好、表现好、家庭条件困难的学生。恩施市逸夫小学校长张秉旺说，该基金会的成立，增进了学校在岗教师与退休教师以及退休教师与退休教师之间的感情，有利于创建和谐校园。

还记得在"生存权利 捍卫生命"专题中，很多人谈及面对贫穷、饥饿、疾病、灾难时，为自己的弱小没有能力感到焦虑和郁闷，曾经与大家分享过"这条小鱼在乎"的故事：

在沙滩的浅水洼里，有许多被昨夜的暴风雨卷上岸来的小鱼。它们被困在浅水洼里，回不了大海了，虽然近在咫尺。被困的小鱼，也许有几百条，甚至几千条。用不了多久，浅水洼里的水就会被沙粒吸干，被太阳蒸干，这些小鱼都会干死的。

男人继续朝前走着。他忽然看见前面有一个小男孩，走得很慢，而且不停地在每一个水洼旁弯下腰去——他在捡起水洼里的小鱼，并且用力把它们扔回大海。这个男人停下来，注视着这个小男孩，看他拯救着小鱼们的生命。

终于，这个男人忍不住走过去："孩子，这水洼里有几百几千条小鱼，你救不过来的。"

"我知道。"小男孩头也不抬地回答。

"哦？你为什么还在扔？谁在乎呢？"

---

① 英语中与 philanthropy 相似的词语还有 charity、benefieence 和 benevolence 等，charity 意谓"慈悲、仁爱""善举""博爱""宽容""慈善事业"等；beneficence 意谓"行善""善举"和"馈赠"；benevolence 表示"仁慈""善行""捐助"等意思。

"这条小鱼在乎!"男孩儿一边回答,一边拾起一条鱼扔进大海。"这条在乎,这条也在乎! 还有这一条、这一条、这一条……"

也许当前中国的慈善事业仍存在一些问题,但并不影响越来越多的人热心公益慈善事业的决心。面对社会问题时,如果我们能够树立"人人可慈善,好人在身边"的信念,不批评、不指责,不抛弃、不放弃,做自己能做的事,从自身可以承担的点滴做起,终会聚沙成塔,帮助更多的人,解决更多的问题。

3. 做一名志愿者,把爱传出去

"赠人玫瑰,手留余香。"每个人都希望自己成为那个手留余香的人,因为默默地做一件好事,真的可以让人心情愉快。抽出一点时间,让我们默默地做一名志愿者,让自己的生活充满快乐。可以为别人付出,是一件幸福的事,这个世界上有许多人需要我们的帮助。学习了诸多的生命智慧,心中积淀了满满的爱,为何不将这份爱传递出去呢? 试想一下,有些人因为我们的善举而渡过难关,这是多么幸福的事。

志愿者(Volunteers)是一个没有国界的名称,指的是在不为任何物质报酬的情况下,为改进社会而提供服务、贡献个人的时间及精神的人。社会的慈善组织、共青团组织以及我们所处的大学,均有很多担任志愿者的机会,我们可以根据自己的爱好与特长利用课余时间积极参加爱心公益活动,也可以赴偏远地区支教,为孩子们打开知识与欢乐的大门,培养自身无私奉献、勇于担当、让爱传递的情怀,最大限度地发挥我们的作用。志愿者的价值和意义并非金钱所能衡量。它提供的是金钱无法买到的人间温馨:关怀和帮助,友谊与同情。此外,还可以成为一名国际志愿者,拓宽我们的视野。如,参加国际志愿组织、联合国志愿人员组织(UNV)等,参与国际志愿者项目(Projects Abroad)包括儿童早期发育的关爱项目、濒危野生动物保护项目、海外医疗援助工作等,我们可以根据自身兴趣及专业方向去选择相应的项目。在帮助别人的同时提高自身的实践技能与工作经验,助人且自助。

其实,想要做好一名志愿者真的不容易,这是一项十分有挑战的工作,需要我们用心去做。默默地做一名志愿者,让我们的存在更有价值,让我们的心灵更纯洁、高尚,让这个世界充满爱,让我们带着愉快的心情,尽自己最大的努力,将这份爱传出去,无私地给予别人帮助。

最后,让我们乘上生命列车,感受一下生命犹如飞驰的火车,我们手握单程票,没有回程……让我们珍爱生活,开拓生命,在快乐的大学生活去实现生命的价值,获得永远的幸福!

欣赏并思考下面这首诗:《生命列车》

每个人的生命都犹如一列奔驶的列车,

人生一世,就好比一次搭车旅行,

要经历无数次上车下车。

时常有事故发生,

有时是意外惊喜,

有时却是刻骨铭心的悲伤……

降生人世，我们就坐上了生命列车。

我们以为：

我们最先见到的那两个人——我们的父母，

会在人生旅途中一直陪伴着我们。

很遗憾，事实并非如此。

他们会在某个车站下车，

留下我们，孤独无助；

他们的爱，他们的情，

他们不可替代的陪伴，再也无从寻找！

尽管如此，还会有其他人上车。

他们当中的一些人，

将对我们有着特殊的意义。

他们之中有我的兄弟姐妹，

有我的亲朋好友，

我们还将会体验：千古不朽的爱情故事！

坐同一班车的人当中，

有的轻松旅行，

有的却带着深深的悲哀……

还有的在列车上四处奔忙，

随时准备帮助有需要的人……

很多人下车后，

其他旅客对他们的回忆历久弥新……

但是，也有一些人，

当他们离开座位时，却没有人察觉。

有时候，对你来说情深义重的旅伴，

却坐到了另一节车厢。

你只得远离他，继续你的旅程。

当然，在旅途中，

你也可以摇摇晃晃地穿过自己的车厢，

去别的车厢找他……

可惜，你再也无法坐在他的身旁，

因为这个位置，已经让别人给占了……

没关系，

旅途充满挑战、梦想、希望、离别……

就是不能回头，

因此，尽量使旅途愉快吧！

善待旅途上遇见的所有旅客，

找出人们身上的闪光点。

永远记住,在某一段旅程中,

有人会犹豫彷徨,

因为我们自己也会犹豫彷徨。

我们要理解他人,

因为我们也需要他人的理解!

生命之谜就是:我们在什么地方下车?

坐在身旁的伴侣在什么地方下车?

我们的朋友,在什么地方下车?

我们无从知晓……

我时常这样想:

到我下车的时候,我会留恋吗?

我想我还是会的:

和我的朋友们分离,我会痛苦;

让我的孩子孤独地前行,我会悲伤……

我执着地希望,

在我们大家都要到达的那个终点站,

我们还会相聚……

我的孩子上车时,没有什么行李,

如果我能在他们的行囊中留下美好的回忆,

我会感到幸福。

我下车后,和我同行的旅客,

都还能记得我、想念我,我将感到快慰!

献给你,我生命列车上的同行者,祝你旅途愉快!

 聚焦提升

1. 人生犹如单程旅行,每个人都应注重过程,尽享生命的精彩。

2. 在生活中要学会感恩生命、珍惜拥有、笑对人生,走有意义、有品位的人生之路。

3. 以生命的名义,常去省思"人生三问",深刻领悟生命的真谛,让自己的心灵之花常开不败。

4. 学会热爱生命,做一颗爱的火种,点亮爱,传播爱,让爱满人间。

 思考感悟

1. 电影《把爱传出去》是以"彰显人性本善,宣传世界美好"为题的社会伦理片。阿琳·麦肯尼是一位生活拮据的单亲妈妈,为了抚养儿子特维而拼命地工作,借酒浇愁是她唯一的"爱好"。这一切在这一天发生了改变,尤金给特维的班级布置了一道特殊的家庭作业:让世界变得更美好。

特维决心从自己做起，因为他相信做善事一定会有善报，他想出了一个办法，帮助其他人，并让被帮助的人承诺去帮助其他人，于是他把无家可归的流浪汉请到自己家……在特维的感召下，人们从起初的猜疑、嘲讽逐渐地表示认同，大家惊讶地发现自己在付出爱心的同时，也在得到别人的帮助，这个世界真的可以变得更美好！

请思考影片给你带来的最大启发是什么，你打算如何把爱传出去？

2. 书写生命感言，自拟题目书写生命教育的心得，总结生命教育课中自身的成长与收获。

能量补给

1. 品读书籍

弗兰克尔. 弗兰克尔自传:活出生命的意义[M]. 北京:中国青年出版社,2016.

孙效智. 打开生命的 16 封信[M]. 北京:中国青年出版社,2011.

2. 影视欣赏

《把爱传出去》由美国女导演咪咪·莱德执导。曾获奥斯卡最佳男主角的凯文·斯帕西担当男主角，女主角则由荣获过奥斯卡最佳女主角的海伦·亨特出演，童星海利·乔·奥斯蒙特饰演小主人公特雷弗。

《时间规划局》是由安德鲁·尼科尔执导，贾斯汀·汀布莱克、阿曼达·塞弗里德主演的惊悚科幻电影。该片讲述在未来，主人公威尔获得一笔意外之财，本满心欢喜想要延长自己的生命，结果却被锁定为一起谋杀案的凶手，不得不亡命天涯的故事，生命的有限性变成一种焦虑。该片于 2011 在美国上映。

参考文献

[1] 刘济良. 生命教育论[M]. 北京:中国社会科学出版社,2004.

[2] 冉乃彦. 生命教育课——探索生命的根本之道[M]. 北京:同心出版社,2008.

[3] 郑晓江. 生命教育演讲录[M]. 南昌:江西人民出版社,2008.

[4] 郑晓江. 生命的沉思——生命教育理论与实践研究[M]. 北京:中央文献出版社,
2009.

[5] 郑晓江,张名源. 生命教育公民读本[M]. 北京:人民出版社,2010.

[6] 郑晓江. 生命教育[M]. 北京:开明出版社,2012.

[7] 何仁富. 生命教育引论[M]. 北京:中国广播电视出版社,2010.

[8] 何仁富,汪丽华. 生命教育十五讲——儒学生命教育取向[M]. 北京:中国广播影
视出版社,2018.

[9] 杰·唐纳·华特士. 生命教育—与孩子们一同迎向人生挑战[M]. 林莺,译. 重
庆:四川大学出版社,2006.

[10] 冯建军. 生命教育教师手册[M]. 太原:山西教育出版社,2018.

[11] 傅佩荣. 傅佩荣谈人生:心灵的旅程[M]. 北京:东方出版社,2012.

[12] 林治平,潘正德,林继伟等. 生命教育的理论与实践[M]. 台北:心理出版社股份
有限公司,2007.

[13] 张文质等. 生命化教育的责任与梦想[M]. 上海:华东师范大学出版社,2006.

[14] 王阳明. 传习录[M]. 张怀承,注译. 长沙:岳麓书社,2004

[15] 林恩·马古利斯,多里昂. 我是谁[M]. 南昌:江西教育出版社,2001.

[16] 吴鼎. 辅导原理[M]. 台北:五南图书出版股份有限公司,1981.

[17] 阿尔弗雷迪·阿德勒. 自卑与超越[M]. 李心明,译. 北京:光明日报出版社,
2006.

[18] 卡耐基. 人性的优点[M]. 李伟,编译. 北京:新华出版社,2016.

[19] 林清文. 大学生生涯发展与规划手册[M]. 台湾:心理出版社,2001.

[20] 刘济良. 小学教师职业道德[M]. 上海:复旦大学出版社,2021.

[21] 马秋丽等. 儒家思想导论[M]. 北京:首都经贸大学出版社,2010.

[22] 戴安娜,帕帕拉,等. 发展心理学[M]. 李西营,译. 北京:人民邮电出版社,2013.

[23] 让-保罗·萨特. 存在与虚无[M]. 陈宣良,等译. 北京:生活·读书·新知三联
书店,1987.

［24］彼得·圣吉.第五项修炼 学习型组织的艺术与实务［M］.郭进隆,译.北京:生活·读书·新知三联书店,1997.

［25］雅斯贝尔斯.什么是教育［M］.邹进,译.北京:生活·读书·新知三联书店,1991.

［26］姜向群,杜鹏.中国人口老龄化和老龄事业发展报告［M］.北京:中国人民大学出版社,2015.

［27］苏珊.我们在长大,爸妈在变老 谢谢你还在［M］.北京:世界图书出版公司,2012.

［28］上野千鹤.用自己喜欢的方式慢慢变老［M］.许岚,译.北京:电子工业出版社,2014.

［29］林绮云,张菀珍.临终与生死关怀［M］.台北:华都文化事业有限公司,2010.

［30］林绮云.实用生死学［M］.台北:华格纳企业有限公司,2010.

［31］林绮云,李玉婵,李佩怡等.生涯规划［M］.台北:华都文化事业有限公司,2012.

［32］大津秀一.换个活法:临终前会后悔的 25 件事［M］.语妍,译.北京:中信出版社,2010.

［33］林恩·德斯佩尔德,艾伯特·斯特里克兰.最后的舞蹈——关于死亡［M］.夏侯炳,陈瑾,译.北京:中国人民大学出版社,2009.

［34］廖晓华.健康是选择［M］.北京:社会科学文献出版社,2012.

［35］中国营养学会.中国居民膳食指南［M］.北京:人民卫生出版社,2022.

［36］周洪宇.陶行知大传(上卷)［M］.北京:人民教育出版社,2016.

［37］查国清,王晔,胡森林.大学生安全法制教育［M］.北京:新华出版社,2017.

［38］李振涛,赵玉谦,张燕.大学生安全教程［M］.北京:中国铁道出版社,2016.

［39］孙效智等.打开生命的 16 封信［M］.北京:中国青年出版社,2011.

［40］王少安,周玉清.大爱精神与大学文化建设［M］.北京:人民出版社,2008.

［41］郑晓江.走向“生命共同体”——关于“非典”之生死哲学的思考［J］.南昌大学学报(人文社会科学版),2003(3).

［42］张耀东,张婕,张宝魁.大学生挫折教育研究［J］.改革与开发,2011(11).

［43］董喜才.关于生命意义的内涵与人生价值实现途径的理论思考［J］.教育革新,2010(10).

［44］鲁国斌,蔡春苗.中小学生生命安全教育与学校体育教育契合研究［J］.长江大学学报(自然科学版),2013(19).

［45］赵丹妮,王清芬,曾育松.“生命至上”视域下小学生命安全教育的实施策略［J］.中小学心理健康教育,2021(11).